언론계 거목(巨木)들

대한언론인회 편저

이 책은 한국언론진흥재단의 출판사업지원금으로 제작되었습니다.

언론계 거목(巨木)들

발간사
언론계 거목들

  광복 후 대한민국은 세계에서 유례가 없는 민주화, 산업화에 성공한 나라가 되었습니다.
  이들 성취의 중심에 언론이 있었습니다.
  언론은 특히 헌법의 근간인 자유와 권리의 쟁취 그리고 신장이라는 민주화 과정에서 우리 사회의 선봉장이었습니다.
  언론이 오늘의 빛나는 대한민국을 만드는데 크게 기여하는데 지도, 솔선했던 다섯 분의 언론거목들을 이 책에 담습니다.
  이 다섯 분들은 광복 후 어려운 여건 아래서 신문을 창간하여 발전시키기도 했고 '사실'에 기초한 기사 또는 명문칼럼 특히 이분들만의 독특한 리더십을 더하여 대한민국 언론의 품격을 높였습니다.
  이제 대한언론인회가 이 분들의 생애를 정리하여 책으로 펴내게 되었습니다.
  지난 1977년 1월 언론창달과 친목도모를 위해 결성한 대한언론인회는 앞으로도 언론 관련 책 출판을 계속하겠다는 약속을 드립니다.

이 책이 독자들에게 많은 참고가 되었으면 좋겠습니다.

이번 출판에 도움을 주신 한국언론진흥재단 민병욱 이사장에게 감사의 말씀을 드립니다. 아울러 출판을 맡아주신 청미디어의 편집자들에게도 감사드립니다.

2019년 11월 20일
대한언론인회
회장 이병대

목 차

혼란한 어둠의 시대를 헤쳐 온 선구자들
대한언론, 편집인협회 초대회장 이관구 선생 ·········· 7
이태영 | 대한언론인회 감사, 전 중앙일보 섹션편집국장

대기자 홍종인, 언론자유 수호와 국토 사랑 ·········· 65
정진석 | 한국외국어대 명예교수

百想 장기영의 한국일보 ·········· 109
이성춘 | 전 한국일보 논설위원

무향 최석채(無鄕 崔錫采) ·········· 145
이종식 | 대한언론인회 원로회우

후석 천관우(後石 千寬宇) ·········· 213
이병대 | 대한언론인회 회장

혼란한 어둠의 시대를 헤쳐 온 선구자들
대한언론, 편집인협회 초대회장 이관구 선생

이태영 (대한언론인회 감사, 전 중앙일보 섹션편집국장)

성재(誠齋) 이관구(李寬求) 선생 주요경력

1898-1991 서울 당주동 태생

일본 교토(京都)대 경제학부 졸업(1924)
보성(普成)전문학교 강사
신간회(新幹會, 독립운동단체) 창립위원

〈광복이후 언론활동〉
조선(朝鮮)일보 정치부장, 편집국장, 주필 역임
경향(京鄕)신문 주필, 부사장
서울신문 편집국장, 주필
조선중앙(中央)일보 주필
합동(合同)통신 부사장
서울일일(日日)신문 사장
한국신문 편집인협회 초대회장
대한언론인회(전 4.7언론인구락부) 창설회장
한국신문연구소 이사장

〈기타경력〉
성균관(成均館)대학 재단이사장
재건국민운동본부 본부장, 중앙위 의장
세종(世宗)대왕 기념사업회 종신회장
민족화합위원회(民和委) 상임위원장

(1) 민족혼 불사른 단구(短軀)의 거인(巨人)

고고하고 단아한 모습이 마치 벽공(碧空)을 나르는 백학 같다. 그런가 하면 고난을 헤쳐 나가는 용기는 독수리를 닮았다. 선비 같으면서도 불의에 맞서 싸우기를 주저하지 않는 투사를 일컫는 말이다.

한 시대를 새로 열어가는 개척기에는 항상 큰 뜻을 품고 꿈을 펼쳐가는 선각자, 개척자가 있다. 우리는 그들을 의인 또는 위인이라 부른다. 광복이후 사회 혼란 속에 나라 바로 세우기에 진력한 언론 선구자들이 그렇다. 일제 질곡의 암울했던 시대를 거쳐 다시 깨어나고 거듭 태어나는 가운데 당시의 언론이 얼마나 큰 고난과 시련을 겪었는지 우리는 잘 알고 있다.

우리 언론의 상징적 인물 곧 우상이라면 누구나 《독립신문》을 창간한 서재필(徐載弼) 박사를 떠올리게 된다. 그 정신을 계승 발전시키고자 탄생한 것이 4.7구락부로 오늘 대한언론인회의 모체이다. 4.7이란 숫자는 《독립신문》 창간일을 기억하기 위함이다. 1977년 4월 25일, 그날 20명 회원으로 출발한 대한언론인회는 그 수를 늘려가면서 확장되어 왔다. 바로 40여 년 전 그날의 결기(決氣)가 오늘에 이어진 것이다.

어떠한 압력에도 굴할 줄 모르는 저항정신, 한 점 흐트러짐 없이 곧은 지조를 지킨 선비정신, 그리고 어느 한 쪽으로 치우침 없이 좌우를 아우르는 포용력…

일제에 저항하던 민족수난기 한국 신문편집인협회와 4.7언론인회(현 대한언론인회)를 창설하여 남북으로 갈라진 분단의 상처, 독재에 대한 항거와 민주화운동의 파고 속에 나라를 지키기에 온 몸을 바친 언론 투사들…

민족수난의 세월을 함께 한 후세의 증인들은 성재(誠齋) 이관구(李寬求) 선생을 일컬어 이렇게 평하곤 한다. 여러 유력 신문의 편집국장과 주필을 역임하고 34년의 언론생활을 마감하고 떠난 뒤에도 재건국민운동과 민화위(民和委)의 기수가 되었던 그를 가리켜 '정의의 사도(司徒)'라고 부를 만도 했다. 그만큼 한국 언론에 헌신한 그의 생애는 애국애족의 투쟁으로 점철된 기나긴 오디세이와 같았다.

일제 강점기에는 항일운동으로, 건국이후에는 반(反) 독재투쟁에 앞장섰던 선봉장으로 그의 삶을 기억하는 후진들은 93세까지 장수하면서 1인 3역, 4역이 어떻게 가능했을까 존경심 이전에 놀라움을 나타내곤 한다. 『하루살이 글 한 평생』이라는 저서에서 볼 수 있듯이 300여 편의 사설, 칼럼을 남겼을 뿐더러 언론단체는 물론 국제회의 연설문, 인터뷰를 통해 언론자유를 위한 투쟁에 앞장섰으며 재건국민운동의 순수성과 민주화운동의 여론 수렴에도 큰 몫을 했다는 사실을 주목하게 된다.

〈평생 쓴다는 게 하루살이 글이었지. 일수 돈 꺼나가듯 숨 돌릴 틈 없었지만 세상에 진 크나큰 빚 갚을 날 있으랴. 도끼눈 부릅뜨고 글 트집 잡던 왜놈들.

내가 쓴 글이 못마땅해 솜에 싼 침(針)이라고. 정수리 맞은 한 방이 아팠다는 말인가.

되찾은 이 나라가 쪼개지고 부서지고 북새통에 독풀마저 기승스레 자랐거니 그래도 아우성치며 솟아날 길 찾았노라.
언론은 겨레의 입, 부리 앞에 용감할지니 4.19 제단에 뿌려진 젊음의 피, 오오. 그 장한 메아리 만세 또 만세〉

그의 책머리를 장식한 서시(序詩)는 이렇게 푸념 같은 호소로 시작되지만 역경 속에 더욱 강인한 민족혼을 불사르며 언론 선봉에서 싸운 애국자였음을 부정할 자 누구인가. 서울 토박이 명문가 태생으로 처음에는 학자(경제학)의 길을 택했지만 일본압제에 맞서 싸운 언론인으로 해방공간과 남북분단의 대립상황에서 이념투쟁에 앞장선 구국투사였다. 이처럼 때로는 북한산 자락의 집 뜰 마당에서 시조를 읊으며 우국충정의 울분을 토하던 그의 평소 모습은 선비정신 그대로였지만 학창시절부터 유도와 역도훈련을 통해 강인한 체력과 의지를 다진 열혈청년이기도 했다.

(2) 혼란 속 정의의 파수꾼으로

이처럼 민족자각운동의 도도한 물결, 새 바람의 리더가 된 그가 1926년 9년 간의 일본유학(교토대학 경제학부 및 대학원)에서 돌아오자마자 신간회(新幹會)활동의 창립 멤버로 언론활동에 뛰어들어 조선일보 정경부장, 조선중앙일보 편집국장, 경향신문과 서울신문 주필을 거쳐 서울일일신문 사장을 역임하는 등 신문계를 뒤흔들기 시작, 한국 신문편집인협회 초대회장을 맡는 등 그야말로 한 시대를 풍미한 '작은 거인'의 시대를 열어갔다.

가문의 뿌리와 핏줄은 부정할 수가 없는 법. 처음 국내학계에 발을 내딛을 때는 경제학자로 보성전문의 상과 강사로 출발했으나 1927년 민족단일 전선인 신간회가 창립되자 중앙위원과 정치부 간사를 맡아 민족운동의 전면에 나서기 시작했다. 그의 학식과 의지 특히 민족의식을 주목한 신간회 회장이며 조선일보사 사장이었던 월남(月南) 이상재(李商在)는 그를 바로 기자로 발탁, 하루아침에 조선일보 정경부장이 되었다.

그의 범상치 않은 기개와 학식을 주목한 월남과 당시 주필이었던 민세(民世) 안재홍(安在鴻)은 언론 활동을 통하여 일제의 식민사관을 통렬히 비판하면서 신(新)민족주의를 내세우기 시작했다. 성재 선생이 조선일보에 재직하는 3년 동안 여러 차례 일제의 식민통치를 규탄하는 논설을 썼는데 그 가운데 일본군의 제남출병(濟南出兵)을 비판한 논설, 제남사건의 벽상관(壁上觀)을 썼다가 안재홍과 함께 구속되고 신문은 무기정간처분을 당한 일도 있었다.

좌우충돌의 혼란시대, 6.25 전란에 이어 학생혁명과 군부 쿠데타라는 파도를 넘으며 언론자유가 위협받던 시대, 정의의 사도로 나선 그의 눈매는 빛을 발하기 시작했다.

대학교단을 떠나 언론에 몸 바친 그의 일생은 국내 메이저 신문인 경향신문, 조선일보, 서울신문, 조선중앙일보의 편집국장 또는 주필을 역임한 보기 드문 입지전적 롤 모델이다. 이것으로 그치지 않고 한국 신문편집인협회와 대한언론인회(당시 4.7언론인회) 초대회장 이밖에 전국재건국민운동 본부장과 민주화합운동(民和委) 위원장을 역임하는 등 시대의 부름에 따라 헌신한 시대의 길잡이였다.

관운(官運)이 좋다거나 감투를 쫓아서가 아니라 혼란기의 선봉장으로 사회를 올바로 이끌어가기를 주저하지 않았기에 가능한 일이다. 뿐만 아니라 좌우, 강온의 극한 대립을 조정하고 아우르는 역할에 충실한 한 편으로 어떠한 압력에도 굴하지 않는 그의 대쪽기질을 잘 알고 있던 터라 언론 동료를 포함한 사회지도층의 절대적 지지를 받고 있었음은 물론 그의 역할이 탄력을 받을 수 있었던 것으로 보인다.

성균관대 이사장 재직 시 석전 (釋典)

훗날 신문편집인협회와 4.7언론구락부에 이어 신문연구소 초대소장을 맡은 것만 보아도 새로운 일을 꾸미고 웬만한 장애는 돌파하는 강한 의지의 인물이었음을 미루어 짐작할 수 있다. 여기에 더하여 성균관대학 재단이사장, 재건국민운동 본부장 외에 세종대왕 기념사업회장으로 말년에 이르기까지 펜을 놓지 않았던 평생 현역이나 다름없는 '정의의 투사'였으니 그야말로 하늘이 내린 귀재(貴才)라고 할 만하다.

(3) 명문가 출신으로 항일운동 선봉에

소문난 항일운동 집안 출신인 그는 일본유학을 거쳐 조선일보에 입사했을 때부터 사회의 주목을 받기 시작했다. 그의 조부는 명성황후 시해사건 때 일본자객에 맞서 싸우다 순국한 궁내부 대신 이경직

소년시절(1911년)
우측이 이관구 좌측이 친구 박승철

중학교 재학 시절

대학시절의 이관구

이다. 그의 아들 우규는 순천부사를 지낸 후 일제의 강요에도 불구하고 창씨개명을 거부하고 오늘의 중앙학교 설립에 참여한 유명한 교육자이다.

이우규의 차남, 성재 선생은 1898년 11월 26일 시내 종로구 당주동 20번지에서 태어났다. 4남 만당(晩堂 李惠求)은 전통국악을 현대적 학문으로 체계화한 창시자였다. 그는 경성제일고보와 경성제대 영문학과를 나와 경성방송국 국장대리와 공보부 방송국장을 거쳐 훗날 서울음대 학장을 지낸 걸출한 예술인이다. 이들 형제는 90세를 넘기기까지 장수하며 사회공헌, 특히 문화 창달에 공헌한 이 시대 명가(名家)의 명인(名人)으로 평가받을 만하다.

이처럼 성재의 집안엔 서울대 화공학, 의학, 약학, 연세대 의학 외에도 여러 분야에서 이름을 빛낸 재원들이 많았다. 성재 선생의 장남(순복)은 서울대 사학과 교수로, 또 차남(인복)은 미국에서 건축설계사로, 3남(신복)은 성균관대 신문방송학과 교수로 잘 알려져 있으며 4남(완복)은 서울대 경제학과를 나와 합동통신(현 연합뉴스) 기자로 활

가족과 함께.(1921년7월) 앞 좌로부터 종형 복구씨, 이관구, 엄친 우규씨, 한 사람 건너 자친 안동 김씨, 뒷줄 우부터 세 번 째 백형 겸구씨, 다음이 이관구의 부인, 한 사람 건너 아우 혜구 씨, 아우 민구씨

일본유학시절 자취집에서 학우들과 함께(1942년) 앞줄 좌부터 이관구, 최현배, 윤일선 박사

약한바 있다. 그런가하면 서울의대를 나온 장녀(은숙)는 세브란스병원 산부인과 교수로, 차녀(혜숙) 역시 국립의료원 안과의사로 명문가의 이름을 알렸다.

성재는 당초 보성전문, 이화여전에서 경제사를 강의하며 교직에 남기를 희망했으나 망국(亡國)의 한을 풀기 위해 언론투신을 결심, 현역기자를 거치지 않은 논설기자로 종내는 정치부장을 겸하여 조선일보의 스타로 주목을 모으기 시작했다. 이렇게 언론인으로서 큰 뜻을 세운 성재는 운명의 특별한 선택을 받은 듯 탄탄대로를 달려갔다. 경제학을 전공한 학자로서 보성전문학교 상과 강사로 머물기엔 그의 꿈이 너무 컸다. 1927년 민족단일전선인 신간회가 창립되자마자 중앙위원과 정치부 간사로 지평을 넓혀가기 시작했다. 그의 투철한 민족정신과 정론직필의 능력을 간파한 이상재(李商在 당시 조선일보 사장) 신간회 회장은 그를 바로 조선일보기자(정경부장)로 발탁, 훗날 주필 안재홍(安在鴻)과 함께 일제 식민통치를 규탄하는 논설을 자주 썼다. 1929년 1월 「보석(保釋) 지연(遲延)의 희생」이라는 사설을 썼다가 안재홍은 구속되고 그 역시 소환문초를 피할 수 없었다.

성재와 함께 어울리던 두주불사(斗酒不辭)의 지인들에겐 늘 화제가 따라다녔다. 수주(樹州 卞榮魯)도 그 중의 하나. 당시 성북동에는 언론인 외에도 문인, 예술인이 많이 살아서 그 분위기가 아직도 남아 있다. 만해(卍海 韓龍雲)의 경우 보성학교 옛 성 밖의 포도밭 언덕에 성재와 벗하며 살았는데 왜놈의 조선총독부가 보기 싫다하여 성북동 깊은 골짜기 미륵암 오른편에 북녘으로 돌아앉은 집이 바로 그 유명한 심우장(尋牛莊)이다. 그 맞은편엔 문화재수집가인 부호 전형필의 대궐 같은 박물관과 성락원(成樂園) 주변으로 동아일보 이광수, 이길용 기자와 문인 이태준 등도 함께 어울리곤 했다.

예술취향의 탐미주의자이기도 한 성재는 훗날 성북동 입구 언덕길로 거처를 옮긴 뒤에도 예인의 풍모를 지켜갔다. 아마도 친인척과 친지 가운데 음악인, 서예가, 조각가 등으로부터 영향을 받았던 것으로 보인다. 만년에는 수유리에서 은거하면서 시조시인으로 또는 한글학자로서 서예가 김응현 등과 교유하며 작품 활동을 이어갔다.

청년학관 졸업식 때 스승으로 모시고. 앞줄 좌부터 김창제, 육정수, 이교승 스승, 뒷줄 좌부터 이관구, 김현순, 김동길, 홍난파, 맨 끝 이관구의 형 겸구씨

만해는 나지막한 키에 영체 있는 안광과 더불어 담력과 학덕을 겸비한 지사의 풍모를 강하게 풍기곤 했다. 평소 무거운 침묵을 지키다가도 한번 입을 열면 열화 같은 변설(辯舌)의 마디마디는 조리에 어긋남이 없었다고 이웃의 지인들은 증언하곤 했다. 평소 뜻을 함께하는 측근들과는 정한이 넘쳐흐르지만 지조 없는 변절자를 대할 때는 매서운 호령을 마다하지 않는다.

어느 날 유명한 작가 한 분이 영국민복 차림으로 심우장을 찾아가 문에 들어서다가 그의 호통에 놀라 바로 돌아서 달아난 일도 있었다고 한다. 그의 무상(無常)의 경의(經義)를 들으려왔다가 서릿발 같은 호

유도 도장 연무관에서(1940년) 앞줄 좌부터 안호상 박사, 이경석 사범, 이관구, 이극로, 뒷줄 좌부터 김선기, 이종수

령에 혼이 난 서생들이 한 둘이 아니라고 했다. 한 번은 어느 지인의 생일잔치에 참석했다가 어떤 중추원 참의(參議)의 부여신궁(神宮) 예찬론을 펴는 것을 듣고 대노하여 "어디서 배웠기에 그따위 문자를 쓰느냐"며 재떨이를 그의 면상에 집어 던져 피를 흘리게 한 적도 있었다는 후문이다.

(4) 만해(卍海)의 옥중(獄中)편지와 추모의 사연
"군국주의가 천양무궁할 줄 아느냐"

민족 시인이며 스님인 만해 한용운(韓龍雲)이 돌아가신지 벌써 130

여년, 그렇게 갈망하던 민족해방을 맞기 한 해 전에 그 기쁨을 보지 못하고 입적하셨으니 모두 안타까워했다.

성재선생과는 성북동 한 마을에 살면서 고담준론을 나누는 사제지간처럼 정을 쌓으셨으니 내세에서 재회할 법도 하다. 만해 스님은 별세당시 향년 66세. 불교계를 대표하여 기미(己未) 독립선언에 함께 한 민족투사였으며 역사의 증인이기도 하다.

"그의 학행과 지조 또한 그 정열에 친구인 나로서는 3.1절을 맞으며 더욱 추모의 회포를 금할 길 없다. 일찍이 애국의 정열을 누릴 길 없어 법의(法衣)를 벗어 붙이고 만주 거친 들로 뛰쳐나가 의거를 도모하셨을 때에 꼭 뒤로부터 왜병의 탄환을 맞아 오른편 볼로 뚫고 나온 상처를 입으셨거니와 그 때문에 말씀하시다가도 가끔 머리를 흔드시던 모습이 눈앞에 환하게 그려진다. 성북동 산간에서 밤 가는 줄 모르고 홍노를 마시면서 강개한 술회를 듣던 일도 엊그제 같다. 스님은 또한 해탈의 시인이며 장편소설을 신문에 연재하는 등 문학적 활동도 놀라웠다.

『님의 침묵』이란 시집의 후기를 보면 "독자여 나는 시인으로 여러분의 앞에 보이는 것을 부끄러워합니다. 여러분이 나의 시를 읽어볼 때 스스로 슬퍼할 줄을 압니다. 나는 나의 시를 독자의 자손에게까지 읽히고 싶은 마음은 없습니다. 그때에는 나의 시를 읽는 것이 늦은 봄의 꽃 수풀에 앉아서 마른 국화를 비벼서 코에 대는 것과 같을지 모르겠습니다"라고 했지만 그의 국화는 아직도 마르지 않고 우리에게 높은 향기를 뿜어주고 있다. "이별은 미의 창조입니다. 이별의 미는 아침의 바탕 없는 검은 비단과 죽음 없는 영원의 생명과 시들지 않는 하늘의 끝에도 없습니다. 님이여, 이별이 아니면 나는 눈물에서 죽었다가 웃음에서 다시 살아날 수가 없습니다. 오오 미는 이별의 창조입니다" 라고 읊은 시 구절이 생각나거니와 그의 님인 조국(祖國)의 해방을 보지도 채 못하고 웃음에서 다시 살아날 수도 없이 잠들어버린 스님은 '이별의 미'를 그대로 고스란히 간직하고 있으리라.

여기에 소개하는 글은 스님이 기미옥사(己未獄事)에 걸려 형무소에 계실 적에 왜 검사에게 제출한 독립선언의 이유서로서 이를 기미옥중답변서(己未獄中答辯書)라고 이름 붙인 것인데 이 글은 해방 이듬해 '신천지'란 잡지에 실린 바 있었으나 이는 벌써 12년 전의 일이므로 기억하는 분이 적을 것이다. 여기서는 어려운 한문문구를 읽기 편하게 풀어쓰기로 하지만 원의(原義)와 어감(語感)을 살려보려고 애썼다.

그런데 이 답변서는 전문 5항에 나누어

(1)개론과 조선독립선언의 동기 (2)조선민족의 실력 세계대세의 변천과 민족자결의 조건 (3)조선독립선언의 이유와 민족자존성, 조국사상과 자유주의 (4)조선총독정책 (5)조선독립의 자신감 5항으로 되어 있다.

여기서 끝의 일절만 소개하면 "만일 일본이 의연히 침략주의를 고수하여 조선독립을 부인하면 이는 동양 또는 세계평화를 교란함이니 두렵건대 美日 혹은 지나-일본전쟁을 위시하여 세계적 연합전쟁을 재연할지도 알 수 없으니 어찌 제2의 독일이 안 되리오"라며 태평양전쟁을 예언까지 한 것이다. 그 말의 구석구석에 파사(破邪)의 칼날이 추상같이 번득이어 읽는 사람으로

하여금 옷깃을 여미게 한다. 이글은 오늘에 읽어도 우리의 독립, 자주, 자유의 정신을 고무하는데 크게 이바지할 것으로 믿는 바이다.〉

이상은 옥중답변서를 받아 본 성재의 감회어린 해석이다. 만해의 호소는 겨레의 심장을 흔들며 이렇게 이어진다.

〈자유는 만유의 생명이요, 평화는 인생의 행복이다. 그러므로 자유가 없는 사람은 송장(死骸)과 같고 평화가 없는 자유는 다시 없는 고통이다. 압박을 받는 자의 주위는 무덤과 다름없고 쟁탈을 일삼는 자의 환경은 지옥이 되나니 우주의 이상적 가장 행복한 실재는 자유와 평화다. 그렇기에 자유를 얻기 위해서는 생명을 홍모(鴻毛)처럼 가볍게 여기고 평화를 보전하기 위해서는 희생을 감이(甘飴)처럼 맛보나니 이는 인생의 권리인 동시에 또한 의무일지로다.

그러나 자유의 공례(公例)는 남의 자유를 침해하지 아니함으로 한계를 삼나니 침략적 자유는 몰(沒)평화의 야만적 자유가 되며 평화의 정신은 평등에 있나니 평등은 자유와 맞는 것이다. 그러므로 위압적 평화는 굴욕이 될 뿐이니 참된 자유는 반드시 평화를 보전하고 참된 평화에는 반드시 자유가 따른다. 자유여, 평화여, 전 인류의 요구일지로다.

그러나 인류의 지식은 점진적이어서 미개로부터 문명에 그리고 쟁탈로부터 평화에 이르는 것은 역사적 사실이 이를 넉넉히 증명한다. 인류문화의 범위는 개인적으로부터 가족적으로부터 부락, 다시 국가로부터 세계, 다시 우주주의에 이르도록 순차로 진보함이니 부락주의 이상은 초매(草昧)시대의 낙사진(떨어진 먼지)에 속하는 것이므로 더 논술할 필요가 없다. 행인지 불행인지 18세기 이후의 국가주의는 실로 전 세계를 풍미하여 전성의 절정에 제국주의와 군국주의를 산출함에 이르러 소위 우승열패(優勝劣敗), 약육강식(弱肉強食)의 학설은 참되고 변함 없는 금과옥조(金科玉條)로 인식되어 살벌강탈의 국가적 혹은 민족적 전쟁은 자못 쉴 날이 없어 혹은 기 천년의 역사국을 폐허로 만들며 기십, 백만의 생명을 희생하는 일이 지구상에 없는 데가 없으니 전 세계를 대표할 만한 군국주의는 서양에 독일이 있고 동양에 일본이 있었다.

그러나 소위 강자, 즉 침략국은 군함과 철포만 많으면 자국의 야심야욕을 채우기 위하여 반인도(反人道), 멸정의(蔑正義)의 쟁탈을 행하면서도 그 이유를 설명함에는 세계 혹은 국부의 평화를 위한다든지 쟁탈의 목적물 즉 피 침략자의 행복을 위한다든지 남을 속이는 망어를 농하니 일본이 폭력으로 조선을 합병하고 이천만 민족을 노예로 대하면서 조선을 합병함은 동양평화를 위함이며 조선민족의 안녕과 행복을 위함이라 운운함이 이를 두고 말하는 것이다.

슬프다. 어찌 평화를 위하는 침략이 있으며 또한 어찌 이 나라 기 천년의 역사는 타국 침략의 검에 끊어지고 기 백만 민족은 외인의 학대 아래 노예가 되고 우마(牛馬)가 되면서 이를 행복으로 인식할 자가 있겠는가. 어떤 민족을 막론하고 문명정도의 차이는 있을지나 혈성(血性)이 없는 민족은 없나니 혈성을 갖춘 민족이 어찌 영구히 남의 노예 됨을 달게 여겨 독립자존을 도치 아니 하리오. 군국주의 곧 침략주의는 인류의 행복을 희생하는 지독한 마술일 뿐이니 어찌 이와 같은 군국주의가 천괴무궁(天壞無窮)의 운명을 보전하리오. 이야말로 이론이 아닌 현실이며 진리이다.〉

(5) 잇단 필화사건, 살얼음판을 걷다

월간조선은 1985년 4월호 '민족지의 거봉들'이라는 특집에서 신문사에 입사하자마자 바로 논설주간으로 주필 민세(民世)를 도와 날마다 사설, 시평, 논평을 번갈아 쓰곤 했던 성재에 대해 당시로서는 견줄 사람을 찾아보기 어려웠다고 전하고 있다. 1927년 조선일보 입사 이듬해, 그는 「동진의 괴사건」이라는 시평에서 일본경찰의 편파적 태도를 강력히 비판 "사회의 공안을 유지하고 인민의 생명과 재산을 보호해야 할 책임이 경찰에 있음에도 민중의 요구를 받아들이기는커녕 도리어 백성을 상해하고 조선인 인부 수십 명을 체포하고 총검으로 위협했다는 사실은 용납될 수 없는 것"이라고 신랄하게 공격했다. 그러나 반성을 모르는 일본경찰의 태도는 이러한 비판에도 불구하고 이 시평은 바로 압수되고 말았다.

그 이듬해 1월에는 그가 쓴 「보석(保釋) 지연의 희생」이라는 사설이 문제가 되어 발행인 겸 주필 안재홍(安在鴻)이 편집인과 함께 수감되는 사고가 발생했다. 성재가 쓴 이 사설의 요점은 이러하다.

〈일제의 신문(訊問)과 고형(拷刑) 고문(拷問)이 어느 정도까지 이르렀다는 것을 상상하기 어렵지 아니하며 또 한편으로 이병(罹病)의 피고에 대하여 너무 비인간적인 대우를 하였음에 의아하지 않을 수 없다. 생명이 경각에 달린 피고인에게 옥사(獄死)를 볼 때까지 보석(保釋)을 지연하며 결국은 사망이나 불구의 결과를 보게 할 심사가 어디에 있는가〉

라고 질타한 것이다. 이 역시 압수되고 신문은 무기 정간처분을 받았다.

이 글을 쓴 성재는 기소중지 처분으로 구속을 면했지만 이듬해 민세 사장이 쓴 「제남사변의 벽상관」이라는 제하의 글이 문제가 되어 또다시 필화를 겪는다. 이렇게 신문은 끊임 없이 '괘씸죄' 때문에 무기 정간처분과 같은 처벌을 당하지만 이것으로 성재와 같은 투철한 민족주의 논객과 기자들의 기백이 꺾일 수는 없었다.

이러한 파동에 대해 성재는 훗날 이렇게 회고하고 있다. "걸핏하면 폭행을 당하고 테러를 당하는 살얼음판에서 민족주의 이론을 굳세게 펴나간 것은 사명감 없이는 불가능했다. 당시 기자들은 모두 지사적(志士的)인 면모가 있었다."

잇단 필화사건에 지친 탓인지 성재는 1929년 10월 조선일보를 퇴사, 잠시 언론계를 떠난다. 3년 여 재직기간 동안 그가 남긴 논설과 시평이 300여 편이 되었으니 열정과 투혼 없이는 꿈도 꾸지 못할 왕성한 활동의 결과물이다. 훗날 1986년에 펴낸 『성재 이관구 논설선집』이나 『하루살이 글 한 평생』 칼럼집은 보석처럼 빛나는 보물이 된 셈이다.

그가 다시 언론일선에 컴백한 것은 1932년. 《조선중앙일보》 주필로 나서 4년 후 베를린 올림픽 마라톤에서 우승한 손기정 선수 일장기 말소사건으로 폐간될 때까지 근무한다. 당시 그는 그 바쁜 언론활동 중에도 탐험을 즐겨 백두산 기행(비행)을 16회 연재했다.

당시의 기행문 가운데 이런 구절이 있다.

〈여름 한 철이면 천자만홍의 고움을 자랑하고 천지를 현란하게 꾸며놓은 그 유명한 꽃밭이 바로 여기련만 이제는 백설이 이를 덮어 눈부시게 아침 햇빛을 반사하고 있을 뿐이다. 어느덧 우리는 망망하게 넓고 넓은 수해(樹海)위로 나와 보니 맞은편에 불쑥 솟은 하얀 그림자가 바로 저 유명한 백두산이 아닌가〉

이렇게 그의 붓끝은 부드럽고 섬세하여 독자들에게 낭만을 불어넣기도 하지만 당시의 심각한 사회이슈나 정치현안에 대한 논평에서는 조금도 흐트러짐 없이 소신을 피력하는 결기를 고수하곤 했다. 당시 언론의 뜨거운 논쟁은 신탁통치 찬반논쟁이었다. 결국 모스크바 3상회의의 한반도 신탁통치 안에 따라 남북분단의 비극을 맞게 되었지만 민족주의 민주의식의 신념 그대로 좌우를 조화롭게 아우르며 난국을 헤쳐 나가는 그의 투철한 애국철학은 당시 언론의 절대적인 지지를 받았다.

훗날 야당성향의 경향신문 주필시절에는 정부비판의 사설을 자주 써서 '솜으로 싼 바늘'이란 평을 들었다. 그만큼 반독재 민주화투쟁에 앞장선 성재 주필의 경향신문은 한국 언론의 기개를 높여준 이정표가 되었다 해도 무리가 없는 듯하다. 한 마을의 글벗 이길용은 훗날 성북동 동장시절 만해의 어려운 살림을 돌보아 드렸다는 신문보도가 있었다.

(6) 재건국민운동과 정풍운동에 앞장

그는 일제 강점기에는 진보적인 글을 쓰고 광복이후에는 우파로 활동한 것이 사실이다. 그러나 혼동해서는 안 될 일은 광복 이전 민족주의에서 발전하여 사회주의 이론에 다소 기울어져 있던 지식인 가운데 상당수가 6.25전쟁을 계기로 공산주의 실체를 확인한 뒤에 자유민주주의의 길을 선택했다는 사실이다. 더구나 일제에 항거하던 다수의 민족운동 지도자들이 마르크스 레닌주의 신봉자들의 허구성 또는 이중성을 간파, 반(反)진보를 선언하고 나선 것이다. 실제로 성재를 포함한 성북동의 언론인이나 문학인들 상당수가 해방공간의 혼란기에 갈등을 드러내며 6.25전란을 통해 일부는 납북되고 또 다른 일부는 월북하여 공산정권에 참여하는 양극현상을 드러냈다.

좌·우파를 아우르며 대한민국 건국에 기여한 성재의 결단은 단호했다. 그 이후로 좌우대립의 상황에서 반정부 언론자유 투쟁에 앞장서서 야당기질을 고수하면서도 한편으로는 대동단결을 위한 국민운동의 필요성을 강조하곤 했다. 따라서 5.16사태이후 박정희 정권이 펼쳐온 범국민재건운동에 참여, 유달영의 뒤를 이어 국민운동본부장에 취임한 것은 국가재건이라는 그의 소신에 따른 결단으로 지지를 받았다.

이때의 내외환경은 녹록치 않았다. 우선 견제세력으로 등장한 5월동지회가 걸림돌이었다. 그는 이 국민운동의 지도자로서 국민운동은 불편부당한 국민단합의 모체가 되어야한다는 확고한 소신을 갖고 있었으나 이러한 주체성을 부정하는 일부의 탈선행위가 걸림돌이 되었기 때문이다. 특히 5월동지회가 친목단체의 영역을 벗어나 지방까지 영역을 확대하며 국민혁명의 주체의식에 갈등을 빚기 시작하자 이러한 탈선행위에 대한 단호한 입장을 밝힘으로써 혼란을 가라앉힐 수 있었다.

국가재건국민운동본부장 재직 시

이러한 우여곡절 끝에 1963년 5월 박정희 대통령은 제3대 재건국민운동 본부장에 학계와 언론계를 대표한 이관구 당시 성균관대 이사장을 임명, 재건국민운동을 정부기구에서 민간기구로 새 출발하는 전환점을 만들었다. 이때에 학계를 대표하여 유진오 전 고려대총장, 김활란 이화여대 총장, 언론인 김팔봉, 고재욱 등 원로들이 참여, 순수민간기구로 새 출발을 선언하기에 이른다.

이와 관련 재건국민운동 상임위 의장이기도 한 성재 본부장은 지시각서를 통해 "우리는 정치에는 초연한 입장에 서 있으며 절대로 동요가 있을 수 없다"는 국민운동 순수성을 재천명했다. 이 때 오재경 당시 정부 공보장관과의 대담을 통해 언론인 구속 사태에 항의하면서 행정기관은 물론 각 대학과 언론사에 침투한 기관원의 즉각적인 철수를 요구하여 정부와 불편한 관계에 있었음을 주목할 필요가 있다.

훗날 세월이 흐른 뒤 광주사태가 터지자 당시 노태우 차기 대통령에 인권유린 행위를 반성하며 재발 방지를 요구하는 성명을 발표하는 등 친(親)정부가 아닌 반(反)정부 입장을 재천명하면서 "국민의 입을 막지 말라. 언론악법은 민주주의의 앞날을 망치는 것"이라고 야당 투사다운 기질을 다시 나타낸 것이다. 이러한 혼탁한 사회분위기 속에서 그가 민족화합 추진위원회(民和委) 위원장을 맡은 것은 국민의 인권보장을 위한 정부의 통절한 반성과 사과를 이끌어 내기 위한 그의 고뇌에 찬 결단이었을 것으로 짐작된다.

(7) 대통령에 '광주사태 사과하라' 민화위 건의서 인권선언 촉구

민화위의 수장을 맡은 이관구 편협회장의 자세는 강경하고 단호했다. 언론을 통한 투쟁을 선언하기 이전부터 언론자유를 지키기 위해 기자구속 사태에 강경대응하면서 인권선언을 정부에 요구하는 등 강경한 자세를 지켜갔다.

민화위는 이 건의서에서 광주사태가 "이 지역 학생·시민의 민주화를 위한 투쟁의 일환으로 새로 규정돼야한다"고 지적하고 과잉진압이 사태악화의 한 원인이었고 사태이후 유가족과 부상자의 보살핌에 소홀했던 점에 대해 정부차원의 사과의 뜻이 표명돼야할 것"이라고 촉구한 것이다.

이것으로 그치지 않고 민화위는 "반국가사범과 가정 파괴범, 흉악범등 사회질서 시국사범과 경미한 일반형 사범에 대해 대폭적인 사면·복권·감형·석방과 수배해제를 노태우 차기 대통령이 취임 즉시 단행할 것"이라고 밝히고 80년 해직공무원에 대한 명예회복과 재취업 기회부여를 아울러 건의했다. 과거 인권유린행위를 반성하고 재발방지를 다짐하는 인권선언을 국민 앞에 천명할 것과 군(軍)의 정치적 중립을 요구하고 민간의 신뢰회복을 위해 "군사기밀과 국가안보에 저촉되는 사항이 아닌 한 관련 정보를 공개할 필요가 있다"고 지적하기까지 했다.

민화위의 성명은 국민화합을 위한 연립성내각의 구성, 지자제의 전면 실시와 자치단체장의 직선, 각급선거의 동시실시, 행정기관, 언론기관, 대학 등으로부터의 기관원 철수할 것 등을 포함하고 있다.

이러한 민화위의 강경자세는 일련의 광주사태와 민주화 항쟁에 힘을 실어준 것은 물론 언론자유 실천에도 긍정효과를 나타낸 것으로 당시의 언론은 평하고 있다. 이때 3부요인이 참석한 가운데 열린 폐회식에서 이관구위원장이 노태우 차기대통령에게 이 같은 내용의 건의서를 전달했다는 점에서 그 무게를 짐작할 수 있다.

민화위는 건의서에서 "광주사태는 광주학생·시민의 민주화를 위한 노력의 일환으로 새로 규정돼야한다"고 지적하고 "과잉진압이 사태악화의 한 원인이었고 사태이후 유가족과 부상자의 보살핌에 소홀했던 점에 대해 정부차원의 사과의 뜻이 표명돼야할 것"이라고 촉구하고 있다.

언론자유에 대한 정부의 해명과 반론

8.15광복과 정부출범이후의 사회혼란은 걷잡을 수 없는 상황으로 치달았다. 이에 따라 언론의 호된 비판과 함께 계도(啓導)기능이 아쉬운 시기였다. 그만큼 사회혼란에 대한 정부의 책임 또한 막중해진 때였다.

그러나 언론의 자유를 보장하고 언론을 창달함은 자유민주의의 약속으로서 그것이 언론의 자율적인 윤리의 뒷받침으로 이루어져야 한다는 당국의 주장은 시련을 맞고 있었다. 이에 대한 언론 리더들의 반응은 한결같았다. "언론의 자유와 더불어 그 책임을 지키자는 것이 공공성을 기반으로 삼는 신문의 자율적인 규범이고 이것은 밖으로부터 강제할 성질의 것이 아니라 스스로 지키며 살려나가야 한다"는 견해에 대해 어느 누구도 부정하거나 반박할 여지가 없었다. 그러나 아무리 언론의 자유를 존중한다 할지라도 스스로 다 하여야 할 책임의 한계를 벗어나 국가의 안전을 위협하거나 공익을 침해하는 범죄를 구성하는 경우에는 일반법의 제약을 피할 수 없는 것임은 부정하지 못한다는 주장이었다.

정부 대변인 오재경 실장과의 논쟁은 쉽게 끝날 수 없었다.

"피의사실이 있을 때의 구속여부의 결정에 이의가 있다면 그것은 그때그때의 상황과 수사방침에 따라 정해진 것이지만 신체자유의 기본인권이 잘 존중되어야 하겠다는데 대하여는 췌언을 요하지 않을 것입니다. 다만 그것이 언론인이기 때문에 일반 국민이 같은 경우에

받을 이상의 특전을 베풀 수는 없을 것이라는 점은 이해하여 주실 것으로 믿습니다. 언론인의 피의사실에 대한 문책이 유쾌한 일이 못 됨은 누구에게나 다를 바가 없습니다.

언론의 질서가 자율적으로 유지됨을 바라는 심정은 이러한 불유쾌한 일이 되풀이되지 않기를 바라는 마음에서 더욱 간절합니다."

독립신문 정신계승한 4.7 구락부 출범

시련과 격동의 민주주의를 발판으로 출발한 한국 신문의 발전은 1896년 4월 7일 창간된 독립신문의 탄생으로부터 시작된다. 역사적인 그날을 기리며 탄생한 것이 바로 4.7구락부, 훗날의 대한언론인회다. 1977년 4월 25일 이관구 초대회장의 발의에 따라 동지들이 규합하여 출범한 것이다. 발기인들은 어려운 환경에서 주머니를 털어 그런대로 준비비용을 마련했다. 특히 당시 신문회관 사무국장의 배려로 이곳에 사무실을 마련할 수 있었다.

당시 사명감에 불탔으되 자신의 권익옹호와 생활수단에는 무력했던 언론인들은 이들의 공허감과 좌절감을 씻어주는 것은 물론 은퇴 후에도 사장될 수 없는 이들의 경험이 언론의 장래와 후진들의 계도를 위해 중요하다는 인식아래 뭉칠 수 있었다.

이처럼 언론인의 사명을 지켜가기에 이관구 회장과 뜻을 같이 한 발기인들은 김을한(金乙漢), 남상일(南相一), 고흥상(高興祥), 피효진(皮孝鎭), 조동훈(趙東勳), 김진섭(金鎭燮), 오소백(嗚蘇白) 등 7명이다. 발기총회 참석인원은 50명 중 18명, 또한 2인의 부회장(고흥상, 김광섭) 외에 5인의 운영위원(총무 오소백, 재무 김진섭, 편집 조동훈, 심사 김문룡, 서기 피효

어느 연회석에서, 좌부터 부터 백낙준, 이관구, 최현배, 김두종박사

우로부터 두번째가 조병옥 박사, 이관구, 김용진

진)이 주축이 되었다.

이관구 초대회장의 창립총회 취임사는 이렇게 시작된다.

〈'토끼는 죽을 적에도 머리를 언덕으로 둔다. 남방에서 온 철새는 남쪽 가지에 깃들인다'는 말이 있거니와 오랫동안 언론계에 몸을 담아 자못 긴장한 활동을 체험해본 언론인들은 사정에 따라 직업을 바꾸든지 혹은 은퇴한 뒤에도 늘 머릿속에는 언론계를 떠날 수 없는 짙은 향수 속에 젖어 있을 뿐만 아니라 어떤 정의감과 사명감에 불타고 있다.〉

언론계가 일찍이 경험하지 못한 진통을 겪고 있을 때였다. 문 닫은 언론사를 떠난 기자들과 경영진의 대립으로 어수선했다. 이에 따라 1) 퇴직 언론인들이 소식을 주고받을 수 있는 모임이 필요하고 2) 집필과 휴게를 겸할 수 있는 공간이 필요하며 3) 한 해에 두 차례정도는 친목모임을 가질 수 있도록 한다는 절박한 여론이 높았다.

다시 말해서 과거와 현재를 이어주는 가교역할을 하면서 직업인으로 평생을 지낸 언론인들의 자부심을 일깨워주는 역할이 필요했던 것이다. 특히 1990년대 들면서 천관우, 최석채, 이관구, 김을한 선생 등 언론자유 수호를 위한 공적을 남겼던 분들이 세상을 떠나자 원로 대선배와의 대화의 광장이 필요하다는 인식에 공감하게 되었다.

이때는 일제의 질곡을 거쳐 전란을 겪으면서 암울한 이 땅에 새로운 희망과 용기의 횃불을 비쳐주려고 애쓴 언론 투사들이 적지 않았다. 그러나 이러한 투사들은 자신의 권익옹호에는 너무 무력했다. 그 결과 이들의 고고한 생활은 늘 가난을 수반해야 했다. 언론노병들의 식견과 값진 경험을 한데 모아 좀 더 보람 있는 권토중래(捲土重來)의 길을 찾아 볼 수도 있을 터였다. 그래서 다시 모으기 시작한 것이 '대한언론'이다.

민화위, 민주발전을 위한 최종건의서(요지)

수사실 폐지로 인권 보호, 지자제 확대
정부는 중요국정 국회, 정당에 개방해야

민화위는 노태우 차기대통령으로 하여금 인권보장과 그 신장의 의지를 다음과 같은 내용의 인권선언을 국민 앞에 천명하도록 건의했다. 인권신장은 민주발전을 위한 기초적 전제라는 점에서 이에 최우위의 관심과 의지를 갖는 것이며 공직자는 권위주의 탈피, 국민의 기본권 보장에 최선을 다해야 한다는 결론을 이끌어 냈다는 점에서 민화위의 역할이 그만큼 중요하고 적절했다.

특히 과거 가혹행위 등 인권유린행위를 반성하여 그 재발방지를 다짐하고, 인권침해 행위 시에는 지위고하를 막론하고 예외 없이 엄히 다스린다는 다짐을 주목하게 된다. 여기서 이관구 민화위 위원장은 언론인이기 이전에 위기의 국가를 구원한다는 충정과 민주적인 절차에 의한 국가재건 그리고 반민주세력의 준동을 막아낸다는 결연한 의지를 읽을 수 있다.

◇ **인권보장을 위한 당면개선책**
▲「경찰관직무 직행법」상의 임의동행과 보호조치체도가 악용되고

있는 현실을 감안, 법적 근거 없는 불법연행은 금지하여야 하고 수사보호실도 폐지함으로써 고문을 근원적으로 없애야 한다.
▲ 피의자에 대한 심문 시에 변호인의 참여제를 확립하여 종래 강압적수사와 밀실수사의 폐해를 제거해야한다.
▲ 국가안전기획부는 국외정보와 국내의 정보수집·작성·배포 및 보안업무를 주로하고, 대공수사업무는 검찰총장을 정점으로 하는 수사체계 하에 수행되어야한다.
▲ 보안처분제도를 개선하여 국민의 인권을 보호해야한다.
▲ 가혹행위로 인한 인권유린 행위 시에는 사건의 진상을 철저히 밝히고, 범법자는 지위고하를 막론하고 엄벌해야한다.

◇ **군이 정치적 중립을 견지해야 한다.**
▲ 군의 정치개입은 어떠한 이유나 명분으로도 정당화될 수 없다.
▲ 군은 어떤 정치세력에 의해서든 정지척도구로 이용될 수 없으며, 현실적 정치행위로부터 초연한 입장에 선다는 사실을 군 지휘관과 정치인들은 명심해야한다.
▲ 정치문제는 정치인의 책임으로 해결하여야 하며, 국가사회의 안정과 발전에 대해 정치인이 책임을 질 때만이 군의 사기를 양양시키고 정치인에 대한 군의신뢰를 제고하게 될 것이다.
▲ 주요 군사문제에 관하여는 여·야가 초당적으로 협조하는 자세가 필요 하며, 군사기밀과 국가안보에 저촉되는 사항이 아닌 한 관련정보를 공개함으로써 군에 대한 민간의 신뢰를 높일 것이다.
▲ 군내부의 비리, 부정이 발생할 경우에는 이를 단호히 척결, 지휘

고하를 막론하고 인사책임도 물어야 하며, 한편으로 군 지휘관의 청렴성은 언제나 강조되어야 할 것이다.

◇ **국회의 권능을 실질적으로 강화해야 한다.**

▲ 대통령과 각료는 국회출석 기회를 확대하여, 중요정책을 국회에서 수시 발표함으로써 종래의 국회경시 자세를 고쳐나가야 한다. 특히 대통령은 정기국회 개회 등의 경우 국회출석을 관례화하는 것이 바람직할 것이다.

▲ 정부는 국회와 정당에 대해 중요국사에 관한 정보를 개방하여야 한다. 정부는 수시로 여야당지도자에게 주요 국정브리핑을 실시하고, 각종자료를 제공함으로써 비생산적인 국회운영이나 비현실적인 정치공세의 소지를 제거해야 할 것이다.

▲ 국회의 법률안, 예산안심사를 내실화해야 한다. 종래의 통법부라는 오명을 씻어내기 위하여 대통령은 정부제출 법안을 연중 안배하여 충분한 심의기간을 확보케 하고, 의원입법도 명실 공히 국회주도로 이루어지도록 협조해야 하며, 한편 예산안의 경우에도 풍부한 자료제공 등으로 내실 있게 심의토록 해야 한다.

▲ 국회 입법권을 실효성 있게 보장하고 국민의 자유와 권리를 보호하기 위하여 정부제출 법률안의 경우 정부에 대한 위임명령의 범위를 대폭 축소하여야 한다.

▲ 여야당과 정부는 국회기피증을 지양하고 국회소집 여부를 정략적으로 이용해서는 안 된다.

▲ 국회 본래의 기능을 확보하기 위해 상임위원회 중심의 운영체제

를 강화하고 그 동안의 적폐된 비정상적 국회운영을 지양하기 위해 대통령은 집권여당을 통해 각 정당간의 대화와 타협을 권장하여야 한다.

◇ **정당의 민주화와 활성화를 기해야 한다.**
▲ 올바른 정당정치의 구현을 위하여 학생·교원을 비롯한 각계각층 인사에 대하여정당의 문호를 개방하여야한다. 그리고 정당운영에 있어서도 과두 지배형은 지양되어야하며 이를 위해 정당법 등관계법령을 정비하여야할 것이다.
▲ 집권여당의 당내 민주주의가 보장되어야 한다. 모든 당직 및 각급선거 공천에서 경선제의 확립, 당원중심의 당 운영과 당내 언로 개방, 그리고 교차투표의 허용 등 민주적 운영이 긴요하다.
▲ 정치자금의 양성화 공개화 공정분배 및 증액을 통해 각종의 이권유착을 방지해야 하며 야당에게는 일정시기에 주기적으로 지급하는 관행을 확립하는 동시에 부족분을 국고에서 지원하는 방안도 강구되어야 할 것이다.

◇ **80년 해직공무원 문제의 해결**
▲ 80년 당시 해직 공무원 중에는 정당한 이유로 해직된 자도 있을 것이나, 그 해직조치의 시행과정과 절차에 있어서 상당한 무리가 수반되었음을 인정해야 할 것이다.
▲ 해직공무원의 명예회복과 피해에 대한 조치를 위해 정부 내에 한시적 대책기구를 설치, 당시의 전반적 진상을 파악하고 적절한

해결방안을 강구 시행해야할 것이다.
▲ 정부는 80년 당시 해직되었던 공무원 이외의 국영기업체등의 임직원과 기업체의 노동조합원, 언론인등에 대해서도 해직공무원 문제 해결방안에 준하여 적극적인 관심과 노력을 기울여야할 것이다.

◇ **지역감정 해소**
▲ 인사제도와 정책면에서의 쇄신을 통해 지역감정을 해소해야 한다.
▲ 지역별로 공평한 기업환경을 조성해 주어야한다.
▲ 균형 있는 지역개발이 이루어져야 한다.
▲ 지역감정 해소를 위하여 행정구역의 재검토를 신중히 검토할 필요가 있다.
▲ 백제권 문화를 획기적으로 육성시켜야 한다.

사회발전을 위한 건의

◇ **지도자의 부정부패 방지**
▲ 차기대통령의 공약처럼 부정부패에는 성역이 있을 수 없으며, 대통령의 주변인사에 대한 철저한 관리와 함께 지도층이 솔선수범 한다면 부정부패는 현저하게 줄어들 수 있을 것이다.

92세 때 세종대왕 기념사업 독려

성재 선생의 강한 의지와 왕성한 원기는 90대에 접어들어서도 빛

문화훈장(대한민국장)을 받고 부인과 함께

을 발했다. '끝날 때까지 끝난 것이 아니다'라는 스포츠의 명언이 있지만 그의 삶이 그러했다. 흔히 노익장(老益壯)이란 표현으로 설명하거나 의학상식의 특수체질로 증명할 수 없는, 그야말로 하늘이 내린 '불꽃같은 축복'이었다.

그가 92세에 접어든 새해 어느 날 아침, 우이동 자택으로 찾아갔으나 세종대왕 기념사업준비를 위해 홍릉에 있는 사무실에 나가셨다고 한다. 가족의 설명으로는 "지금도 가끔 술 한 잔 마셨으면 좋겠는데 함께 할 벗이 없어 허전하다"고 외로움을 털어놓곤 하셨단다. 86세까지 담배를 즐기셨던 애연가이기도 하다. 북한산 자락에서 대자연을 즐기고 세월의 풍파를 걱정하며 애국애족의 념을 잃지 않았던 충정, "지금은 언론인들의 삶이 안정되긴 했지만 정의가 무엇인지, 어떻게 자유를 지켜가야 하는지 기본사명을 깊이 깨닫고 이 어지러운 세상을 헤쳐 나가는데 앞장서야 한다"는 큰 어른의 가르침을 잊을 수 없다.

(8) 한국 언론의 현실과 국제적 반향
李寬求 한국신문 편협회장의 연설 1

"해외서 보안법 질문 받고 답답했다"

이글은 한국 신문편집인협회 회장인 이관구씨가 지난 4월 6일 시공관에서 가진 제3회 신문주간기념식에서 행한 연설 원고입니다. 이관구씨는 작년 12월부터 약 3개월에 걸쳐 歐美언론계를 시찰한 바 있는데 때마침 보안법파동으로 국제여론이 분분했던 때인지라 한국 언론계의 현실도 국제적으로 클로즈업되었던 형편이었고 그러한 와중에서 이관구씨는 한국의 IPI(국제신문편집인협회) 가입운동을 전개했던 것입니다. 이 연설의 원고는 세계의 눈에 비친 한국의 언론계를 아는 데는 좋은 자료가 아닌가 생각됩니다.

우리나라 일간신문의 효시요 민주언론의 선구인 독립신문(獨立新聞) 창간 63주년과 제3회 신문주간을 맞이하여 열리는 오늘 제3회 전국언론인 대회에 임하여 한마디 말씀을 드리게 된 것을 매우 광영으로 생각합니다.

나는 작년12월 18일 한국을 떠나 약 3개월 동안 미국과 서구제국을 시찰하고 최근 돌아온 까닭에 '한국 언론에 대한 외국의 반향'을 말해달라는 부탁을 받고 이 자리에 나왔습니다. 내가 떠나기 바로 전날인 12월 27일에는 국회법사위 주최 하에 국회의사당에서 열린 신

15회 유엔총회(하와이)에 참가 했을 때, 좌로부터 두 번째는 김상협 박사, 다음이 이관구

국가보안법에 관한 공청회 토론에서 이 사람도 반대편으로 참가하였지만 내가 떠난 뒤 바로 그 이튿날인 19일 하오에 열린 법사위원회에서는 야당위원이 빠진 여당위원만으로써 신 '국가보안법안'에 대한 질문을 종결시키고 원안을 무리하게 통과시킨 사태가 생겨나자 그날 밤부터 야당의원들은 의사당 안에서 농성을 개시하고 또 이 법사위안의 통과를 강행할 우려가 있는 본회의의 개회를 막으면서 법사위의 결의를 번복시키려는 소위 '라이·다운·스트라이크'인지, '셧다운·

스트라이크'로 불리어진 항쟁이 계속되던 당시에 나는 미국 땅에 발을 옮기게 된 것이었습니다. 바로 크리스마스 날 나는 로스앤젤리스에 있었습니다.

그때 TV 방송은 수차에 걸쳐 셧 다운 스트라이크의 광경과 또 그 24일 밤 국회본회의에서 신 국가보안법과 개정 지방자치 법안을 포함한 20여건의 법안을 한 번에 통과시키려던 그 찰나에 야당의원들이 의사당 밖에서 거구의 경비원들에게 멱살을 잡히고 다리를 떠메어 가면서 끌려 나가는 광경을 계속하여 방송한 것이었습니다.

이것은 마침 쿠바의 혁명광경과 같이 방송되었기 때문에 더욱 미국시민들의 신경을 자극시킨 것이었습니다. 이러한 때인지라 미국 언론계는 신문·잡지 방송 등을 통하여 한국의 소위 보안법파동이 보도되거나 논평을 통하여 신랄하게 비판받게 된 것입니다.

공청회에도 참가하고 떠난 나로서는 정말 머리를 들 수 없이 수치를 느꼈으며 또한 옆으로는 의외의 느낌도 없지 않았습니다. 왜냐하면 야당 측에서 강경하게 요청해온 공청회 개최를 완강하게 거부해오던 여당 측에서 공청회를 여는데 찬동하였다는 사실이 행여 여당 측의 태도에 약간의 변화가 생긴 것이 아닌가 하고 다소의 희망을 붙이고 본국을 떠났기 때문입니다.

미국의 언론은 이 보안법파동에 대하여 사실 그대로를 냉정하게 보도한 것도 있지만 개중에는 경찰국가라는 낙인을 찍기도 하고 또 이런 나라에 원조를 계속하는 것이 '옳으냐, 마냐'하는 언론까지 나온 과격한 비판도 없지 않았습니다.

한국의 한 언론인으로서 외국의 이러한 언론을 보고 또 외국 언론계의 많은 인사들로부터 직접 보안법파동을 포함한 한국 사태에 관한 여러 가지 질문을 받았을 때의 나의 심정이란 참으로 답답하기 비길 데가 없었습니다. 그러나 나의 응답의 결론은 이러했습니다.

〈한국은 민주건국의 역사가 불과 10년밖에 안 되는 나라로서 민주정치의 초년생이다. 더욱이 해방 직후의 혼란과 또 건국 직후에 경험한 미증유(未曾有)한 전화(戰禍)의 그늘 속에서 자리를 잡고 자라나기 시작한 관권이 때로는 민주주의의 순조로운 성장을 방해하기도 하지만 민주주의의 핵심인 언론은 한국에 있어서 어떠한 압력에도 굽히지 않고 건전하고 또 힘 있게 자라나고 있다는 사실을 기억해주기 바란다. 한국의 민주언론은 벌써 60여년의 역사를 지니고 있으며 군국주의 일본의 잔학한 탄압에도 굽히지 않고 자주독립과 민주를 위하여 과감하게 항쟁하면서 자라난 한국 언론의 빛나는 투쟁의 전통은 해방과 건국이후에도 변함이 없이 공산독재와 과감하게 싸우는 동시에 모든 비 민주주의적 요소에 대해서는 왕성한 투쟁력을 발휘하고 있다.〉

한국 언론계의 현실과 국제적 반향
이관구 한국 신문편협회장 연설 ②
자율적인 윤리강령 제정 큰 의미
투쟁력이 강할수록 이에 대한 저항력은 클 수도 있습니다.
1957년 4월에 결성된 한국 신문편집인협회는 조국을 민주 통일 독립국가로 재건하는 민족적 과업에 당면하여 그 사명의 중대함을 자각하고 신문의 자유를 인류의 가장 기본적인 권리의 하나로서 옹호하면서 신문인의 자율적인 윤리강령(倫理綱領)을 채택하였습니다.

그리고 신문주간을 설정하고 민주언론의 창달을 위한 조직적 활동을 전개하기에 이르렀습니다. 그러나 신문편집인협회가 당면한 저항 중의 하나는 언론제한조항이 포함된 개정선거법의 제정이요, 또 하나는 역시 공산위협에 결부시켜 신문인의 활동을 제약하는 신(新) 국가보안법의 제정이었다. 전국언론인의 맹렬한 반대투쟁에도 불구하고 관권은 무리하게 그 통과를 강행하였지만 그러나 이 언론자유의 투쟁 속에서 민권은 급속도로 자라나고 있고 또 언론은 민중의 지지 아래 더욱 힘 있게 발전하고 있다는 사실을 인식해주기 바랍니다. 그러므로 언론자유를 제한하는 모든 악법은 민중과 더불어 용감하게 싸우고 있는 한국 신문인들의 힘찬 투쟁에 의하여 미구에 철폐될 것입니다.

이렇게 역설도 해보았습니다. 그러나 한국의 신문이 아직도 완전한 자유를 누리지 못하고 있다는 인상을 씻어줄 수는 없었습니다. 그러지 않아도 한국의 신문은 언론의 자유가 없다하여 국제신문편집인협회(IPI)는 한국 신문인의 가입을 주저하고 있는 형편인데 이번 신 국가보안법통과로 인하여 그 가입에 큰 지장이 있지나 않을까 염려되는 바가 적지 않았습니다. 그러나 나는 이번 여행에서 우리 신문인의 IPI 가입을 성공시키고자 외국신문계의 많은 지도자들과 접촉해 보았습니다. 더욱이 재작년 동경에서 열린 IPI 아시아지역대회와 또 작년 워싱턴에서 열린 IPI 연차대회에서 언론자유의 문제에 관한 토론이 벌어졌을 적에 한국은 언론자유가 없다는 낙인이 찍혀진데 대하여 우리 협회로서는 항의를 제출한 일이 있었습니다. 그러나 이번에는 기어이 이러한 낙인을 깨끗이 씻어버리고 금년 5월 독일에서 열리는 연차대회에서 한국 신문인의 가입이 용인되도록 힘껏 노력했습니다.

이와 같이 외국의 신문계 지도자들을 만나는 가운데 거의 빼놓지 않고 질문을 받은 것이 개정선거법과 신 국가보안법에 관한 것이요, 또 작년에 일어난 일련의 필화사건이었습니다. 특히 사상계에 실린 「생각하는 사람이라야 산다」는 논문의 필자인 함석헌 씨와 코리아 타임스에 실린 「도박자의 정의」란 논문의 필자 장수영 씨와 또 동아일보기자 최원각 씨 등이 국가보안법 위반혐의로 구속되었다가 불기소 처분된 사건이 있었습니다. 이러한 필화사건까지 IPI월보에도 게재되어 언론자유를 침해한 국제적인 사건의 하나로 지적된 것이었습니다. 물론 나는 이러한 사실을 시인하지 않을 수 없었으나 동시에 이들 사건에 대한 한국 신문인들의 반대투쟁의 사실을 더욱 강조한 것이었습니다.

한국 언론의 현실과 국제적 반향
이관구 편협회장 연설 초(3)

언론자유 제한조항 철폐하라

이러한 나의 주장에 대하여 대체로 찬성하는 편이었으며 앞으로 대회에서 규약의 검토와 개정까지 해야 한다고 주장하는 분도 있었습니다. 특히 IPI의 로스 사무총장은 한국의 사정을 이해하는 듯 이렇게 말하였습니다. "한국 신문인들의 용감한 언론자유 투쟁에 경탄하는 바이지만 한국의 신문은 완전한 언론자유를 누리지 못하고 있는 것도 사실이다. 나 개인의 의견으로서 한국의 신문인은 개인자격으로 회원 될 자격이 있다고 보겠지만 국가적 위원단(National Committees)만은 신문의 자유가 부족한 까닭에 조직될 수 없을 것 같다. 다만 모든 것이 연차대회에서 결정될 성질이므로 충분히 이 점을 양해해주기 바란다. 그리고 옵서버로서 오는 대회에 한국 신문인이 참가할 의향이라면 그 준비를 하겠다고 말한 다음 내가 제출한 가입 신청서를 우선 접수하는 것이었습니다.

나는 마침 가지고 있던 국제연합 한국통일 부흥위원단(UNCURK)에서 1957년 제12차 국제연합총회에 제출한 연차보고서를 내보이면서 한국 언론계의 발전에 관한부분(보고서 제3장D항) 대한민국 언론과 동 부록4장, 대한민국의 언론부분을 참고해줄 것을 부탁하였습니다. 여기에 적힌 요령으로 말하면 민국의 민주적발전의 고무적인 사건 중에서 이 나라의 자유로운 신문의 역량과 신문 편집인협회 및 신문 발행인협회의 발족 그리고 자유롭고 진취적이고 책임 있는 신문의 발달은 민국의 대의정부를 본질적으로 강화하는데 공헌한다고 하는 신문윤리강령의 채택을 높이 평가한 것입니다.

그러나 제1회 신문주간을 기념하기 시작한 이래 만 2년이 되는 오늘에 이르는 동안에 새로이 신문의 자유를 제한하는 두 개의 법령 즉 개정 선거법(選擧法)과 신 국가 보안법(保安法)이 통과되었다는 사실과 특히 최근후자의 보안법이 거친 파동을 일으키면서 여당의원들만에 의하여 무리하게 통과되었다는 사실은 '민주적발전의 고무적인 사건'이라고는 도저히 일컬을 수 없는 것이 아닙니까. 그러기에 우리는 제3회 신문주간을 맞이하여 특히 개정선거법과 신 국가보안법의 언론조항 등이 언론의 자유와 국민의 기본 권리를 침해하는 것이라고 지적한 1958년 1월 5일 및 동년 12월21일의 본 협회 결의를 재확인하면서 이와 같이 언론을 제한하는 모든 악법은 즉시 철폐되어야 할 것과 그 철폐로서 침해된 민권(民權) 회복에 계속 전력을 집중할 것을 또 다시 결의하게 된 것입니다.

우리 우방국가들은 자유롭고 진취적이고 또 책임 있는 한국 신문의 발달을 한국의 민주발전의 척도로서 주시하고 있으며 그러기에 언론을 제한하고 간섭하는 법령이 새로 나온다든가 언론인을 구속하는 사태가 일어날 적마다 우방의 민주여론들은 이를 즉각적으로 경고하고 있는 것입니다.

언론을 제한하는 악법은 위에 말한 두 법령 외에도 해방 직후 혼란스럽던 군정기((軍政期)에 적용하던 '언론집회에 관한 미(美) 군정령(제88호)'을 아직까지 폐기하지 않고 있어 정부에서 신문을 포함한 출판물에 대한 등록, 허가, 취소가 가능하게 되어있습니다. 영화필름에 대해서도 검열제도가 없는 선진 국가에서 이러한 한국 언론의 현실을 바라볼 때 언론자유가 없다는 혹평을 하게 되는 것을 괴이하게 볼 수 없는 일입니다. 다만 언론의 자유를 확충하기 위한 우리 언론인들의 전통 있는 투쟁력과 그 업적은 높이 평가 되어야 하겠지만 그러나 묵은 언론 집회에 관한 군정령을 아직 폐기하지 못한 채 새로운 언론제한의 법령이 연거푸 등장되고 있다는 우리의 낙후된 현실을 하루 바삐 극복하지 못한다면 이는 우리 언론인의 빛나는 전통을 더럽힐 뿐 아니라 국제적으로도 큰 수치를 면할 수 없을 것입니다.

언론을 제한하는 모든 악법은 즉시 철폐되어야 하고 그 철폐로서 침해된 민권을 회복하는데 계속 전력을 집중시켜야 할 것입니다. 이

것이 바로 금년의 신문주간을 맞이하여 더욱 각오를 새롭게 하고 더욱 투지를 올려야 할 우리의 유일의 과제로 생각하는 바입니다.

재건국민 운동체의 새로운 방향은
새 민간단체로 옛모습 탈피 절실

국민운동본부의 민간기구로의 전환을 추진해오던 역대본부장과 중앙위원들이 모여 가칭 사단법인 재건국민운동의 발기준비를 선언했다. 이에 앞서 현 국민운동본부에서 발기인 26명이 제1차 준비위원회를 소집, 전국창립대회까지의 산파역으로 추진위원 7인(高在旭, 金活蘭, 金八峰, 劉鳳榮, 劉鎭吾, 柳達永, 李寬求)과 대회준비위원 10인을 각각 호선, 발기준비위원장으로는 제3대본부장이던 이관구씨 를 선출했다. 관제조직의 빈터위에 탄생하게 된 새 민간기구 재건국민운동은 발기준비 선언문 속에서 첫째 순수 민간단체이며 둘째 정치적 주장을 달리하는 1당1파를 지지반대하는 입장을 배격하고 셋째 지역사회의 자조를 성취케 하며 넷째로는 우방 국민과의 상호이해를 통한 복지증진을 그 취지로 하였다.

그러나 이날 새 기구 발기준비선언이 있기 불과 몇 시간 전에 내무부는 "국민운동본부는 폐지되더라도 부락단위의 청년회와 부녀회는 자생조직으로서 시·면 등 행정기관에서 흡수 지도육성할 것"이라고 발표하고 지방장관에게 이를 위한 시·군 조례준칙을 시달했다.

재건국민운동본부가 탄생한 것은 1961년 6월 12일이다. 무형의 성과를 거쳐 국민운동본부의 재검토와 그 존폐론이 빚어지기 시작한 것은 민정 이양 후 국회에서였다.

"3억6천만 원이라는 방대한 예산중 인건비가 무려 85%를 넘고 있으니 기구를 유지하기 위한 국민운동인가"라는 화살이 집중되기 이전에 공화당은 이미 기조연설에서, 그리고 대변인을 통해 "국민운동본부가 시행착오적 과오를 저지르고 있다"고 비판했다. 실상 국민운동본부가 입법부와 비슷한 예산을 뿌려가면서 뚜렷한 자주성 없이 움직여 왔다는 것이 무용론의 근거였다.

이와 같이 개폐론이 비등하고 민간기구로의 전환기운이 태동할 즈음 그 결정타를 가한 것은 지난 4월 박대통령의 진해 구상의 발표였다. 각의에서 폐지 법률안이 의결되고 박대통령이 관계 인사를 불러 해체에 따르는 사후대책과 직원들의 구제책이 검토된 후부터는 민간기구의 발기 기운이 구체화되었던 것이다.

독립정신, 민권사상 결합, 새길 열어가자

정풍운동 이라는 제목을 일면에 크게 내세워 각계각층으로부터 불고 있는 새바람은 바로 우리 언론계의 새바람의 일면이로구나 하는 느낌을 북돋아준다. 나는 지난 1월19일 편집인협회 세미나에서 우리 언론인들은 암야(暗野)의 광명(光明)과 같이 사회각 분야에서 일어나는 정풍운동에 대하여 이를 고무하고 발전시키는데 온갖 정력을 기울여야 될 것을 강조한바 있었다.

기자들의 자질은 최근 15년 동안 전문적인 지식이나 제작기술에 있어서나 많이 향상 되었다. 그리하여 하나의 전문적인 직업인의 자질까지 갖추게 된 것은 일반의 성장이라고 볼 수 있다. 다만 오늘의 고도로 발전해가는 정보사회에 적응하기 위해서는 더욱더 연구와 노력이 필요할 것이다. 그런데 작금에 있어서 신문이 무기력해 간다는 둥, 독자의 신뢰도가 떨어져 간다는 둥 경종이 울리고 있는 것은 신문인의 지식과 기술의 저하로부터 오는 것이 결코 아니다. 이는 오로지 언론인의 자세가 흔들리고 있음을 말하는 것 같다.

다시 말하면 언론의 생명이라고 할 진실은 자유로운 표현과 약자의 편에 서야할 정의의 발로(發露)에 있어서 과감하지 못함을 탓하는 게 아닌가한다. 이렇게 만든 원인은 구구하여 설사 이것이 내적 혹은 외적으로 받는 제약 때문이라고 치더라도 언론인 자신의 신념과 자세가 확고하게 서있고 또 이로부터 우러나오는 자유와 정의를 위한 투지가 꺾임 없이 왕성하다면 그 어떠한 제약도 넉넉히 극복할 수 있을 것이다. 따지고 보면 언론자유의 신장과 이것으로 배접되는 민주주의의 성장은 희생이 따르는 가열(苛烈)한 투쟁의 산물이었다.

이것은 서구의 17세기이래의 신문발전사(史)를 통해서나 우리나라의 75년 신문발전사를 통해서나 역력히 증명된다. 금년 4월 7일로써 창간 75돌을 맞이하는 《독립신문》은 열강제국주의의 침략과 한말(韓末) 내정(內政)의 부패에 대한 비판과 고발 등의 투쟁을 전개하면서 고취한 「독립(獨立)정신」과 「민권(民權)사상」이 바로 우리 신문의 빛나는 전통으로 계승되었고 또 한글전용의 첫 선을 보인 것은 특기할만하다. 그리하여 우리 신문은 일제 학정의 암흑기에 있어서나, 공산침략의 잔학한 전란기에 있어서나 민족의 횃불이 되어 피나는 투쟁을 감행한 것이었다. 그리고 자유당 독재(獨裁)정권을 붕괴시킨 4.19 학생의거에 힘입은바 큰 것이었다.

망명길 떠난 이승만 老대통령
경향신문 이관구 주필의 사설

우리나라 초대 대통령 이승만(李承晩) 노 박사가 오늘 아침 8시 45시분 드디어 하와이로 망명길을 떠났다. 하와이는 바로 그가 반생동안 조국광복을 위하여 근거로 삼았던 인연 깊은 곳이다. 춘수만사택(春水滿四澤)한데 비에 젖은 이 땅, 북악(北嶽)에 고개를 몇 번이나 돌렸던고.

"내 자신의 실정(失政)과 결함(缺陷)이 곧 한국민의 위대성과 그 장래를 어둡게 해서는 안 될 일"이거니, 마지막 말이나마 "국민을 존경"하며 물러가는 심정에 보내는 우리의 심정 또한 쓸쓸함을 금할 길 없다.

1945년 10월 해방된 조국으로 돌아온 지도 어언 15년, "나라를 위하여 한데 뭉치라"던 노 혁명가의 첫 외침이 아직도 귀청에 쟁쟁하나, 나라는 이미 반쪽이요, 뭉치자는 초점은 너무도 자부심이 강한 완고한 그분 자신이었기 때문에 집권 12년의 실정과 결함을 어찌할 수 없어 오늘날 그 자신의 불행을 자초하지 않을 수 없게 된 것이다.

이기붕 씨 일족 자결의 비극까지 생겼던 경무대(景武臺)를 떠난 바로 그날, 그 자신이 물러나온 것은 객월 28일로서, 그 후 이화장(梨花莊)의 일삭(一朔) 동안, 울분한 그의 한회(恨懷)야 이루 말할 나위가 없었겠지만, 그를 둘러싼 반동세력들이 여전히 하나의 상징으로서 이화장을 떠받쳤기 때문에 국내의 여론은 하루바삐 그로 하여금 망명의 길을 떠나게 하라는 것이었다. '평화적인 혁명'이었기에 그러하기도 하였겠지만 희생이 적은 대신 반동세력의 준동(蠢動)이 눈에 띨 정도로 혁명의 성과를 흐리게 할 우려도 없지 않았다.

이제 노 박사는 떠났다. '인민을 존경'하는 의미에서 그는 떠난 것이다. '혁명의 성과'를 빛내기 위해서 그는 떠난 것이다. '한국민의 위대성과 그 장래의 희망'이 어둠을 헤치고 광명을 향하여 거대한 발자취를 옮기게 된 것은 곧 그의 본망(本望)에 어긋남이 없으리라. 그리고 한국민의 위대성과 희망은 한국에만 그치지 않고 멀리는 터키의 혁명에도 큰 영향을 주었으며 나아가서는 후진국에서 보기 쉬운 정치의 독재성을 청산하는데 연쇄적 반응을 반드시 일으키고야 말 것임에 상도한다면 이것은 바로 민주주의의 위대성과 희망에 직결되는 것이다.

그를 보냄에 있어 한갓 칠순의 긴 생애를 조국 광복(光復)을 위하여 바친 노 정치인으로서의 그의 모습을 바라보고자한다. 그가 저지른 12년의 실정(失政)이 없었던들 그의 일생이 얼마나 빛났을 것이었겠는가. 최후의 일궤(一簣)의 흙을 보탤 수 없어 구인(九仞)의 공이 무너졌음은 못내 안타까울 뿐이다.

그러나 조국을 떠남에 임하여 '인민을 존경'하고 조작된 민의 아닌 '진실한 민의'로 이루어진 혁명의 위대성에 대한 인식을 노 박사가 다시 하였다면 이 얼마나 다행한 일이겠는가.

이제야 바로 그를 상징적 존재로 추대해온 반동세력들도 혁명의 위대성에 머리를 숙일 계기는 온 것이다. 이리하여 우리는 이루어진 혁명에 뒤따르는 모든 건설계획을 순조롭게 또 열성적으로 추진시킬 일이 기약되는 것이다. 노(老)박사의 여생에 신의 가호가 있기를 마지막으로 빌어마지 아니한다.

(9) 겨레의 영산, 백두산 기행
하늘에서 본 천지의 장관

백두산 꼭대기에 발길을 멈추고 그 숭령 장엄한 천지 속, 배포를 보고 온 이 한둘이 아니리라. 우리 겨레가 발상한 영산으로 숭배를 받으며 자고로 순례자의 발자취가 그치지 않았던 한반도의 용마루다. 그 신비함을 예찬하는 글귀들이 수를 헤아릴 수 없지만 막상 이곳에 이르니 신변묘화(神變妙化)의 황홀경에 넋을 빼앗기듯 감탄을 금할 길 없다. 때로는 뭇 소경이 코끼리를 본 이야기에 지나지 못함을 탓하지 않을 수 없다.

이번에는 《조선중앙일보》에서 백두산 탐험비행(探險飛行)의 장도를 세움이 사진과 기행으로 전폭광경(全幅光景)을 한목에 묶어 재현하려는데 그 뜻이 있으나 여기에는 부분의 정밀(精密)함을 기약하기 어려우니 아쉬움이 남는다. 여기에 문제는 필자의 재간이다. 속된 눈과 얕은 지식으로 보이는 것조차 제대로 못 그릴 지경인데다 주마간산(走馬看山)도 아닌 비행간산 인지라 붓을 들기엔 무리가 따르고 걱정되지 않을 수 없다.

그러나 용서해주기 바라는 것은 일찍이 넘어 본 적인 없는 소장백산맥(小長白山脈)의 관모연봉(冠帽連峯)의 험관(險關)을 관통하는 왕복천 여리의 크나큰 모험이었으매 목숨을 걸다시피 온 힘을 쏟아 분 도전이었던 셈이었기 때문이다. 비록 그 글이 용졸(冗拙)하다 할지라도 그대로 주관적 가치는 있는 것임을 밝혀두려 한다.

9월 24일은 이번 탐험비행의 선발대로 내가 떠나던 날이다. 우리 일행은 몇몇 사우들의 전별 속에 청진(淸津)행 열차에 몸을 실었다. 장도를 비는 깃발의 물결 속에 플랫폼이 떠나 갈 듯 만세소리 드높을 때 촬영기의 필름이 돌아가고 있었다. 무슨 배우나 스포츠스타라도 된 듯 마치 출정하는 무사(武士)와도 같아 보였으리라. 열차가 한강 굽이를 돌아가니 도봉(道峯), 만장(萬丈)이 석양을 지고 서자 백두산의 환영(幻影)이 눈앞에 어른거리기 시작한다. 어느새 연천과 철원을 지나며 나그네의 벗님을 사모하는 심정 가득해진다. 마음 속 이런 저런 걱정에 산만해 질 때 아침이 밝아 오면 여의도에서 사진기자를 태운 본사기가 날아올 것이다. 비행기라곤 한번 밖에 타본 일이 없는 나로서는 모든 것이 서투를 뿐이다.

날이 밝자 바로 성진(城津)이다. 주을(朱乙)을 지나면서 날이 밝았지만 구름에 잠긴 산야는 어두울 뿐, 나남에서 나북천과 합류하여 바다로 빠진다. 자연생태계의 변화에 밝지 못한 문외한으로서 무엇을 알겠느냐 만은 이곳 지리에 밝은 관모봉을 거쳐 백두산에 이르는 처녀 항공로를 개척하는데 도움을 준분들께 감사할 따름이다.

낮 2시 50분에야 여의도 비행장을 떠났다는 비행기는 4시 10분이 되어서야 명천(明川)상공을 날고 있다는 전보를 받았다. 서 남편 고개 너머로 소래 같은 그림자는 분명 비행기였다. 차츰 폭음까지 들려왔다. 비행기는 나남시가를 두어 바퀴 돌다가 기수를 수그리고 먼지를 일으키며 내리는 그 모양이 어찌나 반갑고 귀여운지 앞으로 달려 나갔다. 박수에 이은 악수. 1천 5백리의 먼 길을 날은 4시간 내외의 항정(航程)이다. 그러나 무엇보다 18개의 크고 작은 도시를 저공선회하며 물 끓듯 하는 환호에 답례하고 오자니 늦어질 것이 당연하기도 하지만 바람을 거슬러 구름과 싸워가며 때로는 비와 우박에 날개까지 적시었으니 얼마나 난항이었는지 짐작되고도 남음이 있다.

해가 저물기 전 조종사는 쉴 틈도 없이 비행기의 기관 기관을 사랑하는 자식 어루만지듯 깨끗이 닦으면서 하는 말이 "오늘은 이 녀석이 몹시 피로했을 터인즉 가꾸어 줄 것은 모두 만져주어야 하겠지요"란다. 그는 허기도 잊은 채 해가 저문 다음에야 숙소에 들어왔다.

9월 27일 우리가 마지막 코스로 백두산에 오를 날이다. 히말라야 등반이라도 떠나듯 가슴이 두근거린다. 새벽 4시에 일어나 살피니 하늘은 청명하다. 만의 일의 경우에 대비하여 불시착륙의 준비가 무엇보다 중요하다. 무선전신 설비가 없는 우리로서는 꼭 필요한 것이 전서구(傳書鳩)였는데 수소문 끝에 육군 사단 사령부에서 쓰는 전서구를 빌려 쓰기로 했다. 한 가지 걱정은 우리의 목표인 서북쪽 관모봉 쪽으로 벌써 구름이 모이기 시작했기 때문이다. 주춤주춤 망설이는 동안 어느새 시간만 흐르니 결국은 실랑이 끝에 사진반 홍 기자만 태우고 비행을 떠나고 말았다. 이곳의 험악한 기류를 아는 사람은 대강 짐작이 될 것이다.

장백산의 줄기, 더구나 관모연봉을 필두로 2천 미터 이상의 준령이 72좌나 되어 저마다 하늘이 낮다고 빼어난 이른바 '조선알프스'는 동해를 향해 절벽으로 떨어지고 그 너머에는 1천 5백 미터 이상의 망망한 개마고원(蓋馬高原)이 있으니 천리천평(千里天坪)이란 이를 두고 이르는 것이리라. 가없는 수해(樹海)가 이 속에 담겨 있어 멀리 백두산의 웅장한 자태가 바라보인다. 다시 말하면 경성(鏡城)과 무산(茂山)의 분수령은 이 관모연봉은 개마고원을 둘러막은 한 성벽과 같아서 백두산의 신비경을 옹호하고 있으니 언제나 햇살이 퍼질 때는 깊은 계곡에서 구름이 피어올라 갖은 조화(造化)를 다 부리는 것이리라.

또 동해의 바람이란 바람은 다 몰아서 본바닥 기류(氣流)와 어울리는 마술의 세계를 연출하곤 한다.

이처럼 변화무쌍한 기상(氣象)을 알고서 일찍이 가보지 못한 하늘길에 나선 것은 항공로 개척이란 목적도 있지만 위험을 무릅쓴 모험 중의 모험이다. 나는 이 비행기가 떠날 때 서 있던 자리에서 발길을 조금도 옮기지 않고 하늘만 쳐다보기를 1시간 여 넘겨 보냈다. 그러자 또 불시에 나타난 비행기의 그림자가 굉음과 함께 다가온다. 물론 이 짧은 시간에 용마루에 오르지 못했을 것은 정한 이치이지만 무사히 돌아온 것만도 천만다행이다. 출발부터 꼭 1시간 10분이 지난 시점. 비행을 끝낸 두 친구의 얼굴에는 분함이 넘쳐 있었지만 백두산을 바라보고 일직선으로 날고 있을 때, 앞에서 어릿거리던 구름 한 점이 천 구름, 만 구름 떼를 몰고 와서 그대로 휩싸이고 말았다는 것이다.

사방을 둘러보니 그곳이 그곳으로 지척을 분간하기 어려워 어쩔 수 없이 돌아와야 했다는 것이다. 참으로 위기일발의 순간이었다.

첫날의 실패는 다음 날의 성공을 이끄는 힘이 되었다. 첫째 출발시간은 해 뜰 무렵이 가장 좋았다는 판단을 하게 되었다.

이튿날 28일 날이 밝았다. 출발시간은 7시 7분. 우선 사진촬영이 우선하기에 나는 뒤로 빠졌다. 누가 앞에 서든 함께 마음모아 기원한 결과 2차 비행은 성공이었다. 10시 29분에 무사 귀환한 이들의 얼굴에는 성취감과 환희의 빛이 넘쳐 있었다. 서로 얼싸 안은 그 기쁨은 히말라야 등정만큼이나 감격적이었다.

다음은 내 차례다. 사진촬영의 성공으로 자신감을 갖기도 했지만 관모연봉의 악귀들을 쫓아 버린 듯 모든 것이 순조로웠다. 신비로운 천지(天地)의 비경(秘境)도 그러하려니와 물위에 닿을 듯 7, 8회나 천지를 돌면서 남김없이 속살을 들추어 본 셈이니 우리나라 항공사상 처음 있는 대기록이다. 아무런 재주도 없이 이 비행에 참여하여 이렇게 큰 보람을 얻은 나로서는 그야말로 천재일우(千載一遇)의 행운이 아닐 수 없다.

수희감격(隨喜感激)이라할까. 천지가 이런 좋은 기회의 응답을 보내주기가 결코 쉽지 않으니 그냥 돌아갈 수 없었던 우리의 각오를 받아 준 결과였는지도 모른다. 남은 숙제라면 하늘에서 본 그 신비로운 체험을 어떻게 글로 전해줄 것인가 궁리하는 일이다.

어려서 키 클 무렵, 꿈속에서 날아 본 일밖에 없는 나로서는 생시에 하늘을 날기는 이번이 처음인데 날아가는 곳이 바로 우리 겨레의 신비로운 전설의 고장이다. 내가 지내온 반생이 도시 꿈같으니 어려서 날아본 그 꿈을 지금과 맞대어 놓으면 오늘도 역시 꿈의 한 토막이요, 지난날의 전설과 같다. 그 옛날 환웅대왕(桓雄大王)이 하늘에서 날아와 백두, 태백산 박달나무 아래로 내려오신 그 길을 따라가듯 꿈은 다시 태고를 향해 달려간다.

비행기 바퀴가 땅에서 떠오른 때가 29일 아침 6시 35분. 나는 벌써 공중의 사람이다. 서북쪽을 향해 날던 머리가 나북동 상공으로 돌아들 때, 방위는 275도로 거의 정서(正西)를 향해 날으며 고도를 높여가고 있다. 백설이 애애(皚皚)한 관모봉과 함께 관세음보살을 본 받았는지 봉우리들은 뾰족뾰족 솟아나 동서남북으로 연해 있다.

이야기는 다시 관모봉으로 돌아온다. 조선알프스라는 거인(巨人)의 갓 쓴 모습, 주맥은 두 귀가 비스듬히 흘러내려 지붕같이 보이는데 꿈틀거리며 세차게 뻗어 내린 거인의 품 속으로 바람이 불어 가벼이 날아든다. 막 떠오른 아침 햇살에 놀란 봉우리들, 눈이 부시어 황홀한데 더구나 눈까지 곁들이니 관모봉의 장관이야말로 무지갯빛 그대로다.

편집 후기

올곧은 한 평생, 기자정신, 선비정신의 참 모델

이 나라 언론의 개척자이자 선봉장인 성재 선생은 필자와는 특별한 인연이 있다. 스승이나 다름없는 영원한 롤 모델이라 할까. 성북동 한 마을에 살면서 6.25전란으로 필자 가친이 납북된 이후 가정사까지 돌보아주신 후견인이기도 하다. 4.19혁명이 분출하며 우리 사회를 바꾸어 놓기 시작했을 때 그 분의 가르침을 따라 신문사에 들어가 글 심부름을 하면서 어린 나이에 기자생활을 시작했으니 엄청난 꿈을 심어준 은인이었던 셈이다.

성재 선생은 자택이 성북동 포도밭 언덕에 있어 같은 마을에 사는 만해(卍海) 한용운(韓龍雲) 선생과도 자주 어울리며 우국충정을 토하곤 했던 것으로 기억한다. 이 마을엔 당시 민족주의 또는 사회주의 계통의 지사들도 꽤 많았을 뿐더러 언론인 외에도 이태준과 같은 문인, 채동선과 같은 작곡가 등 예술인들이 모여 살았다. 남북분단이라는 민족 시련기에는 좌우대립이 심각하여 붉은 완장부대와의 충돌, 고발사태가 심각했던 마을이다. 이러한 이념투쟁의 사회혼란이 가중되자 성재 선생은 '불은 일단 피하고 보자'면서 피신을 권고했지만 가친을 비롯한 정의파 동지들은 끝까지 항거하다 붉은 공산당 무리들에 납치되어 불귀(不歸)의 객이 되고 말았으니 이것도 악령의 형벌과도 같은 비극적인 운명을 탓할 따름이다.

성재 선생을 가까이 모시면서 많은 것을 배우고 세상이치를 깨달았다. 1960년대 초, 그의 주필실(당시 경향신문)을 찾아 갔을 때 먼저 눈길이 멎은 곳이 있다. 어느 분의 휘호인지 분명치 않지만 파사현정(破邪顯正)이라는 힘이 넘치는 서예작품이었다. 삶 속에 담겨 있는 선지자의 지향과 다짐을 말해주는 것이리라.

잊혀 지지 않는 또 다른 기억 한 가지. 4.19혁명으로 사회가 소용돌이 치고 있을 때 이승만 대통령의 하야와 미국망명을 보는 대 논객의 얼굴은 고뇌의 표정으로 잔뜩 굳어 있었다. 바로 그날 그의 사설 첫 머리는 도연명(陶淵明)의 사시(四時)를 인용한 춘수만사택(春水滿四澤)이라는 표현으로 시작되었다. 단순한 계절현상을 말하려함이 아니라 아마도 권력무상(權力無常)의 탄식을 의미하는 것이었으리라.

그는 훗날 어느 칼럼에서 후배들에 대한 이런 당부를 잊지 않았다. 이른바 면경(面鏡)과 목탁(木鐸論)이다. 풀이한다면 언론은 세상을 비추는 거울과 사찰의 목탁소리나 염불소리가 되어야 한다는 말씀이다.

광복 후 새 출발한 서울신문의 주필 겸 편집국장으로 1946년 4월까지 재임하다가 4월부터는 합동통신사 부사장을 맡아 한국 언론 주유천하(周遊天下), 생동하는 현장을 두루 살피며 안 가본 곳이 없을 정도다.

우리 언론이 정치의 격랑에 휩쓸리면서 소신이나 철학 없이, 이해집단 세력화의 분열(分裂)에 휩쓸려가고 있는 것은 아닌지, 더구나 자유민주주의와 사회민족주의의 충돌로 이 땅에 심각한 위기를 맞고 있는 오늘, 성재 선생의 경고를 되새겨야 할 때가 아닌지 성찰해볼 일이다.

성재 선생과 같은 시대를 산 경향신문의 후임주필 팔봉(八峰) 김기진(金基鎭)선생은 언론의 중구난방(衆口難防)을 경계하면서 낭중지추(囊中之錐)를 역설한바 있는데 당시 이분들의 선비정신과 선구자정신을 본받아야 할 책임을 통감하지 않을 수 없다. 훗날 두 분의 자택은 우이동의 북한산 입구 지호지간에 있어 자주 어울

려 세상사를 논하는 기회가 많았다. 특히 6.25와중에 공산당의 길거리 인민재판이라는 폭력으로 생지옥을 체험했던 팔봉 선생의 수난은 바로 언론이 겪어야 하는 이 땅의 비극을 증명해주는 것이기도 하다.

또 다른 일화가 있다. 성재 선생의 일생은 진취적이며 도전적인 일면이 있었다. 그런가하면 문필가들을 존경하면서 예술인들과의 교유를 즐기셨던 것으로 기억한다. 청년시절 열악한 환경 속에서 위험천만한 백두산 취재에 나선 경력에서 보듯 호사가였는지도 모른다. 당대 언론의 참 모델이었다는 관점에서 그 분의 '글 한 평생'을 통해 후진들에게 큰 교훈과 사랑을 남겨준 큰 스승으로 기억하고 싶다.

세월이 한참 흐른 뒤 하루는 성재 선생으로부터 한 통의 전화를 받았다. 필자가 체력이나 기력이나 나약한 줄로 알았는데 어떻게 에

손자들과 즐거운 한 때를 보내고 있는 성재 이관구

베레스트 원정대(1977년)에 뛰어 들었느냐는 질문과 함께 선생의 축시(時調)를 당대 명필인 여초(如初) 김응현(金膺顯)의 휘호로 선물해준 것이다. 필자는 이를 에베레스트 등정 성공의 국가훈장 못지않은 자랑스러운 가보(家寶)로 간직하고 있다. 지난날 백두산 탐사비행 경험이 있는 성재 선생의 축시는 이러하다.

    에베레스트 높다 하되 하늘 아래 뫼이로다.
    눈사태 벼랑 타며 죽음고개 넘고 넘어
    드디어 영광의 태극기 꽂았고야 야 호호
    숨 가삐 살아왔고 허리 잘린 오늘에도
    용감한 이 겨레는 뛰고 있다. 뛰고 있다.

정원에서 부인과 함께 화초에 물을 주고 있다.

기어코 영광의 태극기
삼천리 곧 날리리

그의 집안은 동생 이혜구(李惠求) 전 서울음대 교수와 더불어 90대 장수가족으로 소문 날 만큼 천복을 받았을 뿐 아니라 인덕에 따른 관운 또한 특출하여 대한언론인회 회장을 초대로부터 3회 연임할 만큼 절대적인 존경과 신뢰를 받았다. 그런가하면 신문윤리강령의 제정에 주도적인 역할을 하는 한편 자유당 독재정권을 규탄하는 악법제정반대투쟁에 앞장서기도 했다. 경향신문은 자유당시절인 1959년 4

월 칼럼 여적(餘滴)이 문제가 되어 폐간처분을 당할 정도로 한동안 야당지로서 낙양의 지가(紙價)를 높였었다.

1960년 연합신문이 서울일일(日日)신문으로 제호를 바꾸어 새 출발했을 때 사장에 취임했으나 다음해 신문이 폐간되자 언론 일선에서 물러나 재건국민운동본부 본부장, 5·16장학회 이사장, 성균관대학교 이사장, 그리고 1970년대 세종대왕 기념사업회 종신회장에 취임, 황혼기에 이르기까지 왕성한 활동을 계속했다.

그분 특유의 평화로운 표정과 파안(破顔)의 모습으로 미리 준비한 자신의 흉상(胸像)을 바라보며 93세를 일기로 세상을 떠나신 대 논객. 성재 이관구 선생이야말로 혼란스러운 시대를 올곧은 정의감으로 살아오신 기자정신과 선비정신의 귀감, 또한 시대정신의 위인이었다고 말하고 싶다. 이승의 삶이 투쟁으로 점철된 고행이었다면 저 세상에선 천상복록 누리소서.

필자 약력

이태영

1960년 경향신문 입사
1962년 한국일보 입사
1969년 일간스포츠 창간
1976년 몬트리올 올림픽, 남미순회 취재
1977년 한국최초 에베레스트원정대 취재
1988년 중앙일보 편집국 섹션국장
1997년 ㈜ 중앙기획 대표이사
2019년 현재 대한언론인회 감사

대기자 홍종인,
언론자유 수호와 국토 사랑

정진석(한국외국어대 언론학과 명예교수)

1. 은퇴 거부한 영원한 일선기자

홍종인 선생(洪鍾仁: 1903.11.24.~1998.6.10)은 언론 현직에서 물러나 특정 언론사나 언론단체의 현직에 있지 않았을 때에도 대한민국을 대표하는 언론인이었다. 언제 누가 붙인 직책인지 그는 자연스럽게 우리시대의 '대기자'로 공인되었다. 언론계에서는 '홍박'이라는 애칭으로 통했다. 그의 박학다식(博學多識)을 두고 붙인 별명인 '홍 박사'를 줄인 말이다. '박사' 칭호도 대학에서 수여한 것이 아니라 언론계와 사회에서 통용된 학위다.

홍종인 선생의 학력은 오산중학교 졸업이 전부였지만, 타고난 재능과 부단한 노력으로 다방면에 걸친 지식을 쌓아 언론인의 스승을 자처하였다. 종횡무진으로 언론계를 휘젓고 다니면서 잘못이 있으면 고하를 막론하고 그 자리에서 호령하였다. 평생 공부하는 기자였고 후배들에게도 늘 공부하도록 격려하고 당부했다. 멀리 희랍 철학에서부터 동서양의 역사를 논하고 미술, 음악, 도예, 천문에 이르기까지 폭넓은 지식과 취미를 지니고 있었다. 스포츠를 즐겨 1946

언론인 홍종인은 음악, 미술, 등산 등 다양한 분야에 관심을 가졌다.
그림 백인수.

신문제작을 논의하는 홍종인(중앙). 왼쪽은 코리아 타임스 편집국장 최병우, 오른 쪽은 미국 언론학 교수 로울랜드. 1918년 11월호 Quill 잡지에 게재된 사진이다.

년 한국산악회 부회장에 피선되었다가 1954년부터 1967년까지 4선 회장으로 재임하는 동안 국내의 수많은 산과 섬들을 누볐고, 팔순이 넘은 때까지 테니스를 즐겼다.

선생은 1925년 6월 14일 시대일보 평양지국 기자로 언론계에 입문하였다가 1930년에는 조선일보로 옮겨 사회부 기자로 활동하였다. 사회부장, 편집국장, 주필, 부사장을 역임하면서 한국신문편집인협회 창립 발기인으로 초대와 제 3대 운영위원장을 맡았고, 한국신문연구소 초대 소장, 동화통신 회장, 중앙일보 고문 등을 거치면서 집필 활동을 계속하였다.

2. 시대일보-중외일보 기자

1) 평양고보 퇴학 오산학교 졸업

홍종인 선생은 러일전쟁이 일어나기 전해인 1903년 11월 27일 평양에서 홍재문(洪在雯)의 장남으로 태어났다. 그는 자신의 성장 환경을 술회하는 가운데 "시대의 교훈과 가정의 배경——특히 어머님의 엄하신 채찍 밑에 위태로운 청춘이면서도 줄곧 한 길을 찾고 나갈 수 있었다."고 말하였다.[1] 인격형성 과정에 어머님의 영향이 컸다는 뜻이다.

그는 총독부가 설립한 관립 평양고등보통학교에 다녔는데 3학년 때인 1919년에 3.1운동이 일어나자 독립선언서를 배포하고 동맹휴학 사건에 연루되어 퇴학당하자 1920년 가을 남강 이승훈(李昇薰)이 설립한 민족 사학의 요람 정주 오산학교에 편입하였다. 그가 입학하였을 때는 설립자 이승훈은 3.1운동 민족대표의 한사람으로 형무소 복역 중이었고, 교장은 조만식(曺晚植)이었다. 선생은 오산학교 시절을 이렇게 회고했다.

> 정주도 고을 아닌 제석산(帝釋山) 밑의 외따른 오산학교의 생활은, 비록 짧은 기간이었으나 조만식 선생을 교장으로 모신 그 학교, 그 마을의 분위기란 참말 좋았다. 선생께서 나의 일생의 나갈 길을 일러주신 그 터전이었다.

---

[1] 홍종인, 「머리에 부치는 말」, 『인간의 자유와 존엄』, 수도문화사, 1965, p. 2.

홍종인이 오산학교에 다닌 기간은 불과 반년 정도에 지나지 않았으나 교장 조만식으로부터 많은 영향을 받았다.[2] 함석헌(咸錫憲)도 같은 때에 오산학교에서 공부했는데 홍종인 보다 2살 위였다. 1921년에 오산학교를 졸업하고 지방의 시골 사립학교 교사가 되었다. 어느 학교인지는 확실치 않으나 잠시 어린이들을 가르치다가 일본으로 건너갔다. 고학으로 공부하려는 계획이었는데 각기병에 걸려 심장이 붓는 증세가 나타나자 평양으로 돌아오고 말았다. 동경에 큰 지진이 일어나기 바로 전인 1923년 여름 방학 때였다. 그런데 9월에 동경에 대지진이 일어났기 때문에 일본에서 공부하려던 계획을 단념하지 않을 수 없었다. 그리고 다시 지방 사립 소학교 교사가 되었다. 언론계 투신 이전의 경력은 이와같이 약 2년간의 소학교 선생이 전부였다.

홍종인이 시대일보 평양지국 기자로 언론계에 입문한 날은 1925년 6월 14일이었다. 시대일보는 그 전해 3월 31일에 최남선(崔南善)이 창간한 신문이었다. 참신한 지면으로 인기를 끌었으나 경영난으로 최남선이 손을 떼고 1925년 4월초부터는 동아일보 주필 겸 편집국장이었던 소설가 홍명희(洪命憙)가 사장에 취임하면서 편집국장 한기악(韓基岳)을 기용하는 등 새로운 진용을 구성하였다. 홍종인이 평양지국 기자로 언론계에 첫발을 들여놓았을 때는 시대일보가 새롭게 출발하던 무렵이었다.

---

2 「차 한잔을 나누며」, 선우휘와의 대담, 「요즘 젊은이들 역사공부 등한」, 조선일보, 1975.8.19.

2) 일선기자의 보람

신문기자 생활은 홍종인의 적성에 잘 맞았다. 시대일보 입사 무렵, 평양 근교에 살던 미국인 의사가 동네 아이의 얼굴에 초산(硝酸)으로 '도적'이라는 글자를 쓴 사건이 있었다. 20대 젊은 미국 의사는 어린 아이가 병원 마당에 있는 사과를 따먹었다 하여 초산으로 얼굴에 상처를 입혔는데, 홍종인이 송고한 기사가 크게 실리자 대단한 보람을 느꼈다.[3] 시대일보 7월 31일자에는 「사형(私刑)한 미인(米人)선교사 허시모 공판 상보, 초췌한 얼굴로 법정에 나타난 허시모, 모우답지(冒雨遝至)한 방청자로 법정만원/ 사실을 일일 시인」이라는 기사가 사회면 중간 톱으로 크게 실려 있다. 기자의 이름은 없으나 홍종인이 쓴 것으로 보인다.

시대일보는 홍종인이 입사한 이듬해 11월 제호가 중외일보로 바뀌었다. 시대일보는 홍명희가 경영을 맡았으나 경영난을 타개하지 못하여 발행을 중단할 위기에 처하자 이상협(李相協)이 신문을 인수하여 총독부로부터 중외일보(中外日報)라는 제호로 발행허가를 얻어 1926년 11월 15일 새로 창간하는 형식으로 출발하였다. 그러나 중외일보는 시대일보의 시설과 인력을 그대로 승계하였으므로 시대일보의 후신이었다. 홍종인도 자동적으로 중외일보의 기자가 되었다.

중외일보의 편집 겸 발행인은 이상협, 편집국장은 민태원(閔泰瑗)이었다. 이상협은 당시 신문계의 실력자였고 신문제작의 '귀재'로 알려진 인물이었다. 매일신보 기자로 출발한 이상협은 1915년 무렵에는 연파주임(軟派主任)이 되었으나, 3.1운동 이후 총독부가 이른바 '문화

---
3 「KBS '인간만세' 홍종인」, 『대기자 홍박』, 세문사, 1987, pp.285~304.

정치'를 내걸고 한국인에게 신문발행을 허가해 준다는 방침을 정하자 매일신보를 떠나 신문발행을 준비했다. 이상협은 자신의 명의로 동아일보의 발행허가를 얻어 창간 실무를 주도하였으며 초대 편집국장 겸 사회부장-정리부장의 요직을 모두 맡아 신문의 기틀을 다졌다. 하지만 1924년 동아일보 사내의 갈등으로 조선일보로 옮겨가 '혁신 조선일보'의 주역이 되었다가 조선일보에서도 뛰쳐나가 중외일보를 창간하였다. 일제 치하의 3대 민간지와 매일신보를 두루 거치면서 편집 제작을 총괄하는 사령탑으로 활약한 사람이 이상협이었다. 그는 중외일보를 "가장 값싸고 가장 좋은 신문"이라는 구호를 내걸고 새로운 아이디어로 지면에 재미와 활기를 불어넣으면서 기존의 동아와 조선을 맹렬히 추격하였다.

홍종인은 중외일보 평양지국 기자로 근무하는 동안에 『백치(白鴙)』라는 동인지를 발행한 일도 있었다. 편집 겸 발행인은 홍종인이었고 한수철(韓壽鐵) 등과 만든 이 동인지는 1928년 1월 1일 제 1집이 발행되었고,[4] 7월 5일에는 제 2집까지 나왔지만 그 이후에는 계속되지 못했고 실물도 남아있지 않다. 홍종인이 1928년 봄부터 본사로 올라와 사회부에 근무하였기 때문에 『백치』의 발행이 중단된 것이다.

중외일보 본사로 올라온 홍종인은 중앙 언론계에서 사회부 기자로 활약하면서 뛰어난 능력을 발휘하기 시작하였다. 1930년 1월에는 부산 조선방직 노동자 2천여 명이 '조선 최대의 대파업'에 돌입하자 기민하게 움직여 부산으로 달려갔다.[5]

---

[4] 동아일보, 1927.12.23; 12.31; 1928.1.5 신간소개; 조선일보, 1927.12.23.
[5] 홍종인, 「조고만담(操觚漫談)」, 『철필』, 1930.7, pp. 61~64.

3) 여운형 재판 호외 발행

3월에는 상해에서 독립운동을 벌이다 일본 경찰에 체포되어 서울로 호송된 여운형의 예심 종결에 관한 호외를 홍종인이 밤을 새워 만들어 발행하였다. 여운형의 재판에는 방청권을 얻기 위해 그 전날 저녁부터 수백 명이 법원 문전에 몰려와 밤을 새우기까지 하였다. 동아일보, 조선일보, 중외일보의 3파전 경쟁이 치열하던 때였는데 중외일보의 사세가 가장 약했으므로 홍종인은 특종을 빼내기 위해 쓰레기 더미를 뒤져서 법원이 작성한 예심결정서 프린트 등사 원지를 찾아내는 극성까지 부렸다. 그러나 중외일보는 재정형편이 파탄 상태였다. 급료를 받지 못한 공무국 직원들이 태업을 벌여 신문발행이 지연되는 상황이었다. 홍종인은 일찍부터 계획하고 있던 호외를 시기를 놓치지 않고 발행해야 한다는 절박한 심정에서 자신의 생명을 재촉하는 것 같았다. 재정상태가 가장 열악한 중외일보에 근무하는 처지가 안타까웠다. 그런 상황인데도 홍종인이 호외 발행을 강행했다. 여운형이라는 인물의 비중도 컸지만 공개하지 못했던 중대한 사실을 독자들에게 알리겠다는 사명감에 불탔기 때문이었다.[6]

독립운동의 종종상은 단편적으로 많이 전하여 온 바도 있으나 상해를 중심으로 한 독립운동의 첫 계획으로부터 임시정부가 수립되고 창조파와 개조파의 알력이 생기기까지 조선 공산당의 조직전 노령(露領) 이동휘파의 활동이며 모스크바의 원동 약소민족대회, 그 다음 조선 공산당

---

6 홍종인, 「여운형 사건과 검사와 나, 예심 종결서 엇으려 쓰레기통에」, 『삼천리』, 1931.10, pp. 66~69.

조직후 제 3국제당과의 연락과정 등이 체계 있게 나타나지 못하고 있었다. 이러한 큰 움직임을 여운형을 통하여 넉넉히 말할 수 있었다.

이리하여 중외일보는 1930년 3월 10일 여운형의 예심종결을 알리는 호외를 발행하였다. 호외 제 1호는 다음과 같은 제목으로 여운형의 활동을 보도하였다.

◇ 현대 조선의 일대 풍운아, 여운형의 예심, 금일로서 수(遂) 종결, 10년간 동치서구(東馳西驅) 운동에 노력, 극동정국의 측면애사.
◇ 대세의 추이를 간파하고 미대통령 사절과 회견 평화회의의 사절 구렌씨 환영회에서 조선인으로서, 그 연설에 참석하야 공명, 민족자결주의에 공명.
◇ 신한청년당 조직, 평화회의에 대표 파견, ○○운동의 제일막.
◇ 각지에 3.1운동 발발, 상해 가정부 수립, ○○운동의 사정을 세계에 선전, 각처에서 다사(多士) 운집.
◇ 관제(官制)를 개정, 대통령 추대, 각원 총수 15명,
◇ 공산당 조직, 상해 이시파(伊市派)의 착잡.[7]

그러나 심혈을 기울인 이 호외는 검열에 걸려 압수당하고 말았다. 이 해 5월 30일에는 용정시에서 40여명 남녀 학생과 청년이 벌인 시

---

7 총독부 경무국 도서과, 『諺文新聞差押記事集錄』, 시대일보-중외일보, 1932, pp. 287~296: 호외 기사 전문은 정진석 편, 『일제시대 민족지 압수기사모음』I, LG상남언론재단, 1998, pp. 630~636 참조.

위를 시발로 밤에는 폭탄을 터뜨리고 일본인 상점에 불을 지르는 폭동이 일어났는데 홍종인은 이를 취재하기 위해 간도까지 출장을 갔다. 처음에는 신문사 간부가 출장을 승인하지 않았으나 다른 신문에 질 수 없다는 생각으로 여비도 부족한 상태로 간도 행 기차에 몸을 실었다. 9월에 발행된 대중지 『삼천리』에 「최근 3대 사변과 현장광경」이라는 특집 가운데 홍종인의 「공산당 습격과 간도」라는 글은 이 사건의 취재 경위를 쓴 것이다. 그러나 중외일보는 재정난을 이기지 못하여 1930년 10월 14일부터 자진휴간에 들어갔다. 이로써 중외일보는 더 이상 나오지 못한 채 사실상 폐간되었고, 그 후신이 1931년 11월 27일에 창간된 중앙일보였다.

4) 사회부 기자로 명성

홍종인은 중외일보가 문을 닫은 지 약 2개월 후인 1930년 12월 11일 조선일보에 입사하였다. 이날 조선일보 1면에 실린 인사난에는 홍종인이 평양지국 기자로 임명되어 있다. 그러나 그가 조선일보 평양지국으로 돌아가서 근무하지는 않았던 것 같다. 갔더라도 짧은 기간이거나 서울 본사에 근무하였을 것이다. 1931년 12월호 『동광』에 실린 조선일보 사원명단에 홍종인은 총독부 출입기자로 되어 있다. 같은 해 『동광』 10월호에 「법정에서 본 이수흥(李壽興)」이라는 글을 실었다가 검열에 걸려 게재되지 못한 일이 있었고, 1932년 3월에는 장호원의 동일은행에 이선룡이라는 청년이 권총을 들고 출현했던 사건의 취재기를 『삼천리』에 실었다.[8] 그는 이미 사회부 기자로서 명성을

---

8 홍종인, 「이선룡 장호원 권총청년 후일담」, 『삼천리』, 1932.5(초하호), pp. 36~37.

날리기 시작했던 것이다.

홍종인이 입사했던 때의 조선일보도 경영상태가 좋지 않았다. 1932년 6월부터 임경래(林景來)와 안재홍(安在鴻) 간에 경영권을 둘러 싼 판권다툼이 표면화 되자 사원들은 '사원회'를 조직하여 실행위원 9명을 선정하였는데 홍종인도 포함되었다. 위원 가운데 김기진(金基鎭: 소설가 八峰)은 중외일보에서 홍종인과 같이 근무했던 사람이다. 6월 5일에는 종로 YMCA에서 '조선일보사건 진상보고 비판연설회'를 개최할 계획이었는데 홍종인도 연사의 한 사람으로 「허가제도하의 조선문 신문」이라는 연설이 예정되었으나 경찰의 집회금지로 무산되었다.

조선일보는 1933년 3월 22일 방응모가 경영권을 인수하면서 경영이 안정되었다. 방응모가 50만원을 불입하여 창간 이래 만성적인 재정난을 일소하고 법인등기를 마쳐서 튼튼한 경영기반 위에서 새 출발하였다. 그런 가운데 홍종인은 1935년 7월 무렵에는 사회부 차석으로 승진하였다.[9] 1937년 9월에는 홍종인이 주관하여 조선일보 제작과정을 영화로 촬영하였고, 9월 19일에는 중일전쟁을 취재하기 위해 중국으로 떠났다가[10] 10월 26일에 돌아왔다. 9월 29일자 신문에는 중국에서 보낸 기사가 실렸다.

---

9 『조선일보 50년사』, pp. 605~606.
10 『조선일보사보』, 제 5호, 1937.12.5.

3. 조선일보 언론활동과 산악운동

1) '홍박'이라는 별명

홍종인이 '홍박'이라는 애칭을 얻은 것은 방응모가 조선일보를 인수하여 경영이 안정되던 30년대의 사회부 차장 시절이었다. 그는 당시를 이렇게 회상한다.[11]

그때 장마가 지루하게 계속되어 삼남 일대의 수해가 전국적인 대사건으로 보도되며 일기예보 기사가 매일같이 특별기사로 보도되었다. 데스크도 보고 밖으로도 드나들면서 이따금 일기예보 기사를 읽어보면 엉망인 것이 적지 않았다. 그래서 "이게 무어냐"고 모두 뜯어고치다 보니 어느 누구가 일기예보 기사에 손을 대려고 하지 않았다. 그 때 누군가가 나를 놀려대느라고 천기박사라고 했던 것 같다. 그 후 사회부 한구석에서 붙여진 박사호의 별명이 버젓이 사내에서 통하며 사회에서도 통하게 되는가 하면 나중엔 '홍박사'라기가 귀찮다고 '홍박'이라고 부르게 되었다.

홍종인은 이 별명이 마음에 들었다. 다른 사람들은 박사를 받기 위해 오랫동안 연구실에서 수고하고 논문을 써서 학위를 받는 사람도 있지만 경우에 따라서는 박사호를 "주십소서…주십소서…"라고 사방으로 운동하고 간청해서 '명예' 박사라는 것도 받는다는데 자신은 대학의 심사도, 정부의 인가절차도 필요 없이 박사라고 불러달라

---
11 홍종인, 「애칭 '홍박'을 즐기는 심경」, 『월간 중앙』, 1971.9.

는 청탁해 본 일도 없는 터에 친구들이 좋아서 불러주는 박사이니 별호로서는 이 이상 자연스럽고 명예스러울 수가 없다는 것이다.[12] 홍박이라는 별명에 어울리게 홍종인은 음악, 미술, 문학, 스포츠의 여러 분야에 걸쳐 취미를 가지고 있었고 글로도 썼다.

1938년 3월 30일에는 사회부장으로 승진하였다. 그러나 1940년 8월 10일 조선일보와 동아일보는 강제 폐간 당하고 말았다. 신문기자를 천직으로 알았던 그의 활동무대는 이제 없어진 것이다. 민간지가 모두 폐간되었으므로 언론생활을 계속하려면 매일신보 이외에 선택의 여지가 없었다. 하는 수 없이 10월 1일자로 매일신보로 옮겨 사회부장 겸 정치부장을 맡았다. 1942년 11월 25일부터는 사회부장·정치부장·체육부장을 겸했다.

홍종인은 23살 때에 기자생활을 시작하였으나 소속된 신문이 2차례나 폐간되었고, 무기정간도 2차례였는데 그런 때에는 월급도 제대로 못 받으며 참기 어려운 고달픈 생활을 겪어야 했다. 월급을 제대로 받게 된 후에도 생활의 여유가 없었으므로 "그저 정신없이 뛰어다니는 맛에 신문을 떠날 것을 꿈에도 생각지 못했다"고 회상했다.[13] 그것이 일제치하의 생활이었고 광복 이후에도 한동안은 크게 달라질 것이 없었다.

1945년 12월 1일 마침내 조선일보가 복간되자 홍종인은 사회부장으로 복귀하였다. 이듬해 8월부터 1947년 5월까지는 정경부장을 맡았고 같은 기간인 1946년 8월부터 10월까지는 편집부국장을 겸하였

---

12 홍종인, 위의 글.
13 홍종인, 「애칭 '홍박'을 즐기는 심경」.

다. 1946년 10월에는 편집국장으로 승진하여 1947년 5월까지 조선일보의 재건에 중추적인 역할을 담당하였다. 1948년 11월부터 1959년 9월까지 10여년은 주필이었는데 같은 기간인 1952년 4월부터 1958년 11월까지는 부사장을 겸하다가, 1959년 9월부터 1963년 5월까지, 제 1공화국 말기에서 4.19와 5.16을 거치는 기간에는 취체역 회장이었다. 광복이후 미군정 치하의 혼란기와 6.25 동란, 휴전 이후의 어려웠던 민족사적 격동기에 조선일보의 요직을 맡아 언론인의 사명을 다하려 노력했다.

1947년 4월 7일에 조선신문학원이 개원할 때에 홍종인은 연습주임이었다. 신문학원은 곽복산(郭福山)이 운영하였는데 국내 처음으로 체계적인 교육과정을 개설하여 신문기자를 양성했던 유일한 언론인 양성기관이었다. 홍종인은 연습주임이었으나 상근직책은 아니었다. 각 대학 일류 교수진과 언론계 최고 권위자들이 참여했는데 홍종인도 6.25전쟁 이전부터 시작하여 50년대 중반까지 이 학원에서 한 강좌를 맡아 강의했다.[14]

3) 남해 파랑도 조사

홍종인은 산악인으로도 큰 업적을 남겼다. 그는 백두산에서 한라산에 이르는 한반도 남북의 산을 등반했고, 울릉도-독도에서 파랑도까지의 바다를 헤치면서 국토의 동서남북, 바다의 동해에서 남해의 끝까지를 누볐다. 교통편이 발달하고 장비와 물자가 충분한 오늘날과

---

14 정진석, 「기자양성의 요람 조선신문학원과 곽복산」, 『언론과 한국현대사』, 커뮤니케이션북스, 2001, pp.471~538.

는 달리, 홍종인이 국토의 구석구석을 밟고 다니던 시기는 전쟁 중에 물자가 귀하고 등반에 대한 인식도 부족하여 모든 여건이 어려웠다.

홍종인은 광복 이전인 1942년에 백두산을 등반했다. 7월 23일 서울을 떠나 8월 초순에 천지를 밟았는데 이듬해 일어로 쓴 논문이 「불함(不咸)사상과 동방족에 대해('不咸'思想と東方族について)」였다.[15] 각 주까지 단 학술논문으로 잊혀지는 민족혼을 일깨우고 한국민족의 얼을 백두산을 통해 깨우치려 한 내용이었다. 광복이 되자 본격적인 산악운동을 시작하였다. 한국산악회는 광복 할 달 뒤인 1945년 9월 15일에 창립총회를 열고 회장에 민속학자 송석하(宋錫夏)를 선출했다. 진단학회에 이어 사회단체 제 2호로 등록된 단체였다. 1946년 6월 28일에 열린 제 1차 정기총회에서 홍종인은 부회장에 선출되었다.[16]

한국산악회의 영문 표기 CAC(Corea Alpine Club)는 홍종인의 주장에 따라 확정되었다. 1948년 정부수립 전까지의 영문 표기는 조선산악회의 약자 Chosun Alpine Club 또는 Corea Alpine Club이었다. 건국 후에는 국호에 따라 한국산악회로 이름이 바뀌었는데, 약자는 여전히 CAC였다. 1954년 환도직후에 열린 총회는 영문명칭을 조선의 C로 하느냐, Korea의 K로 하느냐를 가지고 논란이 일어났다. CAC가 아니라, KAC로 부르는 것이 옳지 않은가 라는 의견이 대두되었다. 하지만 회장 홍종인의 논리는 달랐다. C는 조선(Chosun)의 머릿글자로 오해할 수 있지만 라틴어나 유럽에서는 한국을 Corea로 표기한다. Korea는 국제행사 때에 알파벳 순서에 따르면 일본(Japan)의 뒤로 가

---

15 백두산 등반 후에 쓴 홍종인의 논문은 『登行』, 1943.11, pp.124~138에 실렸다.
16 한국산악회, 「정기총회 회의록」, 『한국산악회 50년사』, 1996, pp.604~608.

는데, C는 일본보다 먼저이고, 유럽에서는 Corea로 쓰고 있으니 산악회 명칭은 Corea Alpine Club로 사용하는 것이 좋겠다는 주장이 채택되어 CAC로 확정하였다.[17]

이 무렵은 산악운동에 대한 인식과 이해가 거의 없었던 때였다. 홍종인은 "학술의 토대 위에 산악운동의 정신적 목표"를 두었다. 산악회 창립 당시의 사정을 이렇게 말한다.[18]

> 일제치하에 극소수의 인원이 등반기술 분야에서 산악 스포츠로만 여겨오던 제약을 벗어나서 민족의 해방과 국가의 독립을 맞이하는 기쁨 속에 내 강산 내 국토에 대한 그윽한 사모(思慕)의 사상적 국민계몽과 학문적 탐구의 정열을 널리 표현할 것을 목표로 하고 산악회의 출발을 보았던 것이다.

산악운동은 단순한 등산 기술의 자랑이 아닌 국민정신의 고매한 기품을 길러나가는데 있다고 보았다. 나아가서 국토애의 국민적 사상 계발을 목표로 할 때에 인문, 자연의 모든 분야의 학자, 전문가의 학문적 활동의 뒷받침을 얻음으로써 비로소 등산 혹은 등반이 '산악운동'으로서 사회적 활동의 바탕을 쌓아올릴 수 있다고 규정했다.[19]

홍종인은 1946년 6월에 한국산악회 부회장이 되었다가 6.25전쟁을 거쳐 수복후인 1954년 11월 26일에 열린 임시총회에서 회장에 선출

---

17 『한국산악회 50년사』, p.68.
18 홍종인, 「한국 산악운동 20년 소고」, 『한국산악회 연보』, 제6호, 1966, pp.2~6.
19 홍종인, 위의 글, p. 3.

되었다.[20] 이때부터 1967년까지 14년간 4선 회장으로 재임하면서 조선일보 주필실을 산악회 사무실로 사용한 시기도 있었다. 산악회 부회장을 거쳐 회장을 맡고 있던 기간에는 학술답사를 병행한 국토 사랑 등반사업을 활발히 벌였다. 홍종인의 기상이 투영된 애국적인 국토사랑 사업이었다.

홍종인이 이끈 획기적인 산악회 원정사업은 남해의 파랑도(이어도)와 동해의 독도 탐사였다. 한국산악회는 정부수립 1년 전 과도정부의 요청으로 1947년 8월 16일부터 28일까지 13일 간 '울릉도 학술답사'를 실시했다. 회장 송석하, 부회장 홍종인을 비롯한 회원들과 정부 공무원들이 합동으로 해군의 전신인 해안경비대의 소해정을 타고 울릉도와 독도를 탐사했다. 그 결과를 가지고 서울에서 보고강연과 사진전을 열었고, 대구, 부산에서도 전시했다.[21]

전쟁이 치열하게 전개되던 1951년 9월 18일에는 문교부와 국방부의 의뢰사업으로 '제주도 파랑도 학술조사대'를 구성하여 제주도 서남해상 파랑도(또는 이어도)를 역사상 처음으로 답사했다. 홍종인은 대원 57명과 함께 해군 경비정을 이용하여 부산을 떠나 뱃길 3일이 걸리는 망망대해로 나갔다. 남해에서 3일간 탐사한 결과 바다 속에 검은 바위처럼 보이는 암초를 발견했지만 심한 격랑을 견디지 못하고 뱃머리를 돌리지 않을 수 없었다.[22] 당시의 함정과 열악한 장비로는

---

20 한국산악회, 「정기총회 회의록」, 『한국산악회 50년사』, 도서출판 산악문화, 1996. pp.604~608.
21 홍종인, 「독도」, 『한국산악회 연보』, 제11권, 1977, pp. 100~104; 『한국산악회 50년사』, pp.81~84.
22 『한국산악회 50년사』, pp.106~107.

더 이상 조사가 불가능했다. 하지만 이 때 최초로 탐사한 암초는 이후에 우리의 영토로 편입되는 단초가 되었다. 정부는 1970년에 해저광물자원개발법을 제정하여 이어도 해역을 제7광구로 지정하였고, 1987년에는 해운항만청이 이어도에 부표를 띄우고 이를 국제적으로 공표하였으며, 2003년에는 해양과학기지를 건설하여 현재 이 지역을 실효적으로 지배하고 있다는 사실에서 홍종인 탐사업적의 중요성을 다시금 평가하게 된다.

4) 독도에 한국 영토 표시

1952년에는 독도 영유권 문제가 한일 외교현안으로 떠오르자 학술조사를 계획하였다. 그러나 미군의 폭격연습으로 2차례나 상륙의 뜻을 이루지 못하였다. 이듬해 7월 휴전협정은 성립되었으나 전쟁의 상흔이 그대로 남아 있던 10월에 재차 조사를 시도하였다. 홍종인은 10월 11일부터 1주일간 25명의 조사단을 이끌고 독도 탐사를 수행하였다. 조사단은 측지반(測地班), 촬영반, 등반대로 나누어 독도 탐사를 시도했으나 첫날은 기상의 악화로 일단 울릉도로 회항했다. 그런데 이때 정체를 알 수 없는 배 한척이 접근했다. 등반대가 탑승한 해군정 905호의 정장(26세) 서덕균(徐德均) 대위는 전투태세를 취하고 국제신호로 상대방의 국적을 묻고 정선을 명하였다. 이렇게 되자 상대방은 "우리는 일본 경비선으로 일본 정부의 명에 따라 죽도(竹島) 방면을 순항하고 있다"고 대답했다. 우리 함정이 '이승만 라인' 바깥으로 퇴거하도록 명하자 일본 배는 돌아갔다.[23] 일본 순시선은 「나가라」

---

23 홍종인, 「독도에 다녀와서, 1」, 조선일보, 1953.10.22.

(ながら)호였는데 일본 해군참모였고 당시에는 중의원이었던 쓰찌마시노부(辻政信)가 타고 있었던 것으로 알려졌다.

조사단은 이튿날은 상륙에 성공하여 한글, 한자, 프랑스어로 「독도」가 우리의 영토임을 알리는 화강석 표석을 세웠다. 이 표석은 답사를 처음 계획했던 1952년 8월 15일에 준비했던 것인데 1년 뒤에야 어렵사리 뜻을 이루게 되었다. 홍종인은 이 역사적인 독도 탐사등반을 마친 후 조선일보에 「독도에 다녀와서」(1953.10.22~27)라는 제목의 답사기를 4회에 걸쳐 사진을 곁들여 연재했다.[24]

1952년 10월 독도 탐사를 떠났다가 돌아오는 길에. 대한산악회 깃발아래 울릉도를 배경으로

산악회는 해군의 지원을 받아 학생해양훈련대 사업도 벌였다. 홍종인은 산악의 나라이자 바다의 나라인 우리는 자연환경 속에 스스로 몸을 던져 자연의 모든 조건을 이해하고 그 자연에 적응하고 이겨나

---

[24] 이 탐사의 의의와 성과는 다음 논문 참고. 박현진, 「독도 실효지배의 증거로서의 민관합동 학술과학조사, 1947년 및 1952~53년(과도) 한국산악회의 울릉도·독도 조사를 중심으로」, 『국학법학회논총』, 2015, 60권 제3호(통권 제138호) pp.62~91.

독도가 한국영토임을 최초로 알리는 표지판을 설치하는 홍종인. 1953년 10월.

갈 수 있도록 산악운동을 통해서 청소년을 잘 지도해야 한다고 믿었다. 영국 소년 야외학교(Outwardbound School)의 방식을 많이 참고하여 산악운동을 통하여 청소년 지도사업을 일으키겠다는 원대한 목표를 설정했다. 산악운동의 방향은 국토애의 국민적 사상적 계발과 학술조사, 그리고 "청소년들의 체력연마와 그 심성을 옳고 굳세게 가지도록 하는 국민운동의 한 분야가 되어야한다"고 생각했다.

1956년에는 여러 고등학교 산악부 학생 197명의 연합 해양훈련대를 조직하여 인천에서 출발하여 2주일 동안 서해-남해-동해의 바다를 돌아 울릉도 독도를 탐사했다. 홍종인이 조선일보에 8회 연재한 「항해 1천마일/ 학도 해양훈련기」(1956.8.22.~30)가 그 기록이다. 10월 24일자 조선일보에는 「울릉도와 독도, 학생 해양훈련 보고전에 제하여」라는 칼럼을 통해서 울릉도는 동해의 수산업을 위해서 극히 중요할 뿐 아니라 국방상 동해의 바다를 지키는 중심지가 되는 위치이므로 건전하게 개발해야한다고 주장했다. 장래를 내다본 탁견이었다.

1957에는 195명을 인솔하여 인천 출발, 진해 해군사관학교로 가서 3일간 훈련과정을 마친 후 제주도로 건너가서 한라산 등반 후에 부산을 거쳐 돌아오는 프로그램이었다.[25]

4. 언론단체 활동, 자유를 위한 노력

1) 편협 운영위원장, 신문연구소 소장

전쟁 중에 조선일보 주필 겸 부산분실 임시 책임자였던 홍종인은 1952년 8월 7일 검찰에 구속당한 사건이 있었다. 4부 장관이 사임했다는 사실을 잘못 알고 조선일보 부산분실 속보판에 게시한 것이 필화의 원인이었다. 그러나 신문에는 이같은 기사를 싣지 않았는데 부산지검이 홍종인을 소환하여 취재자료의 출처를 밝히라고 요구했으나 홍종인이 거부하자 구속한 것이다. 이에 국무총리 장택상이 개입하여 11일 석방되었다.[26]

이해 11월 30일에는 미 국무성 초청으로 도미하여 약 4개월간 미국의 언론계를 비롯하여 여러 곳을 시찰한 뒤 이듬해 4월 9일에 돌아왔다. 미국 체류 1개월간은 뉴욕주의 『던커크 이브닝 옵서버』의 논설사빈(社賓) 자격이었고, 1953년 2월 24일에는 유엔총회장에서 '유엔

---

25 홍종인, 「학생해양 훈련기」, 6회 연재, 조선일보, 1957.8.24.~30.
26 조선일보, 1952.8.10; 동아일보, 8.12.

창설 이래 최초의 한국기자'로서 취재하였다.[27] 유엔총회에서 송고한 기사가 「유엔 총회장에서」(1953.3.12.~14)였고, 귀국 후에는 「미국 별견기(瞥見記)」(1953.4.23.~5.6)를 연재하였다.[28] 미국의 풍요한 사회를 돌아보면서 전쟁에 시달려 가난에 찌든 나라의 현실을 안타까워하고 장래를 걱정하는 마음을 아낌없이 드러내고 있다.

1955년에는 영국 정부의 초청으로 홍종인을 포함한 4명의 언론인이 2월 19일부터 7주일간 영국을 돌아보고 4월 18일에 돌아왔다. 같이 간 사람은 최문경(崔文卿, 서울신문 전무), 정인준(鄭寅俊, 경향신문 편집부국장), 최병우(崔秉宇, 한국일보 외신부장)였다. 영국을 보고 온 후에 쓴 글은 「영국 별견기(瞥見記)」(1955.4.25~5.6)였다. 같은 해 문교부가 펴낸 중학국어 1-1에는 「부용화(芙蓉花)」라는 글이 수록되어 있다. 중일 전쟁 취재 중에 북중국 하북성(河北省)에서 우연히 마주쳐서 따온 씨앗을 가지고 와서 재배한 사연을 서정적인 필치로 서술한 수필이었다.

1957년 3월 한국신문편집인협회가 창립될 때에 홍종인은 발기인과 집행위원이었고, 협회 창립 후 초대와 제 3대 운영위원장을 맡았다. 또한 한국신문연구소 창립의 주역이었다. 신문연구소 설립은 1962년부터 추진되었는데 4월 5일에 열린 편집인협회 제 8회 정기총회는 운영위원회에 신문연구소 설립을 위한 소위원회를 구성하도록 위임하였다. 이에 따라 홍종인은 신문연구소 설립준비위원장에 선임되어 김규환(동양통신), 조세형(한국일보), 박권상(동아일보), 장 용(한양대), 박홍서(시사통신)로 소위원회를 구성하였다.

---

27 조선일보, 1953.2.24.
28 이 글은 그의 논설집 『인간의 자유와 존엄』, pp. 271~295에도 수록되어 있다.

그러나 기금이 조성되지 않아서 신문연구소가 설립되지 못하던 중 1963년 4월에 열린 편협총회에서 한국일보 사장 장기영이 1백만원, 동양통신 사장 김성곤과 동화통신 사장 정재호가 각 50만원씩을 기금으로 출연할 것을 약속하면서 설립이 구체화 되었다. 이해 10월에 기금이 출연되자 1964년 4월 7일 신문의 날을 기해 한국신문연구소가 발족하고 홍종인이 초대 소장에 취임하였다. 신문연구소는 연구지 『신문평론』을 창간하면서 본격적인 사업을 시작하였다. 1981년에는 언론연구원으로 개편되었고, 1999년에는 프레스센터와 통합하여 한국언론재단이 되었으며 2010년에는 신문발전위원회와 신문유통원 같은 기존 법정 언론단체들을 통합하여 오늘의 언론진흥재단으로 확대되었다. 『신문평론』은 1971년 11월 통권 제 72호부터는 『신문과 방송』으로 개제하여 현재까지 이어 내려오고 있다.

홍종인이 신문연구소 소장에 취임했던 1964년 7월과 8월에는 언론윤리위원회법 파동이 일어났다. 홍종인은 『신문평론』에 「언론자유의 규제란 무엇을 뜻하는가, 언론윤리위원회 법안을 보고」(1964.8)를 비롯하여 「언론자유 죽느냐 사느냐, 정부의 언론윤리위법의 강행과 '악법' 폐기 투쟁에 즈음하여」(1964.9), 「반민주·위헌의 헌법, 언론윤리위원회법을 반대한다」(신동아, 1964.9)를 발표하는 등 언론 자유의 수호에 앞장섰다.

이듬해인 1965년에는 그의 글을 모은 논설집 『인간의 자유와 존엄』(수도문화사)을 출간하였다. 이 책은 ① 한일문제, ② 5.16과 민정이양, ③ 자유당 붕괴와 민주당 시대, ④ 끊임없는 정쟁의 탁류, ⑤ 언론의 자유-신문의 독립, ⑥ 해외기행, ⑦ 교양의 7개 장으로 구성되어 있다. 4.19 전후와 5.16 이후의 정치 현안에 많은 비중을 두었는데, 특히 한일문제를 중점적으로 다루었다.

2) 동아일보 격려광고

1974년 12월 유신정권의 동아일보 광고탄압이 시작되자 홍종인은 맨 먼저 격려광고를 게재하여 수많은 시민과 지식인들이 곤경에 처한 언론사를 돕는 일에 동참하도록 첫 물꼬를 텄다. 그는 당시 일정한 수입이 없던 때인데도 어디서 받은 원고료 10만원을 광고료 명목으로 쾌척하여 동아일보 12월 30일자 1면에 「언론자유와 기업의 자유」라는 제목의 '의견광고'를 실었다. ① 민주주의와 언론기업의 자유, ② 시장자유화와 국가 통일체제, ③ 광고해약의 위험한 자해행위라는 중간제목을 달고, "광고해약은 권력 자신의 자해행위이며 민주주의 사상과 제도를 원리적으로 부정하는 짓일 뿐 아니라 이것이 지금은 동아일보라는 한 신문사만을 괴롭히는 일로 보일지 모르나 결과적으로는 대한민국 내의 모든 신문에 대한 강압적인 수단이 되므로 이러한 것은 곧 바로잡아 놓게 되기를 바란다"라고 규탄하였다.

홍종인이 처음으로 유료광고를 낸 다음부터 동아일보 광고란에는 시민들의 격려광고가 쏟아져 들어왔다. 나이 70이 넘었으나 불의를

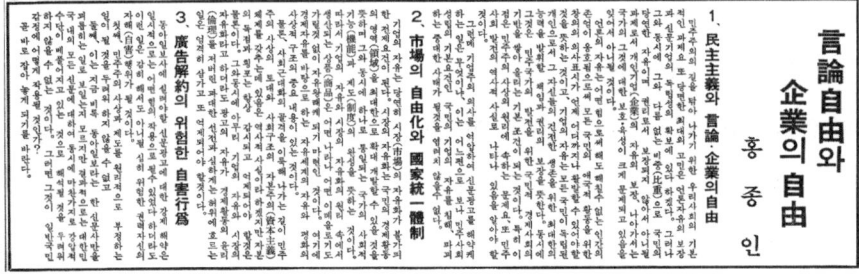

보고 참지 못하는 정의감과 언론의 자유와 권위를 강조해왔던 평소의 지론을 행동으로 보여준 것이다.

홍종인은 1964년부터 1973년까지 동화통신 회장으로 재임했고, 그동안 중앙일보 고문을 맡기도 했다. 그러나 이때부터는 특정 언론사에 소속된 언론인이 아닌 자유로운 입장에서 언론과 언론인을 말과 글로서 비판·질타하는 한편으로, 권력과 금력의 언론 간섭과 탄압을 규탄하였다. 4.19가 일어난 1960년 이후 조선일보 이외의 신문 잡지에 발표한 글 가운데는 언론의 자유와 관련된 글이 많았다. 언론의 권위와 독립성, 기자의 품위와 공부하는 자세를 강조하였다.

- 신문은 혁명이 없을까.『새벽』, 1960.8.
- The March of Korean Journalism, A Birds Eye View.『고재욱선생화갑기념논총』, 1963.6.
- 신문의 독립.『신문연구』, 1963.여름.
- 신문의 원점에서, 사회 근대화와 신문,『신문과방송』, 1964.4.
- 민주언론의 조종을 들으며, 악법의 씨를 뿌리지 말라,『사상계』, 1964.9.
- 법질서의 파괴, 언론윤리위법을 반대한다,『신동아』, 1964.9.
- 정치인의 윤리와 신문의 책임,『신문과방송』, 1964.10.
- 신문의 전통과 품격,『신문과방송』, 1965.3.
- 뉴스와 진실(인천지구 신문인 교양강좌)『신문과방송』, 1966.여름
- 한국의 신문, 방송을 비판한다,『사상계』, 1966.4.
- 정치의 철학, 신문의 철학,『월간 세대』, 1966.10.

- 선거와 한국신문의 공죄, 『기자협회보』, 1967.5.15
- 신문의 생명 보도의 정확성: 양창선씨 구출 보도경쟁을 보고, 『신문과방송』, 1967.가을.
- 중앙 '대신문의 유능하다는 기자 중에도 '사이비기자' 소고, 『기자협회보』, 1967.9.15
- 언론자유 신문독립의 위기, 『신문과방송』, 1968.봄.
- 언론인 오늘을 이끄는 직분의 전형, 『월간 세대』, 1968.1.
- 신문발행 면수의 빈곤상, 『신문과방송』, 1968.여름.

3선 개헌과 유신체재가 강행되던 시기인 1969년에서 1973년 사이에 『기자협회보』에 실린 언론자유 수호와 언론계를 비판한 글을 추려보면 홍종인의 언론을 격려하는 마음을 읽을 수 있다.

- 1969.7.10 진단받게 된 한국 언론, 국회의 언론탄압에 대한 조사결정을 보고
- 1971.7.30 국회를 존중하자, 개원식 보도가 너무 소홀하다
- 1971.11.5 언론인의 자구 그 대책, 정부는 언론인 요구에 답하라
- 1971.12.31 한국신문협회의 '언론 자율정화에 관한 결정사항'에 관한 시정을 촉구하는 건의문
- 1975.1.31 편협은 무엇을 하고 있는가? 75년 정기총회를 보고
- 1977.4.20 언론단체와 신문의 날, 왜 기념대회를 묵살했는가

3) 자유인, 언론자유의 수호자

언론을 향한 홍종인의 질타는 현실과는 거리가 있는 주장이라는 후배의 비판을 받는 일도 있었다. 1969년 1월 10일자 기자협회보에 실린 「언론의 사명 다하고 있는가, 언론의 자유 죽느냐 사느냐」라는 글에서 "한국 언론은 타락했다/ 국회발언 묵살은 언론의 죄/ 권력과의 야합은 자살행위"라는 내용으로 언론계를 질타해했다. 이에 대해 조선일보 후배 주필 선우휘는 「진짜 책임자는 누구냐/ 홍종인 선생님에게」(1969.1.24)로 반론을 실었다. "욕된 처지의 언론인들만 꾸짖지 말고 화살을 밖으로 돌리시기를"이라고 말했다. 언론계 내의 활발한 논쟁을 유도하고 후배와의 논쟁도 마다하지 않는 열린 태도를 지녔던 것이다.

1969년에 뉴욕 타임스(10.27)와 영국의 더 타임스(11.3)에 김일성의 전기 3권 중 첫 번째 출간을 선전하는 한 페이지 전면광고가 실렸다. 세계적인 두 권위지가 잔인한 독재자로 악명 높은 침략자 김일성을 20세기 영웅으로 선전하는 광고를 실은 것은 큰 잘못이라는 글을 조선일보(「신문의 책임을 묻는다」, 11.9)와 편집인협회보(「신문의 자유·광고의 책임」, 11.17), 코리아 헤럴드(Press Responsibility Questioned Over Ads on Red Aggressor, 11.11)에 싣고 나서, 뉴욕 타임스와 더 타임스 두 신문 발행인에게 이 기사를 동봉하여 항의문을 보냈다.

그는 언론계의 원로로서 신문이 기개가 없다고 나무라면서 언제나 기자들을 만나면 공부할 것을 당부하였다. 신문에 잘못 붙인 제목이 눈에 뜨이면 편집기자를 찾아서 야단을 쳤고 "이 기사 누가 썼어?"라며 필자를 불러놓고 "어느 학교 나왔느냐"부터 따지면서 무안을 주는 일도 다반사였다. 기자들에게 외국어를 공부하고 철학과 역사책을 읽어야 한다고 훈계하였다.

5. 후배 아끼고 공부하라고 격려

1) 영국연수 지원, 개인적 인연

여기서 홍종인 선생과 나의 개인적인 인연에 관한 에피소드를 통해서 후학을 사랑하고 격려하는 사례로 소개하고자 한다. 1974년에 나는 홍종인 선생님으로부터 잊을 수 없는 도움을 받은 일이 있다. 그해 4월 하순부터 영국에 연수받으러 갈 기회가 있었다. '더 타임스'의 사주(社主) 톰슨 경이 설립한 톰슨재단 신문연구소에서 3개월 체재할 수 있는 프로그램 참가였다. 조건은 체제기간의 숙식은 톰슨 연구소에서 제공하지만, 왕복 여비는 내가 부담해야 하도록 되어 있었다. 당시 내 형편으로는 왕복 항공료가 우선 엄청난 거액으로 여겨졌고, 숙식을 제공받는다 하더라도 외국에서 석 달을 지내려면 써야 할 돈이 적지 않을 것이었다. 나는 기자협회의 편집실장으로 재직 중이었는데, 기협은 야박하게도 내가 자리를 비우게 될 3개월간은 월급의 30%를 감봉한다고 했기 때문에 서울에 있을 가족들의 생활비도 구멍이 날 판이었다.

그래서 나는 마음속으로 영국행을 포기하기로 작정했다. 해외여행의 기회가 지금과는 달리 하늘의 별따기 보다 어려웠던 시절이었다. 그러나 어느 누구로부터도 도움 받을 입장이 못 되었던 내 처지로서 그런 부담을 감수하면서 갔다 올 필요가 있을까를 저울질했던 것이다. 그런데 돈을 아끼기는 나보다 몇 배나 더 심한 아내가 과감하게 단안을 내리면서 갔다오라고 떠밀었다. 재직하는 학교의 상조회비에서 30만원과 동료로부터 꾼 돈 얼마를 내놓았다. 그밖에 여러 사람이 50불, 100불에 해당하는 돈을 보태주고 나도 30%가 깎인 3개월 봉급을 몽땅 가불해서 자금을 마련했다. 그래서 다시 생각을 바꾸어 떠나기로 작정은 되었다.

  그 무렵에 홍종인 선생은 시내에 출입하시면 대개 신문회관에 들르셨고, 그러면 회관 3층에 있던 기자협회 편집실에 오시는 경우가 많았다. 그래서 며칠 뒤에는 영국에 다녀오게 되었다고 말씀을 드렸다. 떠날 때가 임박했으므로 댁으로 찾아뵙고 인사를 드려야 했을 일인데 우연히 들르셨으니까 말씀드린 것이다. 내 수입이 대단치 않은 것을 평소에 알고 계시던 선생은 어디서 지원을 받느냐고 물어 보셨다. 그럭저럭 돈은 마련이 되었다고 말씀을 드렸더니 그때는 아무 말씀이 없이 그냥 나가시는 것이었다. 이튿날인가 댁에서 전화가 왔는데, 중앙일보와 문화방송 사장에게 떠난다는 인사를 드리러 가라는 분부였다. 기협 편집실장이었으니 웬만한 언론인들을 아는 사람이 많았지만 사장들은 잘 모르는 처지였다. 그래서 나는 그분들을 잘 모르기도 하지만, 찾아가서 인사드릴 필요가 있겠느냐고 전화에 대고 대답했다. 그랬더니, 아 글쎄 인사드리러 올 거라고 그쪽에다 내가 말해 놨으니 가보란 말이야, 라는 말씀이셨다. 내키지 않았지만 무슨 뜻이 있는 듯도 하고, 거역하기도 어려워 찾아갔더니 중앙일보 홍성유 사장과 문화방송 이환의 사장이 각각 금일봉을 건네주었다. 한 쪽은 10만원 다른 한쪽은 5만원이었다. 그 돈은 내게는 사실 요긴한 것이었다. 그러나 이 이야기는 내가 홍 선생으로부터 물질적인 도움을 받았다는 사실도 잊을 수 없는 일이지만, 그보다는 선생이 어떤 분이신가를 설명할 수 있는 한 예로 소개하는 것이다. 그때 사실은 합동통신(合同通信) 사장도 찾아가라는 말씀이 계셨는데, 중앙일보와 MBC를 다녀오고 나니 합동에는 갈 염치가 없는 것 같아서 그만 둬버렸다. 갔다면 얼마쯤 들어있는 봉투를 받았을 것이다.

그해 8월 13일에 나는 귀국해서 8월 15일 홍 선생께 인사를 드리러 갔다. 네덜란드 암스텔담의 빈센트 반 고흐 박물관에서 산 고호의 연필 스케치화 모사품 한 장이 선생님께 드린 선물이었다. 마침 선생님은 도자기 전시회를 함께 하시기로 되어 있는 이향녕 화백을 만나러 동대문 시외버스 터미널로 가신다기에 택시를 같이 타고 가는데 육영수 여사 피격 뉴스가 라디오에서 흘러나왔다.

2) 박사학위 받은 후의 격려

내가 두 번째로 영국에 간 것은 런던대학에서 박사학위 과정을 밟기 위해서였다. 워낙 바빠서 떠나기 이틀 전날인가 저녁에 찾아뵈었다. 홍 선생님은 연구할 테마는 무엇이며, 가족들은 어떻게 할 것인지 얼마 동안 있을 것이며, 생활은 어떻게 할 것인지 등을 마치 대학원 학생 입학 면접 때처럼 자세히 물어보셨다. 그리고는 단호히 말씀하셨다. 영국 가서 공부하려면 꼭 연구해야 할 것은 플라톤이다. 그리고 지금까지 플라톤에 관해 읽은 책은 무엇인가라고 심문하듯이 물어보셨다. 엉겁결에 『소크라테스의 변명(辨明)』과 *The Republic*을 들먹였다. 그러나 내용을 따지고 묻는 두 번째 질문은 나오지 않기를 내심으로 바랬다. 아주 단편적이고 정리 안 된 내 상식을 가지고 토론을 벌일 입장은 못 되었기 때문이다. 그 기미를 아신 것일까, 홍 선생의 얼굴에는 네가 알긴 뭘 알아, 하는 표정이 순간적으로 잠시 스치고 지나간 듯했다. 그러더니 안방으로 들어가 *Plato*라는 책을 들고 나오셨다. Scott Buchanan이 편찬하고 해설을 붙인 바이킹출판사의 꽤 두터운 포켓북이었다. 박사공부를 하려면 우선 이걸 철저히 알아야 한다면서 가지고가서 읽으라고 하시는 것이었다. 사실은 그보다 몇 년 전에는 일어판 『소크라테스의 辨明』을 빌려주신 일도 있었는데 독파하지 못하고 있던 판이었다. 또 언젠가는 서산대사의 『禪家龜鑑』도 읽으라고 한 권 주셨는데, 몇 페이지만 읽고 그만 두어 늘 죄송스러운 마음이었다. 이 책은 '선가귀감'이 아니라 '구감'으로 읽으라는 것도 선생님께서 가르쳐 주셨다. 어쨌건 나는 지금 고대 그리스와는 멀리 떨어진 19세기 후반부터 20세기 초반의 언론사와 국제정치사를 공부하러 가는 판인데, 희랍의 소크라테스와 플라톤이 무슨 상관이 있으랴 속으로만 생각하면서 네, 자세히 읽어 보겠습니다 하고 작별인사를 드리고 나왔다.

홍 선생은 외길을 걸어오신 언론인이고 특히 사회부기자로 일관하셨다. 그러면서도 음악, 문학, 그리고 역사에도 깊은 관심을 가진 분이다. 철학과 학문에 관해서는 언제나 소크라테스, 플라톤, 아리스토텔레스에서 시작하실 정도로 고대 그리스 철학을 좋아하신다. 그 연장인지 또는 산악인으로서의 관심이었는지는 몰라도 천문학에 대한 지식도 보통 이상이다.

1970년대 초 반포에 아파트가 처음 들어섰을 때부터 그곳에 사셨다. 지금은 구반포 지역의 교통난이 극심하고 공기도 나빠졌지만 당시만 해도 공기가 도심과는 판이하게 맑았다. 선생이 사시던 아파트에서 저녁 먹고 술을 몇 잔 마시면서 여러 가지 화제를 가지고 실컷 자유분망한 이야기와 농담을 듣고 때로는 노래까지 부르고 밖으로 나오면, 선생님은 저 별은 무슨 별인가를 손가락으로 가리키시곤 했다.

1987년 봄, 나는 런던 대학에서 박사학위 논문이 통과된 뒤에 귀국해서 홍 선생님 댁에 인사를 드리러 가야 했다. 그런데 마음에 켕기는 바가 있었다. 만나면 플라톤에 관해서, 그리고 그리스 철학을 얼마나 공부하고 왔느냐고 따져 물으시면 어쩌나 하는 것이었다. 내 전공을 공부하기도 힘겨운 판에 엉뚱하게 플라톤 읽을 시간이 어디 있겠습니까 라고 했다간 불호령이 떨어질 판이고, 한 걸음 더 나아가서 네까짓 게 무슨 박사냐고 면박을 주실지도 모를 일이었다. 그런데 만나 뵙고 보니 영 딴판이었다. 박사학위 심사가 통과되어서 돌아왔다고 대답했더니, 진심으로 기뻐하고 축하를 해주셨다. 그 어려운 공부를 어떻게 마쳤느냐, 대단하다, 하시는 것이었다. 그리고는 점심 먹으러 나가자면서 자동차 안에서 가라앉은 목소리로 조용히 말씀하셨다. 사실은 나도 나이만 젊으면 외국에 나가서 박사 한번 해 보고 싶었는데, 그게 뜻대로 안됐어. 그 말씀을 들으니까 홍 선생님의 가장 진솔한 내면세계를 들여다보는 느낌이었다. 늘 다른 사람을 보고 야단을 많이 치시는 분이지만 당신의 마음속에는 "내가 아는 것이라고는 나는 아무것도 아는 것이 없다는 사실뿐이다"라는 소크라테스의 말을 항상 새기고 계시지 않았을까.

비슷한 말씀은 70년대 후반 어느 날인가 수원 어떤 병원에 잠시 입원해 계실 때에도 하셨던 기억이 난다. 그때는 아주 무더운 여름 어느 날이었다. 오소백 선생과 함께 문병을 갔더니 침대에 누우신 채 이런 뜻의 말씀을 하셨다. "젊은 시절부터 무언가 진리라는 것을 탐구하려고 애써 왔으나 길 없는 가시덤불을 혼자 헤맨 격이야…" 정확한 인용은 못되지만 그런 뜻의 말씀을 하신 것으로 기억된다. 그날도 선생님은 굳이 일어나셔서 수원 시내로 들어와 오소백 선생과 내게 수원갈비를 사 주셨다.

3) 史料 전시회에서의 호통과 칭찬

영국에서 학위를 마치고 돌아온 해 9월 나는 프레스 센터에서 「대한매일신보와 배설」이라는 전시회를 개최하였다. 내가 영국의 공공기록보관소(Public Record Office, 현재 명칭은 National Archive)와 신문도서관 등에서 수집한 자료들이었다. 내가 영국에 머무르고 있던 1985년은 영국의 권위지 The Times가 창간 200주년을 맞은 해였는데 대영박물관에서 개최했던 전시회를 보면서 나도 대한매일신보와 배설(裵說, Earnest Thomas Bethell)에 관련되는 수많은 외교문서와 신문기사 그리고 사진 등을 전시해 보겠다는 생각을 품게 되었다. 귀국한 뒤에 프레스 센터의 박현태(朴鉉兌) 이사장에게 상의하였더니 흔쾌히 승낙하여 전시회가 성사되었다.

이 전시회는 프레스 센터와 동아일보가 전시물의 제작과 임대료를 부담하였고 도록(圖錄) 제작에 소요된 비용은 관훈클럽이 맡았으며 KBS가 후원하였다. 전시기간은 1987년 9월 1일부터 1주일간이었다. 전시회의 개관 날에는 홍종인 선생을 비롯하여 언론계의 대 원로이

신 이관구, 최석채 선생을 비롯하여 이웅희 공보처장관, 동아일보의 김성열 사장, 황병태 외국어대 총장 같은 분들이 개막 테이프를 끊었고, 전시회가 열리고 있는 동안 동아일보의 김상만 회장을 비롯하여 언론계와 학계의 많은 인사들이 참관하였다.

전시물은 복사한 외교문서를 비롯하여 배설의 유족이 보관하고 있었던 유품과 사진, 영국 신문도서관에서 찾아낸 신문기사, 국내에서 수집한 언론관계 문서 등 120여점이었다. 특히 배설의 며느리 도로시 여사가 간직하고 있던 유품 가운데는 배설의 젊은 시절과 아내와 아들의 사진도 있었고, 런던의 등기소에서 찾아낸 배설의 출생, 결혼, 사망 신고서 등도 있어서 항일 투사의 숨결을 느끼게 했다. 대한매일신보에 걸었던 태극기와 영국기, 그리고 1909년 5월 배설이 사망했을 때에 양기탁, 박은식 같은 우국지사들과 전국의 수많은 사람들이 그의 죽음을 애도하여 보낸 만사(輓詞) 등 당시의 숨결이 뜨겁게 와 닫는 느낌이었다.

전시회 기간에 맞추어서 9월 3일에는 나의 저서 『대한매일신보와 배설』(나남)을 출간하여 출판기념회를 전시장에서 가지게 되었다. 출판기념회까지 할 생각은 없었으나 모처럼 준비한 전시회를 될 수 있는 대로 많은 사람들이 참관하게 하는 것이 좋겠다는 것이 관훈클럽의 의견이었다. 그 책은 내가 영국에서 공부하는 동안 집필한 학위논문을 번역 보완한 것인데 관훈클럽 신영연구기금은 내가 영국에서 이런 자료를 수집할 수 있도록 기회를 만들어 주었기 때문에 결국 출판기념회를 갖게 되었다. 명분은 출판기념회였지만 실은 낮 시간에 전시회를 보러 오기도 수월한 일이 아니므로, 전시회를 참관할 기회를 만들어 준다는 의미가 더 크다는 면도 있었다. 전시회장에서 진행된 출판기념회에는 많은 언론계의 선배와 동료 교수, 그리고 친지들이 모인 뜻 있는 모임이었다.

출판기념회의 주최자는 관훈클럽이므로 클럽 임원이었던 코리아타임스의 김명식(金命植) 국장이 사회를 맡았다. 강인섭(姜仁燮: 동아일보 논설위원) 클럽총무의 인사말이 있었고 외국어대 황병태(黃秉泰) 총장이 축사를 해주었다. 이어서 홍종인 선생께서 마이크를 잡으셨다. 그런데 홍 선생은 축사를 시작하게 전에 의외의 말씀으로 내빈들을 꾸짖으셨다.

"잡담들 하면서 여기 들을 필요도 없는 사람들은 다 나가 주시오. 여기 모인 사람들은 다 신사들이요, 정숙하게 인사를 제대로 차려야만 우리는 지식인의 체면을 유지할 수 있는 것이오."라고 야단을 친 다음에 본론으로 들어가려 하였으나 그래도 한 귀퉁이에서 소곤거리는 말소리가 들리자 또한번 큰 소리로 호통을 치셨다. "문간에서 떠드는 사람들은 모두 나가요."

이런 모임에서는 끼리끼리 어울려 잡담을 주고받는 경우도 흔히 있는 일이지만, 홍 선생은 참가한 사람들의 그와 같은 태도가 마음에 들지 않으셨던 것이다. 이 전시회는 우리나라에서는 볼 수 없는 귀한 역사적인 사료들인데 엄숙한 태도를 지니라는 뜻이었다. 장내가 숙연해졌다. 그제야 홍 선생님은 말씀을 시작하셨다.

홍종인 선생은 바로 대한매일신보의 영인 작업을 할 수 있도록 주선하셨던 분이고 배설과도 인연이 있었던 분이다. 1964년에 편집인협회가 양화진의 외국인 묘소에 있는 배설의 묘비를 개견(改堅)할 때에 편협의 운영위원장직을 맡고 계셨기에 배설에 관해서 관심을 지녔던 것이다.

축사를 하시는 선생의 자세는 엄숙하고 진지했다. 홍 선생은 영국 기자 맥켄지(F.A. McKenzie)의 『한국의 비극: The Tragedy of Korea』 이라는 책을 소장하고 계셨으며 그 속에 실린 배설의 사진과 편집국이 바로 대한매일신보라는 것도 내게 알려주신 일이 있었다. 홍 선생은 그때 내게 대한매일신보의 제작을 실질적으로 총괄하였던 분인 양기탁(梁起鐸)은 "양기탁"이 아니라 "양기택"으로 읽어야 한다고 말씀하셨다. 처음 들을 당시에는 의아하게 생각했는데 그 후 양화진의 외국인 묘지에 있는 배설의 묘소를 찾아가 보고는 선생의 말씀을 확인할 수 있었다. 그의 묘비에 새겨진 한글 이름은 분명히 '양기택'으로 되어 있었기 때문이다.

홍 선생은 이 전시회의 의미를 대단히 높이 평가해 주시면서 내가 영국에서 세끼를 두 끼로 줄여 먹는 고생을 하면서 오늘의 이 자료를 모았다고 칭찬해 주셨다. 후학들을 나무라시기를 잘하시는 홍 선생께서 이와 같이 최상의 칭찬을 아끼지 않은 것은 드문 일이었다. 그런데 치사를 끝내고 자리로 돌아가시던 선생님은 잠시 잊으셨다는 몸짓으로 다시 마이크 앞으로 돌아오셨다. 그리고는 우리 집 사람을 불러내었다. 그리고 말씀하셨다. 가난한 언론인의 아내로서 내조를 잘해 주었고, 아들 둘을 기른 훌륭한 어머니요, 훌륭한 학교 선생이라고 아내를 극구 칭찬하셨다. 선생의 섬세한 마음에서 우러난 장면이었다. 이 글을 쓰기 위해 당시의 녹음을 틀어 보니 선생님의 힘찬 목소리와 감동적인 연설은 참으로 진심에서 우러나온 것이었음을 새삼 느끼게 된다. 당시에 받았던 후의(厚意)에 감격을 누를 길이 없다.

6. 언론 반세기의 증인

선생은 해마다 섬세한 솜씨로 그린 그림을 넣은 연하장을 만들어 돌렸고, 1974년 8월에는 신세계 미술관에서 직접 손으로 빚은 도자기 전시회를 이항성(李恒星) 화백과 공동으로 가진 적도 있었다. 이해 선생은 한국박물관회 회장에 추대되었다.

선생은 1975년 6월 14일에 언론 생활 50주년을 맞았다. 50년의 기록은 홍종인이 처음은 아니었다. 그보다 6년 앞서 유광렬이 1969년 8월에 기자 50년의 기록에 먼저 도달했다. 유광렬은 1919년 8월 17일

홍종인의 연하장 그림. 1970년 1월 21일

홍종인 스케치화. 1970년 12월 13일.

매일신보에 입사하여 이듬해 동아일보가 창간될 때부터 기자였으므로 1969년 8월이 50주년이었다. 그러나 그는 중간에 국회의원이 되어 언론계를 잠시 떠난 적이 있었지만, 선생은 언론인 외길만으로 50년의 기록을 세웠다.[29] 그는 언론의 자유와 독립성을 최대의 가치로 존중했기 때문에 정계로 떠나는 언론인을 마땅치 않은 눈으로 바라보았다. 언론계 안팎에서 그를 언론계의 상징적인 존재로 인정했던 것도 그가 순수 언론인을 고집했기 때문이다. 생존 시였던 1988년에 후배 언론인 55명의 글을 모은 문집 『대기자 홍박』(세문사)을 발행했다. '영원한 사회부장'으로 불리던 오소백(1921~2008)의 주도로 만든 책이

---

29 최석채, 「홍박의 언론계 50년」, 조선일보, 1975.6.16: 최석채 선생 추모문집 『지성감민』, 1992, pp.190~192.

었다.³⁰ 1999년에는 또 하나의 『대기자 홍박』(LG상남언론재단, 이사장 안병훈)이 출간되었다. 1988년 출간 『대기자 홍박』에 실렸던 글과 새로 원고를 써 보낸 필자는 45명의 글을 합쳐서 100명의 필진으로 만든 추모문집이었다.

홍종인 선생은 1953~1954년 무렵부터 한글전용으로 글을 썼다. 당시만 해도 신문을 비롯하여 모든 출판물에 한자가 많이 사용되고 있었으므로 한글전용으로 쓴 글은 읽기 불편하다는 말을 자주 들었다. 그러나 그는 한글전용을 고집했다. "세계에 다시없는 가장 과학적인 문자를 발명해 냈다는 우리로서 제 글을 제대로 쓰지 않는다면 그것은 무엇이냐"라고 그는 되물었다. 신문은 되도록 많은 사람에게 널리 읽히도록 만들어야 하는데 누구는 읽을 수 있고 누구는 못 읽어도 좋다는 것인가, 그리고 신문기사 중에도 그 신문을 대표하는 기사가 사설이라면 그 사설은 어째서 한자를 넉넉히 해독한 사람만이 읽어야 할 것이냐, 대개 이런 뜻에서 한글전용 논설을 쓴다는 것이었다.³¹ 그의 유아독존과 고집은 유명했다. 한글을 사랑하는 마음으로 논설과 기명기사를 반드시 한글로 쓴 것도 그 고집의 한 단면이었다.

그는 경우에 어긋난다고 판단되면 누구 앞에서나 직설적으로 면박을 주었다. "무식해", "창피해", "이것도 글이야"라는 말이 거침없이 튀어나왔다. 6.25가 일어나기 전 어느 날은 장충동에 있는 사장 방응모의 집에서 간부들과 회식하는 자리에서 꽃나무 이야기가 나왔는데

---

30 오소백에 관해서는 다음 책 참고. 서울언론인클럽 추모문집편찬위원회, 『영원한 사회부장 오소백』(한국홍보연구소, 2009).
31 홍종인, 『인간의 자유와 존엄』, pp. 4~5.

무슨 얘기 끝에 사장을 향해 "무식하다"고 대드는 바람에 사장의 화를 사서 잠시 신문사를 떠난 일이 있었다. 그러나 방응모가 다시 편집국장 이갑섭(李甲燮)을 보내 복직시킨 일화도 있다.[32]

선생은 자유당 치하였던 1959년에는 장기영, 김성곤과 함께 베를린에서 열린 IPI 제 8차 총회에 참석하여 '개인자격'으로 가입하였다. 한국 언론계에서는 1956년 3월 동경에서 열린 아시아지역 회의 때부터 IPI 가입을 시도하였으나 한국에 언론자유가 없다는 이유로 거부되었다. 1959년 베를린에서 IPI 제 8차 총회가 열리기 한 달 전에 자유당 정권이 경향신문을 폐간시키는 언론 탄압을 강행했다. 이에 IPI 베를린 총회는 한국의 회원국 가입은 유보하되 홍종인 등을 개인자격으로 가입시켰다.[33] 한국의 국가단위 가입은 4.19 이후 언론의 자유가 보장되었음이 확인된 1960년 12월에 실현되었다. 이리하여 1961년 1월 IPI한국위원회의 창립이 발기되었고 4월에 정식으로 국내 위원회가 발족되었다. 이와 같이 선생은 IPI에 한국의 국가단위 위원회 가입을 위해 공헌했으나, 1968년 3월에는 국내 위원회의 운영을 비판하면서 국내위원을 사임했다.

7. 초사적(超社的) 무임소 대기자

선생은 은퇴를 모르는 '초사적(超社的) 무임소 대기자'였다.[34] 편집인

---

32 방우영, 『조선일보와 45년』, 조선일보사, 1998, p. 253.
33 홍종인, 「제 8차 국제신문협회 총회 참관기」, 조선일보, 1959.6.7. 같은 글이 『인간의 자유와 존엄』, pp. 261~267에도 수록되었다.
34 박규덕, 『대기자 홍박』, p. 103.

협회나 언론연구원이 주최하는 언론인 세미나가 열리면 '초대받지 않은 손님'으로 나타나 일장 훈시를 내리는가 하면, 언론인의 출판기념회에서는 처음부터 선생의 시간을 따로 마련해 줄 정도였다.[35] 논평을 해야겠다고 판단되는 문제가 있으면 청탁받지 않고도 원고를 써서 적절하다고 생각되는 신문이나 잡지에 들고 가서 실어줄 것을 요구하는 일도 있었다. 대개는 실어주었으나 때로는 논지가 과격하거나 편집방침에 부합되지 않아서 싣지 못할 때도 있었다.

선생은 젊은 사람들을 좋아했고, 그들과 호흡을 함께 했다. 그러는 동안에 수많은 일화를 남겼다. 최석채(崔錫采)는 선생을 가리켜 "대한민국 모든 신문이 자기 직장인양 어느 때 어디서나 거리낌 없이 후배 기자를 질타하는 대기자로 자타 공인한다."고 평가하였다.[36] 6척 장신의 훤칠한 키에 타고난 스포츠맨이었다. 기자들이 돈과 시간이 많이 소요되는 골프 치는 것을 마땅치 않게 여겼다. 팔순이 넘어서까지 라켓을 들고 다니며 테니스를 즐겼다. 호랑이 같이 무서운 성격이면서도 후배를 아끼고 눈물도 흘리던 휴머니스트였다.[37] 1982년 10월 4일 서울에서 열린 제5차 세계언론인회의(World Media Conference)에서 행한 기조연설 「분단된 나라 한국(A Resentment of Korea: A Divided Country)」에서는 세계 여러 나라의 언론인들이 분단된 한국의 통일을 위해 지원을 아끼지 말도록 호소했다. 통일의 길은 오직 남북대화의 길을 트는 일이라고 그는 강조했다.

---

35 이광훈, 「85세 청년 홍박 만세!」, 『대기자 홍박』, 세문사, 1987, pp. 220~222.
36 최석채, 「홍박의 언론계 50년」, 조선일보, 1975.6.16; 최석채 선생 추모문집, 『지성감민』, 1992, pp. 190~192.
37 손주환, 「영원한 기자 홍박」, 『대기자 홍박』, pp. 156~159.

1989년에는 두 번째 저서 『신문의 오늘과 역사의 내일』(나남출판)을 출간했다. 이 책은 평소에 쓰신 글을 모아 내가 분야별로 분류 편집한 책이다. 그래서 책의 발문을 나더러 쓰라고 하셔서 내가 쓰게 되었다. 내용은 ① 언론과 정치, ② 신문의 독립과 기자정신, ③ 민족의 목탁, ④ 우리의 말과 글, ⑤ 역사와 현실, ⑥ 동화 그라프 '시론', ⑦ 게재되지 못한 글들의 7장으로 되어 있다. 마지막 장 「게재되지 못한 글들」은 언론현상, 또는 정치 사회적인 문제에 말하고 싶은 이슈가 발생하면 청탁을 받지 않고도 글을 써서 신문 잡지에 게재를 요청했다. 하지만 실어주지 않는 경우도 있었고, 청탁을 받았으나 내용이 언론단체나 정치 현실을 너무 과격하게 비판한 부분도 있었다.

선생은 90 가까웠던 1991년까지 반포아파트 자택에서 건강한 모습으로 언론 일선을 떠나지 않은 현역임을 자처했으나 기력이 쇠퇴하자 미국 샌프란시스코 거주 아들에게 건너가서 여생을 보냈다. 그의 모습을 마지막으로 인터뷰한 기사는 조선일보 조사부장 원영희가 1997년 6월에 샌프란시스코에서 그를 만난 때였다.[38] 1998년 6월 10일에 사망하였는데 장례식은 14일 한국신문방송편집인협회장(葬)으로 거행되었다. 선생이 시대일보 기자로 언론계에 입문했던 바로 그 날이었다. 만 74년간 언론인으로 살다가 후배 언론인들과 마지막 작별을 고했다. 사후 1주기였던 1999년 6월에는 앞에서 언급한 『대기자 홍박』(LG상남언론재단)을 출간하고 편집인협회는 경기도 용인공원묘지에서 1주기 추모식 및 추모비 제막식을 가졌다. 비문 집필은 정진석이 맡았다. 시인 구상(具常)은 홍종인 송시를 지었다.

---

38 「미 교포사회에서도 조선일보 큰 영향력」, 조선일보 사보, 1997.6.13.

"타고난 진솔과 뜨거운 인간애와 드맑은 심미안의 인품, 푸르른 자유혼의 대기자! 에토스적 그 삶과 이제 백금처럼 빛나는 노경."

선생의 소장도서는 유가족이 조선일보사에 기증하여 「홍종인 문고」를 설치하였다. 기증도서는 한국서 1,013권, 영문서 1,029권, 일문서 596권으로 주로 역사와 철학서, 전기, 연감 등이 있었다.[39] 유품

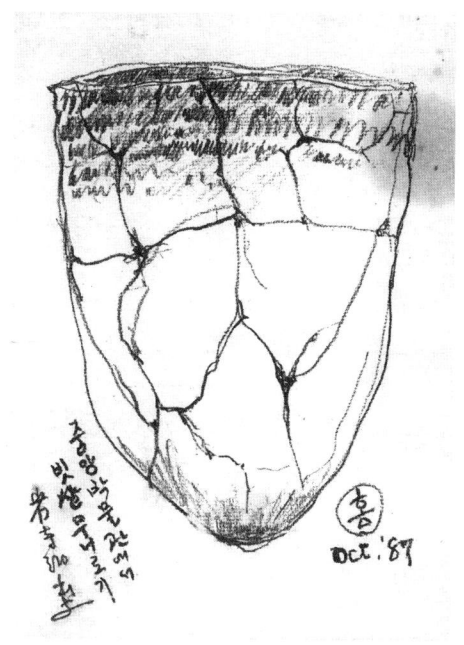

1987년 12월 국립중앙박물관 소장 빗살무늬 토기 스케치. 암사리 출토품.

가운데는 만년필, 취재수첩, 카메라, 직접 그리거나 만든 그림과 도자기, 그가 그린 연하장 원본, 스케치 북 등이었다. 대한제국 시절 황실 군악대장이던 에케르트가 발간한 애국가 악보, 조선일보 주필 선우휘가 쓴 「선우휘 칼럼」에 대해 의견을 교환한 서신도 들어 있었다.[40]

---

39 조선일보, 1998.9.17, 「홍종인 문고 설치, 소장도서 2,638권 DB로 책 찾아 열람」
40 『조선일보 사보』, 1998.7.24, 「고 홍종인 선생 유품 기증받아」

필자약력

정진석

한국기자협회 편집실장
관훈클럽 사무국장
한국외국어대 언론정보학과 교수
한국외국어대 사회과학대학장
한국외국어대 명예교수

百想 장기영의 한국일보

이성춘(전 한국일보 논설위원)

(1) 조선일보 사장 사임 후 40일 만에 창간

금융계를 거쳐 조선일보 사장직을 사임하고 조선일보를 떠나면서 백상 장기영은 한 가지를 굳게 결심했다.

"빠른 시일 안에 새로운 신문을 창간해서 내가 직접 경영, 획기적으로 발전시켜 한국 언론계의 정상頂上에 오르는, 시대를 앞서가는 최고 최대의 신문을 만들겠다…"

백상은 조선일보를 그만둔 다음날부터 신문 창간을 위해 움직였다. 사실 새 신문을 시작하려면 충분한 자본, 듬직한 건물, 신문을 발행할 수 있는 판권(板權), 여기에다 각 부분마다 최소한의 능력이 뛰어난 기자, 광고인, 기술인 등의 인력이 필수 불가결하다.

하지만 백상은 아무것도 없는 빈손이었다. 무슨 수로 그의 의욕대로 단시일에 4가지 필수요건을 확보해서 신문을 만들 것인가.

그는 무(無)에서 유(有)를 창조하기 위해 육중한 체구로 들소처럼 저돌적으로 동서로 뛰어다니는 스타일이지만 단 한 푼도 착오가 없어야하는 은행맨(금융인)답게 하나하나 치밀하게 구상해 나갔다.

그의 최고의 자산은 조선일보 재건을 맡을 때 동행했던 전홍진, 주효민, 홍유선, 최병우, 김종규 등 측근들이었다.

백상은 매일 그들과 구수회의를 하면서 창간을 구상하고 준비를 해나갔다.

법적으로 신문을 발행하기 위해서는 당국으로부터 창간 허가를 받거나 이미 허가를 받고 발행 중인 신문의 판권을 인수하는 것이다.

당시 전쟁으로 전 국토와 산업시설 주요건물들이 초토화된 후 정부는 신문발행 허가를 중단한 상태였다. 신문용지와 인쇄용 잉크, 필름 등 관련 비품 대부분이 수입품이었다.

극도로 빈곤해 미국에게 원조를 받아 겨우 나라와 민생을 꾸려가는 형편에 신문발행에 금싸라기 같은 달러를 쓸 여력이 없었다.

이를 너무나도 잘 알고 있는 백상은 신규발행 허가는 현실적으로 난망으로 단정하고 조그마하고 허술한, 경영난으로 정기적으로 발행을 못하고 있는 기존의 신문판권에 목표를 정했다.

이후 한국일보의 창간과 발행과정, 빠른 시일 안에 새 신문을 발행해야겠다는 백상의 신념하에 벌인 일련의 고군분투에 대해서는 '한국일보 30년사'와 '한국일보 60년사' 중심으로 소개하려 한다.

백상은 측근들을 동원해 수소문한 결과 최적격 인수대상의 기존신문을 태양신문(太陽新聞)으로 압축됐다.

태양신문은 1949년 2월25일 노태준(盧泰俊,1911~1970)이 강인봉, 최진태 등과 창간했다.

노태준은 구한말 대한제국 무관학교와 일본육사를 나온 무관(武官)으로 상해임시정부의 군무와 노동총장 국무총리를 역임한 계원(桂園) 노백린(盧伯麟,1875~1926) 장군의 차남이다.

임시정부 산하 광복군의 간부로 활동하다 해방 후 귀국한 노태준은 이범석(李範奭,1900~1972 초대 국무총리)이 이끌던 민족청년단에 참여하다가 대양(大洋)신문에 이어 태양신문을 창간 운영했다.

노태준은 한국전쟁 중 부산에서 신문을 발행하다가 경영난에 직면했고 환도 후 임원규(林元圭)가 인수 발행했으나 경영난은 심각했다.

임원규 사장은 백상이 인수 의사를 타진하자 선뜻 동의, 넘겼다. 백상이 태양신문을 인수할 때 발행부수는 8,000부 선으로 그나마 유가부수는 절반수준에 불과했다.

태양신문의 사장인 임원규(1916~)는 해방이후 평화신문정치부장을 거쳐 연합신문의 편집국장 전무 부사장으로 있다가 전쟁 중에 태양신문을 맡은 것.

당시 태양신문의 사옥은 중구 명동2가 25번지로 시공관(市公館, 현 명동예술극장)에서 충무로2가 파출소 부근 뒷골목의 2층 벽돌건물이었다.

단 한차례 협상에서 그동안 경영난으로 시달려온 임원규가 단번에 그 자리에서 인수계약을 맺었다.

백상의 새 신문 발행계획은 이랬다. 하루라도 빨리 창간한다는 전제하에 자금마련과 함께 새 사옥이 결정되고 편집국과 인쇄시설이 급선무였다.

그때까지 태양신문 사옥에서 태양신문이란 제호로 신문을 발행하다가 앞서의 여건이 마련되면 새로운 제호로 새로운 신문을 창간을 선언, 본격적인 발행에 들어간다는 것이었다.

판권인수가 실현되어가자 백상은 운영자금과 신문사의 사옥 확보 문제에 진력한다.

백상은 한국은행 조사부장, 부총재 시절 이래 국내 유수한 금융인과 실업인들과 경제연구모임을 만들어(일명 수요회) 매주 만났다.

모임의 목적은 척박하고 낙후된 한국경제를 발전시킬 방안을 강구하기 위해서였다.

조선일보 사장 재임시절에도 이들을 만나 여러 가지 조언을 들었던 백상은 이들에게 새로운 신문의 창간 구상을 설명하고 협조를 구했다.

이 그룹의 회원들, 백상과 지면이 있는 실업인들은 처음에는 창간에 부정적이었다가 점차 "백상의 배짱과 열정이라면 해낼 수 있을 것"이라며 격려했다.

설득을 거듭한 끝에 창간신문의 운영자금은 상당부분 ㈜전방대표인 김용성金龍成이, 사옥과 공장건물은 제분업으로 재력을 모은 이한원(李漢垣)이, 신문의 제작과 판매 등은 백상이 맡기로 했다.

이한원은 종로구 중학동 송현마루에 있는 자신의 건물을 제공키로 한다.

일제 때 고무신을 만든 공장이었던 이 건물은 대지 300평에 건평 200평의 낡고 전화(戰火)로 일부가 무너져 폐가나 다름이 없었다.

그러나 폐가이면 어떠랴. 이 건물은 대통령관저인 경무대와 중앙청이 바로 지척인데다 서울시의 중심 중의 중심이자 동아일보와 조선일보가 가깝게 있어 사옥의 위치는 최적이었다.

밤새워 건물일부의 보수와 대청소를 한 새 사옥에 과거 백상이 조선일보 사장시절 김활란에게서 개인적으로 영자신문 코리아 타임스를 인수할 때 받았던 평판인쇄기 2대를 우선 들여놓았다.

이어 1920년대 제조된 마리노식(式) 윤전기 1대를 간신히 확보했다. 시간당 1만5000부를 발행하고 용지가 접히지 않은 채 한꺼번에 인쇄되는 구식이었지만 이나마도 감지덕지 했다.

눈코 뜰 새 없는 일 마니아 백상 장기영

백상은 근 1주일여 동안 서울시내에 새 시대의 독자들에게 희망과 꿈을 안겨주는, 참신한 지면으로 태양신문을 '한국일보'로 제호를 바꿔 발행한다고 전단지를 뿌리고 거리마다 벽보로 알렸다.

1954년 5월25일~6월7일자까지 인수한 태양신문을 발행한 백상은 7일자에는 태양신문의 종간을 알린다. 이어 8일자 신문은 하루 쉰 후 6월9일자에 제호를 '한국일보'로 바꾼 창간 새 신문을 발행한다.

한국일보는 이날 창간호에서 1면에 큼직한 사고(社告)를 통해 역사적인 새 신문의 창간을 선언했다.

"저의 한국일보는 신 제호(新 題號), 신 필봉(新 筆鋒), 신 필진(新 筆陣), 신 소설(新 小說) 등으로 새로운 감각에 의한 해방 이후 연중무휴(年中無休) 발행하는 유일한 大 신문으로 발행 합니다. 독자들 제위의 성원을 바랍니다"

한국일보 창간 때 백상의 나이는 36세. 그야말로 그토록 어렵다는 언론경영에 단기필마로 대장정을 시작한 것이다.

'한국일보'란 제호가 정해진 뒷얘기를 소개한다.

창간호를 발행하기 3일전인 6일 오후 백상 주재 하에 창간준비 핵심멤버 20여명이 제호 결정을 위한 회의를 열었다.

창간 준비기간 동안 회사 안팎에서 모아진 수십 가지의 예비제호들 가운데 일단계로 추린 제호들이 상정됐다. 한국일보, 시사(時事)신보, 신아일보, 국민일보, 서울타임스 등이다.

해방이후 이때까지 수많은 신문들이 발행됐다 사라졌다. 그 중 '한국일보'라는 제호가 잠시 사용된 적이 있다.

법조인으로 훗날 3선 국회의원(민주당)을 지낸 한근조(韓根朝, 1895~1972)가 해방 후 국민일보를 발행해 오다가 1948년 12월 제호를 한국일보로 변경했고 얼마 후 경영난으로 문은 닫은바 있었던 것.

이날 백상 주재 회의에서 최종적인 제호 후보로 '한국일보'와 '시사신보'가 결선에 올랐다. 백상은 "만일 투표결과 가부동수일 경우 사장인 내가 결정한다"고 미리 선언했다.

투표결과 동수였고 백상이 캐스팅 보트를 행사해 '한국일보'를 선택함으로서 '한국일보'로 낙착된다.

폐회에 앞서 백상은 한마디 했다.

"일제 때부터 우리 언론계에서는 제호에 지명을 붙이면 신문이 장수하고 추상적으로 붙이면 단명 한다는 얘기를 들었다. '한국일보'로 선정한 것은 잘한 것 같다"

아무튼 한국일보는 6월9일자 창간호 1면 톱에 '신문을 누구도 이용할 수 없다'는 제목의 창간 사설을 실었다.

이 사설은 당시의 시대정신과 언론의 사명, 신문이 표방하고자 하는 방향성 등을 압축했다.

이 창간사설을 편집부국장 겸 정치부장인 김영상(金永上,1917~2003)이 집필한 것을 주필과 발행인이 추고한 것이다.

사설은 신문의 사명을 민주언론과 공정언론을 강조하면서 한국 언론 사상 처음으로 상업주의 신문을 표방함으로서 뚜렷한 개성을 나타낸 논설로 평가받고 있다.

이와 함께 사설은 민주언론으로서의 확고한 결의와 다짐을 선언한다. "우리는 항상 권력을 감시하면서 민중을 보호하는데 적극 대변하겠다. 우리가 공기(公器) 관리인을 자처하면서 호헌(護憲)의 선봉을 결의한 속에는 국가이익을 위해서는 매양 정부나 여당에 일보 앞설 각오도 두루 갖추고 있다"고 밝혔다.

다음 공정언론으로서의 갖춰야 할 자세를 강조했다.

"경제 재건에 있어서, 국제친선에 있어서, 문화향상에 있어서 언제나 우리는 정부의 앞에 서서 나아가고자 한다. 그러나 우리는 정부와 행정을 비판해야한다. 그 정책과 행위를 논평할 뿐 개인 공격은 있을 수 없다. 타협도 있을 수 없다"고 단언했다.

상업신문으로서의 신조에 대해서도 분명히 밝혔다.

"우리는 근대 경제학 이론을 신봉하고 새로운 자유경제사회의 옹호를 자각하면서 리얼리즘에 입각한 상업신문의 길을 개척하여 나가지 않으면 안 될 것이다.

진실하다고 확인한 사실만을 보도함으로서 시대와 호흡을 같이하는 독자의 귀와 입과 눈이 될 명랑한 신문의 본도(本道)를 가고자 한다."

"시시비비의 필봉을 가다듬기 전에 감히 다시 한 번 '신문은 누구도 이용할 수 없고 누구도 억제할 수 없다'는 신조를 거듭 선언하여 둔다"고 대 사설의 마무리를 지었다.

이러한 한국일보의 창간사설의 정신은 이 날의 창간호에 명기한 '춘추필법(春秋筆法)의 정신, 정정당당한 보도, 불편부당(不偏不黨)의 자세'라는 사시(社是)에 압축되고 구체화 한다.

또한 창간사설과 사시 속에는 왜 백상이 전쟁으로 초토화된 이 땅에서, 산 넘어 산과 같은 숱한 어려움 속에서도 신문을 창간하려는가 하는 신념과 철학 목표가 담겨져 있다고 볼 수 있다.

1954년 6월9일 한국일보 창간에 참여한 인재들의 면면은 어떠하며 그 수는 얼마나 되는가.

사장 겸 발행인 장기영, 주필 오종식, 편집국장 전홍진, 부국장 겸 정치부장 김영상, 부국장 겸 사회부장 김광섭(金光涉), 편집부장 임창수(林昌洙), 경제부장 주효민, 외신부장 최병우, 문화부장 조풍연(趙豊衍), 체육부장 이용일(李容一), 사진부장 김영배(金英培), 교정부장 고재환(高在環) 조사부차장 천관우(千寬宇) 등 편집국 요원 39명.

총무국은 금철(琴澈)국장, 광고부장 김경용(金敬鎔) 등 33명, 공무국은 김완식(金完植)국장외 영문부 인쇄부 주조부 문선부 정판부 연판부 윤전부등 72명. 코리아 타임스는 박수장(朴受昌) 편집국장등 11명.

총 154명으로 출발했으나 몇 달 사이 언론계 원로인 종석(鍾石) 유광열(柳光烈)과 시인 김규동(金奎東, 문화부) 등이 합류하여 166명으로 늘어났다.

한국일보가 창간되자 기존의 언론계, 즉 신문계는 과연 백상이 금융계의 기린아, 행동가, 팔방미인 등의 별명을 들으며 많은 화제 속에 이런저런 성과와 업적을 남긴 것은 인정했다.

이른바 일제 때 이래 신문 경영은 '깨진 독에 물 붓기' 식으로 끝임없이 자본이 필요한 점 등 일반 기업의 운영보다 몇 배 어렵다고 하지 않았던가.

특히 너무나도 개성이 강하고 고집이 완강하여 언론인을 다루기가 그토록 어려운 신문사 운영 아닌가.

상고(선린상고) 출신에 불과한 백상이 근면과 비범한 능력과 실천력으로 34세에 한국은행 부총재를 지내고 금융계는 물론 각계에 널리 인맥만 갖고 있다고 신문사 경영을 제대로 해낼 수 있을까.

전쟁으로 경영난에 빠진 조선일보 사장으로 초빙되어 근 2년간 신문경영의 경험을 축적했다 하지만 모든 것이 불비(不備)하다 시피한 척박한 언론환경에서 뿌리를 내려 성공할 수 있을까.

기존의 언론계 간부들은 백상의 새 신문 창간 결행(決行)을 단순히 비판하고 사시하는 게 아니었다.

자본도 광고도 구독하는 독자도 턱없이 부족하고 열악하기 그지없는 언론시장이어서 지극히 걱정 어린 눈으로 백상과 한국일보를 건너다 봤다.

전쟁-휴전협정 직후의 한국의 경제형편 등을 잠시 되돌아보자.

1인당 국민소득은 50달러 선. 세계 최빈국 수준이었다. 전쟁으로 그나마 낙후됐던 산업시설이 거의 파괴되어 미국의 경제원조로 겨우 나라와 국민이 지탱하고 연명할 수 있었다.

시정 물가를 보자,

쌀 1등급 한말 800환(圜), 보리쌀은 300환, 쇠고기 한 근 250환, 돼지고기는 200환, 달걀 한 꾸러미(10개) 220환, 금 한 돈 중 1800환이었다.

신문 1부는 10환, 한 달 구독료는 200환등…

이것이 당시 한국의 경제형편이요 수준이었다. 이런 상황에 국민들은 하루하루 생계를 걱정해야 하는 처지에 신문을 구독하고 광고를 해야 한다는 것은 실로 어렵기 그지없었던 것이다.

이 무렵 기존의 신문은 많지 않았다. 동아일보, 조선일보, 경향신문, 서울신문, 연합신문, 국도신문, 평화신문, 세계일보등이 있었지만 몇 신문을 제외하고는 대부분이 경영난을 겪고 있었다.

이런 면에서 기존의 언론계가 백상의 새 신문 창간 도전에 대해 걱정하는 눈으로 건너다 본 것은 자연스런 일이라 하겠다.

이런 걱정의 눈길 속에 백상은 의연하게 한국일보 창간하기 전 구상한대로 자신의 방식을 밀고 나갔다.

백상은 창간하면서 미리 계획한대로 한국일보의 얼굴을 새롭게 단장하고 독자들에게 선보였다.

우선 사의 컬러를 녹색(Green)로 정하고 사기(社旗)도 녹색을 바탕으로 제정했다.

아울러 취재용 등 회사 내 몇 대 안되는 사차(社車, 모두 군용 짚차였다)를 녹색으로 칠하고 차에는 반드시 사기를 앞쪽에 게양토록 했다.

이런 변화를 다른 신문사들을 유심히 지켜봤다. 다른 신문사들도 사기가 있었지만 사내에서만 게양했지 차에 꽂고 다니지는 않았다.

백상은 신문사 개혁을 구상 중이었다. 일 단계 방향은 2가지, 기자들이 포진하고 있는 편집국의 기구와 기능을 일제시절 이후 휴전 직전까지 구태의연하게 그대로 유지하고 있는 취재의 대상과 방법, 기능을 새 시대에 맞게 개선하는 것이었다.

창간 얼마 후에 신문사로서는 처음으로 김포공항에 출입 기자를 두고 출국자와 입국자를 소개하는 '오는 사람 가는 사람'을 소개하는 코너를 신설한 것.

당시 외국행 비행기를 탈 수 있는 부류는 출장관리, 극소수의 무역인, 유학생 정도였다. 따라서 출국할 수 있는 사람들은 마치 선발된 사람처럼 국민들 관심의 대상이었다.

자유세계로부터 입국하는 외국인 또한 매우 제한적인데다 한가한 관광입국이 아니라 한국과 관련이 있는 일로 들어오는 사람이 태반이어서 그들 모두가 관심을 모을 수 있는 훌륭한 취재대상이었다.

처음에는 다른 신문사에서 공연히 쓸데없는 보도라고 외면했으나 시간이 지나면서 화제의 대상이 되어 독자들의 인기를 모았다.

이와 함께 국내외를 막론하고 화제가 될 만한 사건과 사고가 발생하면 즉각 기자를 파견해 취재 보도케 한 것.

4년쯤 후의 일이지만 1958년 소련이 우주항공사상 최초로 인공위성인 스푸트니크 발사에 성공하고 이해 몇 달 후 미국이 인공위성 익스프롤로를 발사 성공해 세계가 들끓었다.

백상은 장차 인공위성 시대가 본격화할 것으로 보고 한국 언론사로서는 처음으로 편집국에 과학부를 신설한 것 역시 이런 맥락에서다.

백상은 또한 일각을 다투는 취재에 기동성을 뒷받침하기 위해 역시 처음으로 항공부를 신설하기도 했다.

지면 쇄신 역시 아이디어가 떠오를 때마다 시도했다. 창간한지 2주 후인 6월22일부터 매주 화요일에 '주간 스포츠'를 발행하기 시작했다.

이는 이용일 체육부장이 발간해온 '주간 스포츠'를 그대로 계승한 것으로서 훗날 창간되는 '일간 스포츠'의 모태가 된다 하겠다.

또 하나 획기적인 것은 1990년대 이후 일반화 되었으나 그 시절 사치로 여겨져 다른 신문들이 엄두를 내지 못하고 있을 때 미국과 유럽의 신문들처럼 주말 특집판을 제작한 것.

주간 스포츠와 주말 특집 판은 수년 동안 큰 인기를 모았다.

한국일보를 안고 시도하는 백상의 전진은 휴식을 잃은 듯 했다.

백상은 한국일보가 신문제작의 모든 것을, 신문경영의 모든 것을 그대로 두고 있을 때 파격적으로 개혁, 개선, 쇄신해서 언론계를 견인한다는 것이다.

백상은 1954년 창간 후 10여 년 동안 소매를 걷어붙이고 지면쇄신, 기구와 기능 등의 쇄신, 인적쇄신, 운영쇄신 등을 쉼 없이 밀고 나갔다.

창간 후 거침없는 전진과 승승장구

(1) 창간 후 10년간 개최한 중요 스포츠 대회들

스포츠에 대한 백상의 사랑과 애착은 남다를 정도로 대단했다. 이는 일찍이 선린상고 시절 농구부는 주장을 하고 축구와 야구 등을

IOC위원 시절 브린디지 IOC 위원장과

열심히 했던 때문인 듯 했다.

백상은 조선일보 사장 시절에도 전국고교야구선수권대회를 중요 사업의 하나로 시작했었다.

한국일보 창간 이후 10여 년 동안은 백상의 스포츠 시대라고 해도 틀림 없을 것이다.

창간호 첫 사업은 1954년 7월18일 대한야구협회와 공동주최로 개최한 육해공군 야구대회였다. 전쟁으로 지친 3군 장병들을 위문한다는 의미도 담겼다.

- 제9회 도시대항야구대회(1954년 10월1일~1958년)
- 매년 재일동포고등학생 야구단초청 대회(1956년~)
- 봉황대기(鳳凰大旗) 쟁탈 전국고교야구대회(1971~현재)

- 당시 미국최강의 프로야구팀 세인트루이스 카디날스 팀 초청, 국내 야구팀과 친선경기.(이승만 대통령이 始球), 1957년 10월 13일 ~)
- 미국 최강 농구팀, 오리건대학 농구팀 초청 연세대등 국내 팀들과 친선경기. 1954년 8월~)
- 9.28 수복기념 부산-서울 역전(驛傳) 마라톤 대회(지금도 계속)
- 1955년~ 9.28 수복 마라톤대회 개최. 2회 대회(1961년 9월28일)
- 1966년 10월30일 제3회 대회에서는 올림픽대회의 금메달리스트인 에티오피아의 아디스아바바가 우승.(2시간 17분4초 기록)
- 1969년 9월28일 제4회 대회

(2) 전국 민속관련 대회

- 제1회 전국 연날리기 대회.(1957년 2월25일, 이승만대통령 참석)
- 제1회 전국 장사 씨름대회, 제1회 전국 낚시선수권대회,
- 제1회 남자 활쏘기대회 개최.

(3) 문화 및 오락사업

- 제1회 미스유니버스 파견 미스 코리아 선발대회(1957년 10월 14일)
- 한국 출판문화상 제도 마련.(1960년 1월1일)
- 100만원 현상 장편소설 모집.
- '농촌 돕기 포플러 조림운동' 개시.(1965년 1월24일)
- 미국의 홀리데이 온 아이스 쇼단(團)을 초청, 중앙청 앞 특설 링크에서 3일 동안 야간 공연.(1959년 9월9일~11일). 수익금의 일부는 사라호 태풍 이재민을 위한 구호금으로 기탁

(4) 한국일보의 자매지 창간

창간 전 백상이 조선일보 사장 시절에 개인적으로 인수한 영자신문 코리아 타임스가 한국일보의 첫 자매지가 된 후 1050년~1960년대에 간부들의 건의와 백상의 결단으로 자매지를 잇달아 창간한다.

- 소년한국 창간(1960년 7월17일)
- 서울경제 창간(1960년 8월1일)
- 주간한국 창간(1964년 9월27일)
- 주간여성 창간(1969년 1월1일)
- 일간스포츠 창간(1969년 9월26일)

여기에 코리아 타임스까지 합쳐 한국일보는 한국 언론사들 가운데 자매신문을 가장 많이 6개나 가진 매체가 됐다.

백상이 서거한 후 1980년대 소위 신군부의 언론 정책에 의거, 서울경제가 폐간 당했다. 1990년대 들어 한국일보는 '스포츠 레저'와 '월드 테니스'를 인수해 자매지는 다시 한동안 7개가 됐다.

(5) 한국일보, 기자 사관학교가 되다

한국일보는 오래전부터 언론인 양성소, 초임 기자 양성소, 기자 사관학교라는 얘기를 들어왔다.

백상은 창간 때부터 인사 정책에 관해 2가지 방침을 견지했다.

첫째는 매년 젊고 참신하고 우수한 인재를 기자로 공개채용 하는 것이다.

소위 젊은 신문, 앞서가는 신문을 만들기 위해서는 세계적인 변화의 흐름과 새로운 감각을 지닌 유능한 젊은 인재들을 공채로 뽑아서

장차 바르고 실력과 경험 경륜이 풍부한 언론인으로 육성한다는 것이다.

아무리 경험과 경륜이 원숙한 중견 기자라도 시대정신과 세기적인 변화에 무감각할 경우 신문 역시 뒤진 신문, 죽은 신문, 판에 박은 신문만을 만들게 된다는 지론이다.

1980년대 이후 모든 신문 방송 인터넷 통신들이 거의가 공개 채용 시험으로 기자를 선발한다. 하지만 1950~60년대 신문사들은 공채가 드물었다.

원인은 회사의 재정형편 때문이었다. 그래서 8.15해방~1960년대 까지는 경력기자들을 주로 고용했고 10년~20년차의 고참 기자들은 최소한 5~10여개의 언론사를 순회 근무하는 현상이 빚어졌다.

창간 초기 최병우 외신부장(코리아 타임스 편집국장)의 "매년 기자공채를 해야 한다"는 제의를 백상이 흔쾌히 받아들여 당시 기자를 가장 많이 공채하는 신문사가 됐다.

물론 한국일보사가 해방 후 가장 먼저 기자 공채를 시행한 것은 아니다. 일부 기성신문에서 한 두 차례 공채를 시행했다. 그렇지만 매년 한차례씩(때로는 2회도) 기자를 공채한 것은 한국일보가 유일하다.

이 시절 합격한 예비기자들은 6개월간의 견습(훈련)을 거쳐서 각 부서에 배치했다.

여기서 6개월은 일본의 신문사들이 전전(戰前)부터 실시한 견습 기간으로 일본신문들은 견습이 끝나면 지사나 지국으로 발령해 2~4년간 지방에서 근무토록 해오고 있었다.

공채된 예비기자들은 전원 한국일보에서 10년~30년 근무하는 게 아니다. 도중 다른 신문사로 옮기거나 아예 관계나 학계 경제계로 전직하는 수도 적지 않다.

다른 신문사들은 흔히 필요할 경우 한국일보에서 인력을 차출해서 충원하는 예가 잦았다. 이것이 소위 언론인 양성소나 기자 사관학교라는 말이 나오게 된 배경이다. 그런데 흔히 다른 신문사들이 올챙이 기자를 공채할 때의 응시 조건과 한국일보의 경우는 다르다.

다른 신문사들은 응시자격으로 '대학졸업'을 거의가 필수조건으로 내건데 비해 한국일보만은 제1기 선발 때부터 '고등학교 졸업이상'이다. 왜 이렇게 했을까. "고졸자 중에서도 숨은 보석 같은 출중한 인재들이 적지 않을 것이다" "학력을 불문하고 천하의 인재를 널리 뽑는다"는 뜻이 담겨 있다는 게 일반적으로 선배들의 얘기였다.

사내에서는 이는 백상이 상고만을 나와 그토록 경쟁이 심한 조선은행에 합격, 괄목할만한 실력을 과시했듯이, 대학졸업을 못한 컴플렉스에 오랫동안 마음고생을 했던 백상의 뜻이라는 게 해석의 다수론이다. 어떻든 '고졸응시 허용'으로 제1기생 선발 때부터 시험장에는 청년들이 구름처럼 몰려들었다.

1954년 8월 시행된 첫 번째 기자시험에서 金勳, 崔鐘起, 張翼煥, 李淳紀, 林喆圭, 洪性源 들이 1기로 합격했다. 한국일보의 기자공채 시험은 창간 65년이 지난 지금도 변함없이 시행해 오고 있다.

두 번째 인사방침은 뛰어난 취재와 기사작성 등에 경험을 가진 중견 언론인들을 수용하는 것이다.

남녀노소와 노(老) 장(壯) 청(靑)에서 아동에 이르기까지 모든 세대가 읽을 수 있는 신문을 만들기 위해서는 아무리 탁월한 능력을 갖쳤다 해도 젊은 신인들만으로 만들 수는 없다.

취재에 대해 상당한 경험을 축적하고 현실감각과 올바른 판단력과 경륜을 지닌 중견 고참 기자들의 참여는 너무도 당연하다.

이들 중견 및 고참 기자들에 대한 백상의 인사방침은 지금까지도 언론계에 전설처럼 전해져 오고 있다.

"(신문사에서) 나가는 사람 잡지 않고 다시 들어오겠다는 사람을 막지 않는다…"

이른바 용인(用人)과 관련된 이 말은 중국 고서에서 나오는 말이다.

한국일보를 떠난 사람이 재입사를 원하면 흔쾌히 받아준다는 뜻이다. 백상 생전에 한국일보에 재직한 사람치고 이 말을 모르는 사람이 없다. 그가 뒤에 설명하는 화요회 등 대소 회의에서, 또는 즉석 대면 때마다 백상이 수시로 강조한 것이다.

백상이 이 말을 창간 이래 강조한 것은 과거 조선일보 사장 시절에 겪은 체험 때문인 것으로 알려졌다. 초빙된 사장으로서 전쟁으로 크게 주저앉은 신문사를 개혁-재편-재기하기 위해서는 인사쇄신이 핵심중의 하나였다.

백상이 신문사가 능률적으로 가동할 수 있게 하기 위해 인사를 단행하자 뜻밖에 일부 중견 및 고참 기자가 반발했다.

"나는 납북된 방응모(方應謨) 사장이 이 자리에 임명한 사람인데 잠시 사장을 맡은 당신이 무슨 자격으로 이동 시키려는가"하며 방침에 저항하고 아예 거부하는 게 아닌가.

백상은 이 일로 충격을 받았다. 신문사의 기자와 간부들이 아무리 개성이 강하고 고집이 세다해도 사장의 인사발령에 잠시 반발은 그렇다 해도 거부할 수가 있는 것인가.

한국일보 창간후 백상은 "나가는 사람 잡지 않고 들어오는 사람 막지 않는다"는 방침을 내세웠다. 이를 두고 당시 타사의 일부 언론계 간부들은 "신문사는 나약한 동정론으로 경영하는 곳이 아니다. 그런 식의 기강으로는 결코 성공할 수가 없다"고 차가운 눈길을 보냈다. 언젠가 사석에서 백상의 말을 들은 적이 있다. "이 말은 모든 구성원들에게 적용된다는 게 아니다. 안 잡고 안 막는 대상은 유능한 인재에 국한한다는 것이다"라는 설명이었다.

백상의 이러한 인사방침에 의해 필자는 한국일보에 심지어 3~4차례나 드나든 몇 사람을 본적이 있다.

(6) LA에서 언론사로는 최초로 해외판 발행 성공

한국일보 창간 후 백상이 벌이고 추진한 숱한 사업과 행사들의 특징은 언제나 다른 신문사들보다 앞서서 시행하고 도전하는 것이다.

다른 신문사들도 어느 정도 알고 있는 사업이나 행사지만 성패를 걱정하며 고민하고 머뭇거리고 있을 때 과감하게 도전하는 것이 장기영의 특징이자 강점이라고 할 수 있다.

그렇다고 백상이 눈을 가린 경주마처럼 아무런 준비 없이 무턱대고 맨 땅에 헤딩하듯 하는 게 아니다.

언젠가 백상은 뒤에 소개하는 매주 화요일의 사원회의에서 이렇게 말한 것이 기억난다.

"흔히 돌다리도 두드려보며 건넌다는 말이 있다. 사람은 여러 가지 유형이 있다. 성질이 불같이 급하거나 시간에 쫓기는 사람은 어느 하세월에 두드려 보고 건넌단 말인가 라며 단숨에 건넌다.

나도 어느 정도 성질이 급하지만 잘 모르는 다리를 건널 때는 그저 겉을 두드려 볼 정도가 아니라 며칠 전부터 몰래 현장에 가서 안전여부를 일일이 확인한 뒤 다음날 태연하게 다리를 건너는 스타일이다.

신문사가 하는 모든 대·소 사업들도, 기사취재도 이런 식을 할 경우 성공 가능성은 보다 더 크게 마련이다…"

그는 늘 국내는 물론 나라 밖의 국제정치 경제 외교 안보 사회 교육 문화 과학 그리고 생활에 있어 변화의 흐름을 체크했다.

백상이 열심히 탐독했던 것은 일본의 신문과 각종 잡지와 신간 서적들이었다. 이 밖의 미국과 유럽 쪽의 상황은 외신부장 등 일부 참모의 번역과 요약본을 통해 파악한다.

조선은행(현 한국은행) 시절부터 상업고 출신이란 컴플렉스를 극복하기 위해 남보다 열심히 독서에 매달렸던 그는 한국일보 창간 이후 틈만 나면 외국의 신간서적과 신문 잡지를 끈질기게 읽었다.

그는 지금은 세계가 동·서간 냉전으로 경색됐지만 언젠가는 이념과 장벽을 넘어 서로 교류하고 공존을 모색하는 국제화시대가 도래한다. 누구보다도 신문은 앞서서 국제사회에 진출하고 국제화시대에 대비해야 한다고 생각했다.

이러한 관점에서 백상은 한국일보 창간 15주년을 맞는 1969년 6월 9일 미국 LA북서쪽 스튜지오 시티(11638Ventura Blvd)의 단출한 건물에서 '미주(美洲) 한국일보'를 출범시킨다.

50년이 지난 현재 미국사회에 거대한 한국 언론사로 성장한 미주지사는 한국일보 LA지사로 시작됐다.

이 시절 남 캘리포니아주의 한인들 수는 1만여 명에, 각종 단체와 교회는 10개 정도에 불과했다.

국내의 유수한 신문사들은 이보다 앞서 미국에 진출했지만(?) 모조리 실패했다. 지국 간판을 내세웠지만 신문을 서울에서 공수해서 3~4일후에 희망하는 독자들에게 유료로 판매하는 정도였다.

점차 현지의 유지들이 지국을 맡아 신문을 보급했으나 사무실 유지비도 얻지 못하자 저마다 손을 들었다.

백상은 국내서의 신문수송-구문(舊聞)의 보급으로는 한인사회에 언론진출은 불가능하다고 봤다. 현지에 인쇄기를 설치해 직접 국내와 현지뉴스를 담은 신문을 발행하는 것만이 성공의 지름길이라고 판단했다.

초기에는 수동식 인쇄기로 신문을 제작했으나 1972년 고속윤전기를 도입하고 인력을 충원해 미니 신문사를 구성해 신문을 발행하면서 한국일보는 LA, 나아가 미주사회에서 뿌리를 내리기 시작한다.

LA 한국일보는 본국의 뉴스와 현지뉴스를 거의 절반씩 실어 국내소식에 갈증을 느끼는 동포들에게 큰 환영을 받았다.

LA 한국일보가 날로 성장해 한인사회를 리드하는 유일한 거대 매체로 발전하자 LA시와 남 캘리포니아주 당국은 물론 이 지역에 한국인들보다 먼저 진출한 중국과 일본 커뮤니티등도 주목하기 시작했다.

미주 한국일보는 LA외에 워싱턴 뉴욕 시카고 시애틀 샌프란시스코 호놀룰루 등에서도 신문을 발행함으로써 사실상 미주 전역을 커버

하는 매체로 우뚝 일어섰다.

이러한 미주 한국일보의 성공에 대해 서울의 조선일보 동아일보 경향신문 등이 건너다보고 있는 동안 새로운 경쟁자가 등장한다.

1965년에 창간한 중앙일보가 거액을 투자해 미주 한인사회를 겨냥해 지사를 설치하고 미주 중앙일보를 발행하기 시작했다. 1970년대 이래 폭발적으로 늘고 있는 한인사회를 두고 한국일보에 도전한 것.

중앙일보는 한국일보가 10여년 남짓 미주 한인사회에서 전개한 언론활동을 그대로 모방해 경쟁에 뛰어든 것이다.

중앙일보의 최대의 강점은 풍부한 자금상황이라면 한국일보의 저력은 일찍이 공들여 뿌리를 내리면서 확보한 수많은 정기구독자였다.

후발 주자인 중앙일보의 추적 속에 한국일보는 1980년대에 들어오면서 중국 몽고 등 해외취재를 위성전송으로 기사를 실었다.

한국일보는 현지에서 각종 축제와 문화행사를 활발하게 벌여 독자들을 끌어안는 견인역할을 하게한다. 백상이 생존하고 있는 중에는 말할 것도 없고 작고한 후에도 미주 본사와 각 지사 구성원들의 열성적인 노력으로 더욱 발전되어 한국과 미국의 근대 언론사에 여러 가지 성공적인 기록을 수립하기도 했다.

(7) 장기영이 주재한 한국일보만의 매주 사원 총회

언제나 각계의 사람들을 만나기를 반기고 언제 어느 때든지 누구와도 대화하기를 좋아하는 백상은 창간 이후 사원들과 자기방식대로 대화와 소통을 해나갔다.

물론 큼직한 사건사고가 발생하면 백상은 담당기자들, 데스크와

화요회의 백상

부장 국장들보다 더 흥분해서(?) 사내를 뛰어다니던 터였다.

평상시에도 불시에 각 국(局)과 부(部)를 방문해 기관총 식으로 지적하고 꾸짖고 야단치는 백상은 매주 사원과의 대화를 가졌다.

매주 화요일 편집국에서 모든 사원들을 모아놓고 한 주간의 각국의 업무에 대해 평가했다.

물론 사원이 전원 모인 적은 없고 대체로 100~150여명의 편집국 공무국 업무국 광고국 판매국 사업국 등의 요원들이 모였다.

중앙의 편집국장석에는 큼직한 물주전자가 놓여있었다. 오전 8시 백상이 착석하면 총회가 시작됐다.

백상은 수시로 물을 마시면서 지난 한 주간 각국의 근무-활동의 평가를 했다. 칭찬보다는 잘못된 점에 대한 꾸지람이 압도적이었다.

시간이 흐르면서 백상의 음성은 높아지고 호통 지적 야단으로 발전했다. "이런 인간들은 신문사를 망치려고 들어온 것 아니야?"하면 흥분이 절정에 올랐다는 뜻이었다.

사장은 흥분해서 그토록 화를 내며 호통을 치는데도 분위기는 이상하게만 여겨졌다. 야단을 맞는 당사자는 별로 창피해하지도 아파하지도 않았다.

호통에 한껏 힘이 들어가도 실내 분위기는 경직되거나 엄숙하기는 커녕 여기저기에서 쑤군거리거나 웃는 정도였다.

백상 혼자서 짧게는 1시간에서 길게는 2시간이상 열변을 토했다. 어느 면에서 원맨쇼다. 일부 사원들은 지적사항에 대해 해명할 기회를 주지 않고 혼자만 말한다고 불평했다.

어느 날 혼자만 얘기하기가 머쓱했는지 '의견을 말하라'고 이따금 기회를 주었지만 1분 이상 답변-해명하는 사원을 본적이 없다.

그런데 이 사원총회-화요회가 주목할 만한 것은 백상이 신문제작과 관련해서 간간이 명언 금언(金言)을 토로하는 것이다.

백상의 사원총회 주재는 사장 재임 중에는 해외출장 때를 제외하고는 사원과의 일방적 대화(본인은 쌍방 간의 소통으로 생각했다)를 거른 적이 없을 정도로 활용했다.

백상이 총회에서 밝힌 명언 몇 가지를 소개하고자 한다.

- 납(鉛)이 녹아서 활자가 되려면 1,000도의 열이 있어야한다. 그러나 활자화하는 기사는 6,000도의 냉정을 갖고 써야한다.
- 연필을 뾰족하고 날카롭게 깎아서 기사를 쓰자. 붓끝에서 신경이

약동해야 한다. 이것이 바로 신문기자의 정신이다.
- 우리는 부패한 집권층을 채찍질하고 청렴한 관리들을 수호하며 국민을 일깨우는 역사의 핸들을 잡고 오늘도 내일도 표적을 향해 달리고 있다.
- 일을 만들어서 하라. 아이디어가 없는 인간은 목석과 같다.
- 신문제작은 하루하루가 경쟁이다. 경쟁에서는 이겨야 한다. 이기기 위해서는 기자 한 사람 한 사람이 잘 싸워야 한다.
- 승부는 일요일 아침에 난다. 일요일 새벽 3시 반에 특종이 있다고 생각하는 정신이 한국일보의 정신이다.
- 정상 바로 직전이 가장 중요한 순간이다. 대담하고 소심해라.
- 신문제작은 오케스트라의 연주와 같다. 각각 맡은 일에 최선을 다하여 화음을 창조해야 한다.
- 신문은 그림이다. 한국일보 가족이 한 점 한 점씩 그린 그림이다. 한 사람 한 사람이 정성을 다 해야 한다.

백상의 명언의 수량은 10여권의 책으로 만들 정도로 이루 헤아릴 수 없을 정도로 많다. 수십 년이 지난 지금 읽어봐도 충실한 신문을 위해 변함없이 살아있는 교훈이라고 할 수 있다.

7. 성공으로 가는 장기영의 좌절과 실패

세상만사의 명암과 인생의 행불행 성패와 희비는 하늘만이 가늠할 수 있는 것인가.

백상은 상고만을 나왔지만 천부적인 노력과 근면과 적극적인 실천력으로 조선은행-한국은행에서 당당히 낡은 관념과 기준들을 깨고 일취월장하는 성공의 길을 달렸다.

새로운 분야인 언론에 입문, 주저앉은 조선일보를 어느 정도 재기할 수 있도록 신문경영에 대한 능력을 발휘했었다. 잠시 맡아 운영한 조선일보를 주인에게 넘겨주고 나와서 끊을 수 없는 언론에의 매력으로 한국일보를 창간했고 온갖 장애물을 뛰어넘으며 성공의 길을 치달았다.

그러나 인간세상 기쁨이 있으면 슬픔이 있고 행운이 있으면 불행이 따르며 성공과 함께 어느 때든지 실패와 좌절이 닥쳐오게 마련인가.

한국일보를 우여곡절 끝에 창간 경영해온 백상은 잇단 성공과 기쁨 속에서 뜻밖에 밀려온 몇 차례의 실패로 좌절감에 빠진 적이 있다.

장기영이 겪은 시련과 좌절의 사례를 살펴본다.

(1) 지기인 최병우(崔秉宇) 특파원 금문도서 실종 순직

한국일보 창간 이래 최초의 비극은 한국일보 논설위원 겸 코리아 타임스 편집국장인 최병우가 1958년 9월26일 금문도 사태를 취재하기 위해 특파됐다가 실종 순직 한 것이다.

한국의 언론사상 최초의 특파원 순직은 1920년 초 만주 혼툰서 일제에 의한 조선인 학살사건을 취재하러 갔다가 실종됐던 장덕준(張德俊)기자가 처음이었다.

그 후 한국전쟁 중에 기자들이 인민군에 의해 학살 또는 납북되는 비극이 있었으나 정확한 피해자수도 확인되지 않은데다 취재 중에 희생된 경우는 불분명한 상태다.

따라서 한국 건국 이후 취재로 특파됐다가 목숨을 잃은 경우는 최병우가 처음이라고 기록된다.

1958년 2월 인도네시아의 서부 수마트라에서 당시 수카르노 대통령에 반대하는 반란이 일어나고 임시혁명정부(RRRI)가 수립되는 등 인도네시아 사태는 매우 소연(騷然)했다.

이런 상황을 취재하기 위해 한국일보는 최병우 특파원을 보냈고 그는 한 달 이상 현지에서 취재, 여러 차례 생생한 르포기사를 보냈다.

이해 8월 중순부터 대만해협에 긴장이 고조되면서 중공은 금문도에 맹포격을 가했다. 이런 와중에 금문도에 들어간 최 특파원은 교통사고로 찰과상을 입었다.

최 특파원은 일단 대만의 임시수도인 타이페이로 나왔다. 그는 본사의 귀국지시에도 불구하고 "대만 사태가 심상치 않다"며 상황을 취재, 계속 기사를 보냈다.

그는 9월26일 대만의 내외국 기자들과 다시 금문도 입도(入島)를 시도했다. 상륙용 주정(舟艇)으로 입도하는 도중 금문도 3km 해상에서 주정이 전복되어 실종된 것이다.

이때 동행했던 한국 일본 대만 기자 등 모두 6명이 실종됐다.

백상이 유달리 슬퍼했던 것은 고인인 최 특파원과의 돈독한 인간관계 때문이었다.

1950년 초 한국은행 도쿄지점 개설 때 통역 등의 도움을 받았고 이를 계기로 이 지점에 근무케 했다.

이후 조선일보 사장 재임 중에는 그를 부장 없는 외신부 차장으로 발령하여 함께 일했다. 한국일보 창간 후에는 코리아 타임스 편집국장을 맡아 백상을 도왔었다.

(2) 장기영의 TV방송의 꿈 무너지다

한국에 TV방송국이 처음으로 설립된 것은 1956년 5월 13일로 첫 방송국은 HLKZ이었다.

이는 미국의 전자회사 RCA가 장차 한국에서 자사가 생산하는 TV를 판매하기 위해 선전용으로 세운 것. 사장은 RCA에서 내세운 조셉 B.밀러, 방송국장은 전자상 출신의 황태영(黃泰永)이 담당했다.

이들은 서울종로2가 보신각 바로 옆 빌딩에 방송국을 차리고 매일 하오 7시반~9시반까지 2시간 방송을 했다.

이들은 TV 30대를 광화문 네 거리등 서울시내 요소에 설치하고 2일간 시험방송을 했다. 국민들은 생전 처음 보는 TV방송에 열광했다.

5월13일 반도호텔(지금의 롯데호텔 자리)의 다이너스티 룸에서 거행된 개국식에는 이기붕(李起鵬) 민의원(국회)의장, 이응준(李應俊) 체신장관, 갈홍기(葛弘基) 공보처장을 비롯한 각계 유명인 200여명이 참석한 가운데 성대하게 진행됐다.

당시 수상기가 전혀 보급되지 않아 방송을 할수록 운영의 적자폭은 쌓여갔다.

그 후 이 방송은 대한방송(DBS)로 새 출발하면서 장기영을 사장으로 추대했다.

TV방송에 대한 그의 관심과 기대는 대단했다. 1955년 미국정부 초청으로 방미했을 때 벌써 TV방송이 활발했던 것을 목격하고 장차 한국에도 TV시대가 도래할 것으로 확신했던 것이다.

그러나 호사다마인가. 1959년 2월2일 방송국건물에 화재가 발생, 전소했던 것이다. 화재 원인은 전기합선으로 밝혀졌다.

백상은 이 방송의 사장이 된 후 방송시간을 1시간 더 늘려 야구중계, 드라마, 시사대담, 연예 공연 등으로 넓혀가던 터였다. 망연자실한 백상은 백방으로 TV방송의 재건을 위해 진력했으나 훗날을 기약하고 1963년 3월5일 회사를 해산 결의한다.

일본의 대 신문사들이 TV와 라디오 방송사를 소유하거나 제휴하는 것을 유심히 보아온 백상은 앞으로 신문은 방송을 소유했을 때 뉴스와 해설을 힘 있게 보도할 수 있을 것이라는 신념하에 TV설립을 계획한다. 이를 위해 백상은 방송국 설립준비의 일환으로 일부간부를 일본에 방송연수를 보냈다. 화재 후 새로 신축한 사옥을 방송용으로 사용할 수 있게 건축에 포함시킨다. 하지만 1960년대 후반부터 백상의 꿈을 파악한 일부 언론매체들이 장기영이 TV를 보유할 경우 미디어 왕국을 건립해 모든 부분에 영향력을 행사할 것"이라고 적극 주장해 결국 TV의 꿈은 물거품이 된다.

(3) 장기영, 필화사건으로 구속되다

5.16 군사쿠데타가 발생한지 1년 반쯤 지난 1962년 11월말 한국일보는 돌연 필화사건에 휩싸이게 된다.

군사정부가 당초의 약속을 뒤엎고 국민들 모르게 비밀리에 사전조직 방식으로 새 정당 창당에 한창 몰두할 무렵 한국일보에 독특한 기사가 실려 눈길을 끌었다.

'新黨 사회노동당 假稱으로' 라고 큰 활자로 1면 톱으로 올리고 부제로 '정강정책 초안도 완료, 영국 노동당 대체로 본뜨다' "근로대중의 지지획득과 통일에 대한 원대한 목표 전제'라고 붙였다.

신문이 배포되자 많은 사람들이 크게 놀라면서 수군댔다. 반공주의와 철통보수주의가 전국을 뒤덮고 있는 그 시절 아니던가.

그렇지 않아도 쿠데타의 총 리더인 박정희 최고회의의장이 해방 후 남로당에 참여, 사형선고를 받았다가 전향한 전력을 감안할 때 혹시 민정 후에 탄생할 정당은 진보정당이 되는 것 아닌가 하고 의구심을 보였다. 이 기사를 본 박정희의장이 크게 노발대발하고 이후락(李厚洛) 비서실장은 "국민도 여야도 설사 서구식의 사회주의 정당이라도 용납하지 않을 것"이라고 지적했다.

다음날 한국일보는 1면에 기사 전면취소와 독자들에게 사과하는 큼직한 사고를 실었다. 이날 허위보도와 관련한 법위반으로 사장 겸 편집국장 장기영, 편집국부국장 홍유선, 정치부장 김자환, 기사를 쓴 기자 한남희(韓南喜)등 4인이 구속됐다. 한국일보는 자숙 의미에서 당국의 권유로 3일간 신문을 정간했다. 또한 발행인을 교체, 새 사장으로 남궁련(南宮鍊, 전 대한조선공사 사장)으로 교체했다.

얼마 후 한남희를 제외한 백상 등 3인은 석방됐고 그 후 백상은 58일 만에 발행인으로 복귀한다. 한남희도 한달 뒤 석방됐다.

필화사건은 조선일보 정치부에 있던 한남희 기자가 한국일보로 자리를 옮긴 후 첫 작품으로 낸 기사였다.

지금은 아무렇지도 않지만 당시 반공주의가 팽배했던 당시 영국노동당을 친공 진보정당으로 대부분 인식했던 것.

당시 김종필이 지휘했던 사전 조직팀이 지양한 신당은 국회의원과 지구당 사무국이 분리되는 이원 조직의 영국보수당이었다.

(4) 한국일보 화재로 중학동 사옥 전소되다

1968년 2월27일 한국일보의 창간과 비약적인 발전의 보금자리인 종로구 중학동의 본사 사옥에 화재가 발생, 전소됐다.

이 소식은 백상에게는 물론 모든 한국일보의 식구들에게 참으로 충격적인 뉴스였다.

용접공의 실수로 발화된 화재로 4층의 사옥이 전소되고 송재헌(宋在憲) 공무국장을 비롯한 7명의 사원이 질식으로 순직한 것은 너무나 가슴 아픈 일이었다.

각계의 간절한 위로 속에 합동장례식을 치르고 뒷수습에 나선 백상은 "불굴의 한국일보 정신을 국민들에게 보여주자"고 독려하며 신사옥건축과 제작시설의 마련에 나섰다.

장기영은 위기에 강한 인간이라던가.

그의 저돌적이고 헌신적인 노력으로 근 1년10개월의 공사 끝에 옛 사옥 자리에 우람한 13층 규모의 새 사옥빌딩을 완공했다.

건물 완공 후 새 사옥으로 편집국 등이 입주하면서 사원들은 "무에서 유를 창조한다"는 장기영식의 리더십을 새삼 음미했다.

(5) 장기영의 입각과 정계 진출에 대한 시선

 피(血液)와 같은 언론계에서 영구히 뿌리를 내리겠다던 장기영은 한국일보 사장시절 입각과 정계에 진출해 많은 이들을 놀라게 했다.

 1964년부터 1967년 5월11일까지 부총리 겸 경제기획원 장관으로 박정희 민간정부에 참여했다가 1967년 10월 신문사로 복귀했다.

 이때만 해도 가난 벗기와 경제 살리기가 온 국민의 한결같은 여망이자 바람이어서인지 백상의 정부 참여에 대해 큰 이의나 논란을 별로 없었다.

 오히려 한은과 신문사 사장 때와 같이 경제시책을 거의 독선적으로, 마치 불도저 운전하듯 밀고나가는 모습에 찬반의 시선이 엇갈렸다. 3년 반 동안의 공직 봉사를 하고 신문사로 복귀할 때도 별다른 시비는 느낄 수가 없었다고 해도 과언이 아니었다. 하지만 1971년5월 제8대 국회의원선거에 서울 종로에서 공화당후보로 출마하자 얘기는 달라졌다. 찬반론이 엇갈린 것이다.

 신민당의 권중돈 후보에게 고배를 마셨다.

 그 후 유신체제가 선포되어 8대국회가 해산되고 1973년 봄 제9대 국회의원 선거에 서울 종로-중구지구에 공화당후보로 출마해 당선된다. 선거구를 조정해 1구 2명의 당선자를 뽑는 방식이었다.

 솔직히 표현하면 이때의 국민의 시선은 결코 부드럽지 않았다.

 국회에 입성한 후 백상은 묵직한 경력 때문에 초선의원이면서 공화당 당무위원이 되고 국회와 당에서 중진원로 대우를 받았지만 힘이 빠진 유신국회에서 백상이 팔을 걷고 할 일은 없었다.

 유신국회는 여는 날보다 쉬는 날이 많았고 국정감사권은 아예 폐지되어 그야말로 국회는 막강한 권력을 가진 행정부의 확실한 시녀가 되고 만 것이다.

이런 맥없는 국회에서 백상이 할 일은 거의 보이지 않았다.

백상 장기영은 1977년 4월 11일 상오 8시10분 심근경색증으로 한국일보 사옥 10층 사무실에서 별세한다. 향년 61세.

100살 동안 건강하게 마음껏 일하며 100가지 이상의 큼직한 일을 열심히 하고 가겠다고 그토록 공언했던 그가 불과 61세에 눈을 감은 것이다.

평생 일 마니아, 일 벌레로 열심히 정열을 다해 일했던 백상은 100살까지의 나머지 세월이 아까워 어떻게 눈을 감았을까.

백상은 13일 국회장과 한국일보사 장으로 영결식을 마치고 경기도 광주군 동부읍 창우리 검단산 자락에 안장됐다.

한국 언론사상 가장 많은 일을 수행하고 신문경영과 발전에 획기적인 업적을 남긴 大 신문경영인으로 백상은 영원히 기억될 것이다.

그가 너무나 일찍 세상을 뜬 후 한국일보는 2세들에 의해 경영되다가 우여곡절 끝에 동화그룹이 인수, 재기 중이다.

"창업보다 수성이 몇 십 배 어려운 것"이라는 생전 백상의 말은 결국 예언이 되고 말았다.

백상의 독특했던 한국일보 창간과 경영의 성공은 앞으로 학자들, 전문가들에 의해 정확하게 연구되어 평가되어야 할 것이다.

많은 가르침을 직접 받았던 필자는 백상의 모습이 눈에 선하다.

백상의 명복을 빈다.

필자약력

이성춘

1939년생
한국일보 정치부장
관훈클럽 총무

무향 최석채(無鄕 崔錫采)

이종식 (대한언론인회 원로회우)

오후 4시가 조금 지나는 시간, 취재 나갔던 기자들이 하나둘 자리에 돌아오기 시작한다. 이 무렵 정치부장석 등 뒤 주필실과 연결된 문이 조용히 열리고 넥타이 셔츠 바람의 한 신사가 대개의 경우 근엄한 표정으로 나타난다. 얼굴 윤곽은 차라리 역삼각형에 가깝고 키는 아담한 쪽이다. 얼굴이 역삼각형인 것은 한눈으로도 머리가 명석해 보이는 사람들의 인상이다.

그가 이 시간에 정치부에 나타나는 것은 오후 한시에 있은 논설위원 회의에서 사설의 주제와 방향이 토론에 의해 정해지고 그것이 정치에 관한 것이면 대개의 경우 주필이 대표 집필자가 되기 때문이다.

"뭐 없소?" 언제나 자연스레 나오는 첫마디다. 한 10분쯤 그날 일어난 이야기를 중심으로 기자들과 토론이 끝나면 제 방으로 돌아온 주필의 작업이 시작된다. 책상 오른쪽 서랍이 열리고 꼬냑병이 나온

조선일보 최석채 주필.

다. 최 주필은 술에 약한 편이다. 그래서 즐기는 편이 아니다. 불려나온 술병도 직접 샀을 리 만무하고 아마도 여행 다녀온 기자의 선물임이 틀림없다. 뚜껑을 열고 소주잔으로 3/4잔 단숨에 들이키고는 만년필을 잡는다. 얼굴이 곧바로 붉어진다. 왼손에는 담배가 들려진다. 이런 절차를 나

는 간을 키우는 것이라고 여겼다.

　오늘 사설에 누구 한사람 도살이 나겠구나. 이정도 알아맞히기는 식은 죽 먹기다. 신문의 글이란 만년필 뚜껑을 열기 전까지 시간이 걸리지, 일단 뚜껑을 열고나면 일사천리다. 논설회의에서 잡힌 주제에 담을 내용을 머릿속에 정리하고 논리를 세우면 사설 한편 쓰는데 20분이면 충분하다. 이게 글쟁이 장인의 솜씨다. 사설마감은 기사마감보다 30분쯤 빠르다. 오후 5시 원고가 문선에 넘어가면 논설위원실의 일과는 끝이다. 가판 나오는 것을 기다리지 않는 경우가 대부분이다. 최 주필의 경우도 이 부류에 속한다 할 수 있다. 사설 내용이라는 게 정부의 정책이나 공직자의 행동 발언 생각 등을 비판하는 경우가 많은데 쓴 글을 다시 읽어보면 비판받는 사람의 얼굴이 떠오르고 그러면 좀 심했나 싶어 고치고 싶은 생각이 들까봐 아예 읽지 않는 것이다. 어떤 경우는 필경 전화가 오거나 회사로 압력이 올상 싶으면 아무도 모르는 곳에 잠적을 해버리는 경우도 허다하다. 그래서 정치사설을 쓰는 이는 아무도 모르는 여관방 하나를 아지트로 잡아두는 경우도 있다.

　인터넷이 없던 최 주필 시대의 사설에서는 사실관계 즉 팩트를 확인하기가 쉽지 않았다. 그래서 그때의 사설을 보면 도입부분에 '보도에 의하면 ㅇㅇㅇ가 ㅇㅇㅇ하였다고 한다. 이것이 사실이라면… 하고 시작하는 것을 흔히 본다. 일종의 책임 회피용인데 독자의 입장에서는 황당하기 이를 데 없다. 최 주필은 이런 사태를 피하기 위해 '직접 취재'의 원칙을 정해놓고 있었다. 오후 4시 쯤 정치부에 들르는 것도 이 원칙중의 하나다. 자기가 취재한 내용과 현장에서 취재한 출입

기자의 것을 맞춰보는 것이다. 처음에 이런 사실을 몰랐던 기자가 자기는 열을 올려 열심히 설명하는데 최 주필은 그다지 열심히 메모를 하는 것 같지 않아서 이상히 여겼는데 알고 보니 기자를 만나기전 이미 상당히 취재가 되어있었던 것이다.

큰 집회의 관중가운데에서 최 주필을 보는 것은 흔한 일이다. 태평로를 가득 메운 4.19데모 군중 한가운데서 최석채를 발견하고 데모에 참가한줄 알았다고 조선일보의 방우영 사장이 말했다. 최 주필의 현장주의는 그가 남긴 수많은 칼럼에서도 확인된다. 우리가 책이나 읽을거리 등에서 흔히 마주치고 흘려버리는 일들도 그에게는 훌륭한 글의 소재가 되고 그 소재로 엮여진 이야기들을 읽으며 역시 그렇구나 하고 수긍을 하게 된다. 최 주필은 뭐 아는게 많다. 그 아는 것들을 이리 저리 엮어 놓으면 바로 한편의 칼럼이다. 글로 얻어진 지식은 쉽게 잊히지만 현장에서 눈으로 얻어진 것들은 뇌리에 오래 머물기 때문일 것이다.

발로 사설을 쓰는 무향(無鄕)〈몽향(夢鄕)〉최석채(崔錫采 1917-1991) 논설위원. 그의 본향은 화순(和順) 시조 고려 평장사 오산군 최세기(平章事 烏山君 崔世基)의 손이다. 오산은 화순의 옛 이름이다. 지금 전라남도 화순읍 만호산에 시조묘가 있는데 비석에는 崔氏墓 孝子 世基하고 그 옆에 烏山君이라 명각(銘刻)되어 있다. 그러나 최 선생의 개인정보에는 본적지가 경상북도 금릉군 조마면 신안동(金陵郡 助馬面 新案洞)으로 되어 있다. 고려말 마지막 김천군수였던 최원지(崔元之)를 중시조로 하는 화순 최씨 600년 세거지다. 이성계의 쿠데타로 산 넘어 도망친 곳인데 지금으로 치면 자동차로 겨우 10분 거리인 모양이다. 거기서 한 20년 숨죽이고 살았고 태종 때 발각이 되어 문관이 모자란다고 병조참의로 임명되었는데 출사는 하지 않았던 모양이라는 것이 무향의 증언이다.

최석채 씨의 출생과 20대말까지 성장기의 그를 기억해 낼 수 있는 사람은 아무도 남아 있지 않다. 따라서 누가 그때의 최석채를 증언을 할 수 있겠는가?

최석채 씨는 그 흔한 자서전 하나 남기지 않았다. 일부러 남기지 않는 것은 아닌듯하다. 그의 아들 최장원 종근당 홀딩스 전무의 설명에 따르면 "아버님이 연세 75세가 됐을 때 '이제 나도 서서히 인생 마무리 준비를 해야할까보다. 별거 아닌 삶이었지만 너희들 위해서도 내가 살아온 길을 써서 남기는 게 좋겠지' 하셨는데 그때 그만 갑자기 길 떠나신 바람에 아무것도 남기지 못했습니다"였다.

지극히 다행스럽게도 그러나 85년에 월간조선이 '인간탐험'이라는 기획물을 연재하게 되고 거기에 인간 최석채가 등장하게 된다. 이 기획물을 취재하기 위해 월간조선 오효진(嗚効鎭) 기자가 동원된다. 취재는 쉽지 않았다. 그는 자신의 삶이 활자로 공개되는 것을 완강히 거부했기 때문이다. "뭘 잘 났다고 별것도 아닌 행적들을 근사하게 포장까지 해서 남 앞에 내 놓느냐. 나는 못한다"는 것이다. 갖은 감언이설에도 공략이 쉽지 않았다. 겨우 협상이 성립됐다. 생전에는 사용하지 않는다고 합의가 됐다. 그러나 합의한 조건은 지켜지지 않았다. 최 선생이 속은 것인지 아니면 양보한 것인지는 분명치 않다. 유일하게 남아있는 그의 성장기 행적을 오효진기자의 책 '정상을 가는 사람들'을 참고하고 그밖에 들은 얘기와 필자의 경험들을 모아 엮어본다.

최 선생의 선친(崋吉)은 지금으로 치면 엄청난 진보파였던 것 같다. 최석채씨는 최씨 세거지(世居地)가 아니라 1917년 11월 21일 충북 보은에서 태어난다. 보은읍 구향리(報恩邑 舊鄕里) 육(陸)주사네 집에서, 육주사는 선친 화길씨의 직장동료였다. 육영수여사 집안이다. 그때는 대한제국이 망한지 바로 뒤라 반가(班家)에서는 봉건의 틀이 두텁게 에워싸고 있을 때였다. 이럴 때 조상대대로 뿌리박고 살아온 땅을 벗어난다는 것은 보통의 용기로 되는 일이 아니다. 하여튼 아버지의 그 용기가 없었더라면 오늘의 최석채는 없다. 이것은 너무나도 분명하다. 그러고 보면 운명이라는 것과 사람의 삶과의 상관관계가 더욱 궁금해진다.

최석채씨에 의하면 "아버지는 빈농의 막내로 고향에 있어봤자 돌아올 재산이 있을 것 같지가 않아 무작정 가출하여 서울로 올라온 것 같아". 한일합방 때인 1910년이 20세라 최 선생은 아버지가 27세 나이에 난 세 번째 자식으로 장남이었다. 아버지는 다행히도 우정국의 강습소에 들어가 1년간 일본말과 모르스 신호법을 배워 충북 영동 우체국에 발령을 받았고 곧 보은 우체국으로 옮기게 된다. 최석채씨와 보은과의 인연은 이렇게 이루어진다. 최석채 어린이는 또 돌전에 경북김천으로 온다. 아버지가 교섭을 하여 근무지를 김천으로 바꿨기 때문이다. 아버지는 집나가 세상 한 바퀴 돌고 결국 고향으로 되돌아 온 것이다. 그로부터 7년을 최씨 문중의 고향에서 산 것이 고향과의 인연의 전부다. 석채 어린이는 만 여섯 살이 되면서 서당공부를 시작했다. 훈장은 당숙 최학길(崔鶴吉). 궁내청에서 영친왕 시강원에 있던 분이다. 그 당숙은 심산 김창숙(心山 金昌淑)선생과 교분이 두

터웠으며 파리만국회의 청원에 서명을 했다가 곤욕을 치르기도 했다. 무향이 나중에 심산과 가깝게 지나게 된 것이 이런 인연과 무관하지 않다고 한다. 석채어린이는 이듬해 만 일곱(1924년)에 김천 보통학교에 입학하게 된다. 집에서 20리길은 어린아이의 체력으로는 등하교길이 너무 멀다. 그러나 무향은 "하나도 고생스럽지 않았다"한다.

"그때 보통학교의 학생은 지금의 대학생 이상의 엘리트 의식을 가지고 있었거든. 신문학에 대한 호기심도 대단했다"고 회고했다. 석채 어린이는 1학년 2학기가 되면서 학교 근처로 이사를 하게 된다. 이일은 무향이 유골이 되어 고향산천에 되돌아올 때까지 고향과의 이별을 의미한다. 복장은 바지저고리에 두루마기를 입었다. 이렇게 갖추는 것은 손님을 맞을 때나 출타를 할 때는 의관을 정제해야 한다는 유가의 예법 때문이다. 그 두루마기 위에 책보는 어깨와 겨드랑이 사이를 대각선으로 매고 도시락은 따로 허리춤에 질끈 맸다. 도시락의 김치 반찬국물이 새어나와 두루마기에 지도를 그려놓는 일은 나이든 사람이면 다 경험한 일이다.

생활이 안정되는가 싶었는데 아버님의 역마살이 다시 발동하기 시작했다. 우편국에 싫증을 내기 시작한 것이다. 조선사람에 대한 차별 대우로 진급이 잘 안 되는 것이 불만의 원인이었다. 직장을 김천 면사무소로 옮겼다. 거기서도 오래 버티지 못하고 결국은 대망의 꿈을 품고 일본으로 건너가게 된다. 무향의 인생에 있어 이다음에 일어나게 되는 일들과 합쳐 무향(無鄕)일 수밖에 없는 까닭이 어찌 무향의 책임이겠는가. 석채 어린이가 4학년 때 일이다. 아버지의 대망도 어쩐지 시원치 않았다. 집에는 한 달에 겨우 5원을 부쳐왔다. 생활은 쪼

들리고 15전의 월사금도 제 때 못내는 일이 생기기 시작했다. 석채는 신문배달을 시작했다. 새벽 4시에 김천역에 가서 신문을 받아 담 너머로 던져 넣는 일이다. 이것으로 50전의 수입이 생겼다. 10살 4학년 때 일이다. 석채 어린이는 6학년 때 인생을 어떻게 살아야 하고 직업이란 무엇인가에 대한 뜻있는 경험을 하게 된다. 이 사건은 무향의 인생의 또 한 마디를 이룬다. 1929년 광주학생만세사건이 있었다. 12월 어느 날 아침에 우르르 만세를 부르기 위해 교문 밖으로 몰려나갔다. 6학년은 대반(大班) 소반(小班) 여반(女班) 세반이 있었는데 여반 애들이 나오지 않자 큰 덩치의 힘센 애들이 대반 급장인 석채한테 빨리 가 여학생들을 불러오라고 시킨다. 급장인 석채가 여반으로 뛰어가 수업중인 여학생더러 빨리 나오라고 소리 쳐 재촉하는 순간 한 큰손아귀가 석채의 목덜미를 꽉 잡았다. 시국이 하수선한 때라 학교에 잠복해있던 일본형사였다. 교무실에 끌려온 석채 학생을 본 일본인 담임 선생님이 불문곡직하고 눈에 별이 번쩍 나도록 석채학생의 뺨을 후려갈긴다. 그리고는 석채를 끌고 온 형사의 팔을 잡고 허리를 굽혀 사정을 한다. "이 아이는 급장이고 절대로 나쁜 일에 발을 담글 애가 아닙니다. 집안사정도 넉넉지 않아 엄마가 삯바느질을 하며 애를 학교에 보내고 있습니다. 장래성이 보이는 학생이니 한번만 용서하고 저에게 훈도를 맡겨주십시오"

담임 선생님의 간곡한 부탁으로 석채학생은 학적부에 붉은 줄을 남기지 않고 풀려났으며 만세 행사도 흐지부지 되고 말았다. "그 때는 그 일의 뜻을 이해하지 못하고 고마운 선생님이다 라고만 알고 있었다. 그러고도 사건 자체는 오래토록 뇌리에 남아 있었고 직업의 책임의식이라는 것이 무엇인지 참 스승의 길이 무엇인지를 알게 해준 귀중한 사건이었다. 내가 한때 사범학교를 가려고 마음먹었던 일이나 내 생애에서 작으나마 남의 어려움을 위해 봉사한 일이 있었다면 그건 이때 받은 교훈 때문이라고 여기고 있다"고 무향은 회고했다.

무향은 정확하게 날짜까지 기억한다. 1930년 3월27일 졸업식이 있었는데 바로 그날 일본에서 아버지가 나오셨다. 석채를 데리러 온 것이다. 석채는 담임 선생님과 진로를 대구사범학교 입학으로 진지하게 얘기하고 있을 때였다. 만약 그때 석채학생에게 선택의 여지가 있어 대구사범으로 갔었다면 동갑인 박정희 대통령과는 동기생으로 친했을 것이 분명하다. 때맞추어 나온 아버지가 두 사람을 갈라놓았지마는 두 사람의 운명서에는 어차피 만나고 그리고 서로 친할 수밖에 없도록 기록되어있는 듯하다. 그해 3월30일 석채학생은 아버지에 끌려 밤차로 부산으로 떠났다. 완행열차라 부산에는 아침에야 닿았고 낮이 되어서야 배를 탔다. 배의 종착지인 시모노세키(下關)에서 다시 기차를 타고 나고야(名古屋)까지 가고 기차안에서 이틀밤을 잤다. 간신히 도착한 곳이 아이치(愛知)현 헤키가이(碧海)군 오하마쬬(大濱町)라는 곳이다. 아버지는 여기서 200~300부 정도의 아이치신문(愛知新聞) 지국과 인삼 등을 파는 가게를 하고 있었다. 그러니 살림이 넉넉지 않았다. 석채학생은 이곳에서도 한동안 신문을 배달했다. 그는 이곳의 헤키가이(碧海)상업학교에 들어갔다. 그가 이곳에서 처음부터 두각을 나타낸 것이 있었다. 일본어 표준말과 한문이었다. 한문이야 여섯 살 때 서당에서 닦은 실력이고 식민지에서 배운 일본말은 표준말밖에 없으니 너무도 당연한 일이다. 식민지에서 온 학생이 본바닥 학생보다 잘한 게 있으니 귀여움도 받고 괜히 우쭐하기도 했다. 신문지국은 완성된 신문의 배달 뿐 아니라. 그 지방의 사건들의 제보도 했는데 하루는 아버지가 아파서 석채군이 대신 경찰서에 갔다. 형사실에 간다는 게 길을 잘못 찾아 서장실로 들어갔다. 서장이 대신 온 것을 확인하고 꼬마 기자에게 화제 사건 하나를 가르쳐 주었다. "이걸 서툰 글로 신문사에 보냈더니 고쳐서 이튿날 신문에 나지 않았겠어. 내 기자인생의 첫 작품이야" 그러나 무향의 언론인 인생 44년에 이 기사는 포함되지 않는다.

석채군의 일본생활은 녹녹치가 않았다. 석채군이 일본에 온지 1년이 되자 아버지는 하던 신문지국과 가게를 그만두고 도쿄로 인삼 행상을 떠나버렸다. 석채군은 친구 집에 맡겨졌다. 아버지 친구 집에서 눈칫밥을 먹으면서 1년은 학교에 그럭저럭 다녔다. 그러나 3학년이 되면서 더 이상 버티지 못하고 생활 전선에 나가 공장을 이리저리 다니게 된다. 처음 들어간 곳이 노리개 공장, 이곳에서 프레스 기계를 잘못 조작해서 오른손 무명지가 빨려 들어가 끝부분이 잘리는 사고가 난다. 무향은 말년에도 이 잘린 무명지를 보면서 어려웠던 시절을 회상했다고 한다. 석채군은 노리개 공장뿐 아니라 메리야스공장 자전거 수리점에도 다녔다. 학교는 가는 둥 마는 둥 했지만 미래에 대한 꿈은 잃지 않았다.

무향의 회상이다. "어느 날 우연히 본 신문광고 하나가 내 인생의 의미를 확 바꾸어 놓았지. 내 나이 아마 열다섯 살 때 였을거야. 독학으로 보통문관 시험에 학격한 사람들 사진이 쫙 났잖아. 조재천(曹在千)씨 사진도 있고, 이거다 싶어 광고를 낸 곳에 편지를 보냈더니 강의록 샘플이 왔어. 그때부터 학교는 뒷전으로 밀려나고 강의록을 탐독했지. 공장 주인이 전기요금 많이 오른다고 잔소리를 해 불빛이 새어 나가지 않게 이불을 뒤집어쓰고 공부를 했어. 하루 세 시간밖에 못 잤어"

여기에 조재천(曺在千)이라는 이름이 처음 등장하게 되는데 그와는 무향의 인생행로의 여러 고비에서 운명적으로 얽히게 된다. 불굴의 노력 끝에 석채군은 열아홉의 나이에 드디어 보통문관 시험에 합격을 하게 된다. 시험은 오카야마(岡山)에서 있었고 3000명이 응시해서 80명이 합격했다. "내 합격 얘기가 아사히신문(朝日新聞)에도 났잖아. 지역과 학교에서 야단이 났어. 학교에서는 그동안 다행히 제적을 안 시키고 있었던 모양이야. 학교에서 졸업장을 가져왔고 어떤 선생님은 자기가 입던 양복을 가져다주기도 했어, 곧 직장에 나가야 할 텐데 양복이 있어야 한다고. 우연히 본 신문 광고 하나가 이렇게 사람의 운명을 바꿔 놓을 수도 있는 거구나 생각했지" 그는 곧 오카사키(岡崎) 시청에 발령을 받았다. 그러고는 행상으로 다니는 아버지와 아직도 김천에서 일구월심 내 아들의 성공만을 빌고 있을 어머니를 불러들였다. 이때부터 그는 실질적인 가장이 되어 버렸다, 세상에 도전하면서 소년은 세상살이에 어느 정도 자신감도 생겼다, 사회 경력도 중요하지만 학업을 더 쌓아야겠다고 생각하기에 이른다. 그리고 주오(中央)대학의 분교인 주쿄(中京)법률전문학교(3년제 야간)에 등록하게 된다. 그리고 직장도 나고야에 있는 남 세무서로 옮긴다. 시청에서의 초임은 30원이었는데 세무서에서는 38원을 받았다. "세상에 존재하는 것 중 사람들이 싫어하는 직업이 셋 있는데 하나는 경찰이고 하나는 세금쟁이고 또 하나는 신문쟁인데 나는 그 셋을 다하고 거기다 청년단까지 했으니 웬만큼 공덕을 쌓지 않고는 나중에 천당 가기는 포기해야겠지"하고 그는 자조 섞인 농을 한 일도 있다. 70년 전에 받았던 세무서 월급액과 시청의 월급액을 막힘없이 줄줄이 외우는 것을 보면 그의 기억력이 보통은 넘는 게 틀림없다.

1939년 그는 직장을 관내인 도요하시(豊橋) 세무서로 옮긴다. "관내에 조선사람이 하는 큰 고물상이 하나 있는데 한번은 소득 파악을 위해 조사를 나가지 않았겠어. 주인이 한국말로 밑에 사람을 보고 '세금쟁이 왔다. 얼른 장부를 감춰라' 고함을 치는 거야. 그래 못들은 척하고 몇 가지 알아보고 돌아 왔는데 그 사람이 내가 한국사람인 것을 어떻게 알고 인삼을 사들고 집으로 찾아온 거야. 돌려보내는 데 애를 먹었지"

여기서 무향은 배필을 만나게 된다. 도요하시 실천여학교에 재학 중인 장지분(張志粉) 학생, 도요하시 시의원을 지낸 장학출(張學出)씨가 세무서에 드나들면서 석채청년을 보고 사위를 삼겠다고 작정, 공세를 취해 성사가 된 것이다, 그래서 약혼까지 하게 된다, 데이트는 꼭 한번 극장엘 갔는데 둘이가 아니라 결혼한 신붓감의 언니의 감시를 받으면서 셋이서 갔단다.

23살이 된 석채청년은 중경전문학교를 졸업하고 40년에 동경에 있는 중앙대학 법학부(야간)에 입학한다. 직장을 도쿄로 옮기려고 교섭을 해봤으나 뜻대로 되지 않아 세무서를 그만 둬버렸다. 역시 배움이 먼저였던 것이다, 대신 시험 안내서인 법제(法制)라는 잡지에 들어가 기자가 된다. 이때부터 직업으로 글쓰기가 시작된다. 언론계 생활

44년은 이때부터 계산 된거다. 여기서 그가 한일은 시험 성공담을 취재해 쓰고 편집도 하는 것이다, 나중에 편집주임 직무대리까지 올라갔다. 월급도 세무서 그만둘 때의 60원 보다 더 많은 80원을 받았다. 그러나 석채씨의 꿈은 고등문관 시험을 치는 것이었다. 우선은 생활에 쫓겨 미루다 보니 43년에 고등문관시험 제도가 없어져 버렸다. 이때가 태평양 전쟁이 한참 때라 졸업도 앞당겨져서 42년9월에 중앙대학을 졸업하게 된다. 그리고 44년9월 장지분양과 전쟁중에 결혼한다. 우리에게 해방을 의미하는 종전은 일본에서 맞이하게 된다.

그에게 해방은 혼란이었다. 그는 11월 초가 되어서야 솔가를 하여 부산항에 돌아올 수가 있었다, 부산항에 내려 난생 처음으로 태극기를 봤다. 일본기에 검은 먹으로 태극과 네 괘를 그려 넣은 것이다 처음 보는 순간 이상한 흥분을 느꼈다. 일본에서는 왜 보지 못했을까? 일본은 봉건시대에 각 지방의 영주들이 제각기 자기들의 깃발을 가지고 있었다. 식민지하라도 한반도에 자기를 표시하는 깃발이 있어도 이상할 게 없다. 그런데 자그마한 흔적조차 완전히 지웠구나. 하기야 전쟁말기에 말도 한국말은 못쓰게 했으니 말이다.

무향의 전반기 인생은 자기 완성에 역량을 쏟아 넣은 시기라면 중반기 이후는 공익을 위한 봉사에 몰두한 시기라고 구분할 수 있겠다. 성장기 인생은 현실에 순응하고 운명에 거역하지 않는 삶을 살았다면 귀국 후는 사물에 대한 사리(事理)를 스스로의 정오표(正誤表)에 대입시켜 시류에 역행하는 저항의 삶을 살았다고 할 수 있다. 그 시발이 대구매일 테러 사건이다. 무향은 일본 주오(中央)대학 재학 때부터 무향이라는 아호를 썼다고 한다. 본인의 설명에 따르면 젊은 나이에 무슨 건방지게 아호냐 하겠지만 당시는 창시 개명으로 일본식 성이 있던 때라 그 성으로 불리는 것이 싫어서 한국 학생들 사이에서 아호를 만들어서 서로 불렀다고 한다.

무향의 초창기 이력은 조금 희한한 데가 있다. 본적지가 있는데도 낳기는 다른 곳에서 낳고 그 후 성장과 학업과 직장이 단 한 곳도 겹쳐지는 데가 없다. 이 중의 어디를 고향으로 해야 하나 고민을 하다가 '에라 모르겠다. 무향(無鄕)으로 하자' 라고 했을지도 모르겠다. 그리고 말년에 몽향(夢鄕)인 것은 말년이 되어서야 비로소 꿈속에(나의 이상 속에) 고향이 있음을 찾게 됐다는 것으로 나는 해석했다. 그런데 무향의 희한한 초창기 인생행로가 그가 타고난 운명이라면 그와 태어난 시 까지도 사주가 모두 같은 청사 정일권(淸史 丁一權) 전 총리는 어떤가? 둘은 1917년 11월21일(음 10월초7일) 축시(丑時)생, 성이 다른 쌍둥이다. 장난삼아 한번 비교를 해본다. 무향의 본적지는 경상북도 금릉(지금은 김천) 청사의 본적지는 함경북도 경원(慶源). 두 사람 다 본적지에서 태어나지 못했다. 무향은 충북 보은에서 청사는 러시아 연해주 우스리스크에서 출생, 나이 여섯에 똑같이 고향에서 서당에 들어간다. 초등학교는 또 똑같이 고향에서 다니고 중학교는 똑같이 나라를 벗어나 무향은 일본에서 청사는 만주 간도의 영신중학교를 다닌다. 그리고 대학은 지역만 바꾸어 무향은 도쿄에서 주오대학을, 청사는 봉천의 군관학교를 간다. 조금은 닮은 듯도 한데 그것이 사주 탓인지는 각자의 판단에 맡긴다.

무향의 아호에 대한 내 나름의 해석을 무향 생전에 한번 말한 적이 있다. 그랬더니 본래의 뜻은 내 해석과는 좀 다르다고 한다. 이역 동경에서 고향을 그리면서 작호를 한 것이고 무(無)는 불경의 남무(南無) 아미… 할 때의 무(無)가 아아 하는 뜻이라 해서 부친 것이라 한다. 해석을 하자면 아아 내 고향 쯤이 된다. 그리고 몽향(夢鄕)은 말년에 대구매일신문에 정기적으로 쓰던 고정 칼럼의 제목으로 등장하여 이후 무향과 함께 병용 하였다 한다.

조국의 해방공간은 청운의 꿈을 안고 돌아온 무향이 앉을 마땅한 자리가 없었다. 그는 처음부터 생활인으로 살아가기를 거부하고 사회운동에 자리를 모색했다. 그래서 부인을 선산(善山)의 친정에 보내고 무작정 서울로 올라갔다. 11월23일 그날이 백범이 환국하던 날이었다. 주오대학 친구도 만나보고 조재천씨도 만났다. 조씨는 일본에 있을 때 신문광고에서 보통문관 합격자로 만나 무향으로 하여금 이 시험을 치게 자극한 장본인이 아닌가. 서울에서 살펴본 정세의 움직임에서 무향의 결심을 유도할만한 특별한 일들을 발견하지 못했다. 그때 첫 아이가 천연두로 세상을 떴다. 모든 것이 어수선할 때라 예방주사를 맞혔는데도 소용이 없었다 한다. 무향은 바로 대구로 내려오고 말았다. 사람의 인연이라는 게 정말 알 수 없는 거라서 하루는 "경북 도청 앞을 지나가는데 건국 공론사 출판부라는 간판이 보여요. 출판이라면 동경있을 때 해본거라 궁금해서 들어가 봤는데 어떤 사람이 직공들이랑 판짜는 실랑이를 하고 있는기라 보니 별거 아니라서 이렇게 하는 거라고 가르쳐 줬더니 당신이 누구냐고 그래요. 판을 좀 짜본 사람이라고 했더니 '기술자시네요' 하면서 당장 대접이 달라지는 거야. 인사를 하고보니 그는 당시 건국공론사 주간인 지금의 현암사(玄岩社) 회장 조상원(趙相元)씨야. 나는 조씨에 끌려 일본인 변호사 사무실을 접수해 쓰고 있는 건국공론사로 갔어요. 가운데 긴 책상 하나를 놓고 대여섯이 둘러 앉아 천하대세를 논하고 있는거야. 동경에서 법제(法制)라는 잡지를 만드는데 관여하고 있었다. 했더니 법제 잡지가 꽤 유명했던지 그 잡지 잘 안다면서 당장 함께 일하자는 거야. 고향에 돌아와서 처음 가진 직장이 건국공론사 무급 편집부장이야. 그때는 다들 월급을 줄 형편들이 못됐어. 나도 먹고 사는 문제는 고향의 논을 팔아 해결할 수밖에 없었지"

건국공론사에 넉 달쯤 있었을 때 경북신문에서 스카우트 제의가 들어왔다. 46년 7월에 옮긴 자리가 그 신문의 편집 부국장이다. 이름이 좋아 편집부국장이지 국장까지 모두 합해 일곱 명, 이들이 취재와 논설 편집까지 다 해야 했다. 이 신문은 사실보도 보다 반탁 운동을 대구에서 가장 열심히 한 민족지 신문이라 지면의 반이 계몽적인 사설과 논설이었다. 무향이 사시(社是)에 맞추어 논설을 열심히 쓰고 있으니 우익계의 광복청년회에서 그를 선전부장으로 앉혔다. 그 뒤 이 모임의 부위원장까지 된다. 무향의 처음 뜻인 청년사회운동의 시작이다.

그때만 해도 신문 기자를 직업인으로 보지 않았다. 시대를 만들어 가는 선구자로 인식됐다. 신문사에 있으면서 사회운동이나 청년단체에 가입해 있는 것이 조금도 어색하지 않았다. 46년 12월 그는 부녀일보 편집국장으로 스카우트된다. 이름은 신문 같아 보이지 않지만 이는 허가를 내기위한 방편일 뿐, 일반신문과 같았다. 여기서 첫 번째 구금과 함께 필화사건을 겪는다. 47년 3월 영남일보의 방 기자가 통금시간에 술 먹고 나오다가 경찰하고 시비가 붙었다. 대구경찰서로 연행된 방 기자가 경찰서 안에서 고래고래 고함을 질러 경찰이 떼 지어 방 기자를 패버렸다. 방 기자는 전치 2주의 상처를 입었다. 출입기자들이 들고 일어나 경찰을 규탄하는 성명을 냈다. 이것을 다른 신문은 자그만하게 보도했는데 부녀일보의 최 국장은 2면 머리에 '완연 테러단 같은 경찰 행동'이라는 제목으로 보도했다. 그러자 경찰이 경찰을 테러단이라 했다고 최 국장을 4월 3일 잡아넣었다.

"술을 먹고 행패를 부렸으면 유치장에 넣을 일이지 패기는 왜 패. 경찰의 집무집행의 어디에 그런 것이 있나. 그리고 경찰의 행동이 테러단 같다고 비교 요법을 썼지 언제 테러단이라 했느냐 이게 내주장이야. 그때만 해도 경찰들이 법을 잘 몰랐어. 유치장 안에서 영장도 없이 나를 집어넣었으니 이건 불법 감금이라고 소청을 군정장관한테 냈어요. 군정 지사인 미군 대령이 내 주장 12개중 7가지를 옳다고 받아 들여져 2주 만인 4월 17일에 풀려났어요. 내가 유치장에 있는 동안 4월10일에 딸이 태어났다는 소식을 받았어요. 이름을 정의 필승(正義必勝)에서 첫 글자 정(正)을 가져와 정희(正姬)라 지었어요"

그때 대구경찰서 외근계장이 그 유명한 이강학(李康學) 경사였다. 또 무향은 경찰서 안에 있는 동안 코오롱의 이동찬(李東燦) 회장을 만난다. 그때 그는 경위였다. 그 후 무향은 건국공론 편집위원장과 광복청년회 부위원장을 맡아 있었는데 지청천(池靑天)장군이 흩어져 있는 청년단 조직을 통합해서 대동청년단을 만들었다. 무향은 이 청년단의 경북도단부단장 겸 정치 위원장을 맡아 그의 말대로 힘깨나 좀 쓰고 다녔다. 5.10선거에 후보도 내고 경북에서만 세 사람이 당선되고 전국에서 열이 당선됐다. 위세가 이쯤이면 최 부단장이 직접 출마

할 만도 한데 하지 않은 것에 대해 무향의 변명은 이렇다.

"부산 부두에서 태극기를 처음 본 내가 무슨 염치로 앞에 나섭니까. 해방 전에 항일 운동을 해 봤나 민족의식을 가져봤나 어떻게 보면 나 같은 놈도 숙청대상일 수도 있는 거 아닙니까. 다른 것은 몰라도 처음 선거만은 그래도 독립운동 하느라 죽을 고생 하신 분 몫이 되어야 한다고 생각했어요. 잡지하고 신문 만들고 해서 나라 만드는 일에 끼어 든 것만으로도 오감하지요"

무향 최석채씨를 아는 사람들도 그가 한때 경찰에 있었다는 사실을 알고 놀라는 사람이 많다. 어쩐지 전혀 어울릴 것 같지가 않아서이다. 48년 겨울 당시 대구의 청년단 사람들은 어떤 한사람(K)씨를 경북도 경찰국장으로 추천하기 위해 서울로 올라간다. 파견된 사람들의 조장은 최석채씨, 이승만대통령과의 면담은 당시 경무대 비서관이던 박용만(朴容萬:경북 영주사람)씨가 주선하기로 약속이 되어있었다. 일은 순조로웠다. 한지에 붓글씨로 건의서를 깨끗하게 써서 무향이 대표로 읽었는데 요지는 일제 잔재로는 민심수습이 어려우니 신망 있는 새사람으로 민족정기를 바로 잡아야 한다 뭐 이런 것이었다. 끝까지 듣고 있던 이박사가 머리를 끄덕이면서 윤치영(尹致暎) 내무장관한테 일러 놓을테니 그 쪽에 가서 다시 한 번 설명하라고 한다. 이들이 내무부를 찾아가니 윤 장관이 연락을 받았다면서 이들을 안내한 곳이 조재천(曺在千) 경무과장에게였다. 조 과장에게 그들의 뜻을 충분히 설명하고 성공적인 상경이었다고 자평하연서 대구로 돌아왔는데 4개월 뒤 49년 4월1일 조재천씨가 바로 경찰국장으로 부임해왔다.(文莊寅 전 대구매일신문 서울분실장 증언:문집 낙동강 오리알 p112)

호남(전남 광양)출신의 조재천(曺在千)씨가 대구와 달성을 정치의 둥지로 삼은 것은 이때부터이다. 조 국장은 서둘러 대구의 조경구 청년단장을 만나 이 지방 한민당 사람들 중 일본에 협력한 사람이 많아 이들로는 민심수습이 어렵다 그러니 경찰에서 한 50명 쯤 특채를 할테니 사람을 추천해 달라 경감 한사람 하고 나머지는 경위 경사들 과장인 경감은 그래도 전문학교 정도는 나오고 나이도 30세에서 35세는 되어야 하지 않겠느냐고 제의를 했다.

조 국장으로서는 고향이 아닌 곳에 와서 일을 하려면 이 지방 민심을 거슬리지 말아야 하는데 그러려면 청년단과 짜는 것이 좋겠다고 생각했고 청년단은 자기들의 존재가 인정된 것이 우쭐해서 쾌히 승낙을 한 것이다. 청년단이 숙의를 해서 과장급 사람을 뽑아보니 조건에 맞는 사람이 최석채 밖에 없었다. 무향을 겨우 설득시켜 조 국장을 면회했는데 조 국장의 첫마디가 ˝당신 올 줄 알았어˝ 라고 하더란다. 그 조건이라는 게 아무래도 무향을 염두에 두고 만든 조건 같아 어쩐지 당한 기분이더라 고 무향은 회상했다.

무향이 경찰입문을 승낙 한 것은 친정인 청년단의 강권도 있었고 또 ˝그때만 해도 나라가 만들어지고 있을 때라 그렇게 하는 것이 건국 운동이라 여겼기 때문˝이라고 무향은 설명했다. 당시 대구신문기자이던 권상하(權尙河:박정희 대통령의 대구사범동기로 나중에 청와대 정보비서관)씨도 경찰에 들어왔다. 조재천씨는 최석채씨의 롤 모델이다. 일본에서 인생의 뜻을 세울 때 나도 조재천씨 같이 되겠다고 결심 보통문관 시험을 쳐 합격했고, 해방된 조국에 나와 이 순간까지 벌써 세 번을 만나 그의 부하가 됐다. 이후에도 조씨는 무향이 대구매일 필화사건으로 재판을 받았을 때는 서울에서 일부러 내려와 변호인이 되어줬다. 그리고 7.29선거때는 대구 정(丁)구에서 무향의 정치적 동지이자 절친인 사회대중당 양호민(梁好民)후보를 떨어뜨렸다. 서로가 의기투합한 흔적도 보이지 않는데 이 끈질긴 인연을 운명으로 받아들여야 할까 아니면 우연일까?

조씨는 경북지사와 대구에서만 세 번 국회에 보내졌다. 국회의원 조씨 민주당 대변인 조씨를 기자인 이 필자도 기억을 한다. 그는 내용을 바꾸지 않고는 단 한자의 표현도 바꿀 수 없을 정도의 완벽한 문장으로 발표하는 정당 대변인으로 이름을 올렸다. 아호 일운(逸雲)인 조씨는 무향의 모교인 주오 대학의 다섯 살 연장인 선배다. 그들이 처음 만났을 때 이런 관계를 알았다는 흔적도 없다.

무향은 본인의 희망에 따라 사찰 업무를 맡았고 도경 사찰과 부과장으로 일을 시작했다. 그리고 49년 9월에는 성주(星州) 서장으로 부임한다. 여기서 6.25를 맞는데 파죽지세로 밀고 내려오는 북한군에 맞서 싸울 준비를 하고 있는 도중 갑자기 도경찰국이 오라해서 가보니 급하게 사찰과 부과장 일을 맡긴다. 사찰과장이 도내 방위 태세 준비상황 점검을 위해 관내를 시찰하다가 교통사고로 죽어버렸다. 전에 사찰업무를 잠시 하던 무향을 그 자리에 박아 넣은 것이다. 성주는 곧 북한군에 점령되었다. 그 자리에 있었으면 목숨이 어떻게 되었을지 가늠하기 쉽지 않다. 이것도 다 운명이라고 무향은 고소(苦笑)를 했다. 대구에 있을 때 일어났던 일, 8월18일 대구에는 경북지사 명의로 된 소개명령 벽보가 나붙었다. 그 때 대구에는 서울에서 밀려 내려온 정부 사람들과 국회의원들로 북새통을 이뤘다. 역사는 이 장면에서 조병옥(趙炳玉) 내무장관이 대구 소개령을 취소시키고 대구사수를 성명하게 된다. 이 역사적 순간은 조병옥 내무장관의 판단으로만 이루어 진 것이 아니라는 것이 무향의 증언이다. 그 전날 저녁 임시수도를 부산으로 옮긴다는 국무회의 결의에 조 내무도 참석해 있었다. 소개명령 벽보가 나붙었다는 사실을 안 조준영(趙俊泳) 경찰국장이 도청 지사실에 마련된 내무장관실을 박차고 들어가 ″조 장관 유석(維石) 이게 뭐 하는 짓이오. 대구시민은 다 죽어도 작전에 지장만 없으면 그만이라 말이요″ 그는 장관 책상을 내리치면서 ″안된다면 대구의 경찰 병력 만으로라도 내가 막겠소″ 방 기자의 흥분은 극에 달했고 조재천 지사와 김갑수(金甲洙) 내무차관이 옆에서 지켜보고 있었다. 일개 경무관인 경북 도경국장이 하늘같은 상관의 책상을 내리치다니 백번 죽어도 마땅하겠지만 유석과 방 기자는 일제하에서 동지로 나라걱정을 하던 사이였던 것이다. 이 장면을 무향은 들은 얘기가 아니라 직접 목격한 장면이라 한다. 정신 나간 사람같이 멍하니 듣고만 있던 유석이 순간 벌떡 일어나더니 ″나한테 맡겨″ 하면서 어디론가 뛰쳐나갔다. 유석은 그 길로 워커장군을 설득했고 조준영 국장은 전 경찰병력을 동원하여 벽보를 뜯어냈으며 경산(慶山)가도인 수성교(壽城橋) 길목에 직접 나가 쓰리쿼터 위에서 마이크로 피난민을 향해 되돌아가라고 외쳤다. 이렇게 해서 6.25 전쟁사의 중요한 한 장면이 완성된다.

　유석은 그뒤 제4대 국회의원을 이때의 일로 대구에서 보상받는다. 그러나 조준영 경찰국장의 영웅적인 행위는 끝내 세상에 알려지지 않은 채 그는 4.19 이후 허정(許政) 과도정부에서 경북 지사를 잠간 하다가 60년12월 세상을 떠났다. 세상 일 이라는 것이 다 사필귀정으로만 가는 것이 아닌 모양이다.(대구매일 풍향 칼럼 81년 8월 19일자)
9.28 수복이 되자 무향은 곧 문경 서장 발령을 받는다. 북한군이 휩쓸고 간 뒤 자리엔 남겨진 일들이 많았다. 우선 북한군 점령 하에서 피난 간 사람과 남아 있는 사람 간의 갈등을 없애기 위해 일체의 보복행위를 금지시키고 감시했다. 북한군 점령 하에 고향에 남아 부역을 한 사람도 스스로 적극 나서 사람을 희생시키지 않은 이상 가능하면 방면하도록 애썼다. 그 후 오래토록 이 지방 국회의원이던 이동녕(李東寧)씨가 연말이면 여는 이 지방 유지들의 망년회에 빠지지 않고 꼭 무향을 초대하여 함께 교우했다(낙동강 오리알 高柄翊 증언 p27)

무향은 52년4월 영주서장으로 발령받는다. 그때부터 고민에 빠진다. 부산에서 파동이 일어나 국회가 포위되고 경찰국에서는 갓 만들어진 자유당조직을 지원하라고 전화가 오고, 이걸 묵살해 버리니까 특별 감찰대를 보내고 이래서 5월 26일에 도청에 갔는데 "이박사가 자기 말 안 듣는 국회의원을 헌병대를 시켜 버스에 싣고 갔다"는 소식을 채문식(蔡汶植:전국회의장) 공보과장으로부터 듣는다. 무향은 미련 없이 사표를 쓰고 경찰을 그만뒀다. 부산정치파동은 해방 후 나라 만들기에 몰입했던 우익 청년조직도 두 갈래로 나누어놓았다. 자유당 지지조직과 반대하는 사람들로 무향은 비 자유당파에 속한다. 스스로 경찰을 뛰쳐나온 무향은 그 때부터 떠돌이 신세가 된다. 약 2년 반 동안 그는 극심한 가난을 경험하게 된다. 대동청년단 부단장으로 기세등등하던 사람이 하루아침에 땟거리를 걱정해야 할 정도가 됐다는 것은 아직도 잘 나가고 있는 청년조직으로부터는 아무런 도움도 받지 못했다는 의미가 될 것이다. 그래도 그는 낮에는 건국공론에 나가 일을 도와주기도 했다. 그 때 대구에는 구상(具常), 정비석(鄭飛石), 마해송(馬海松)같은 작가들도 와있어 함께 어울리기도 했단다. 코오롱 이동찬 씨가 형편을 보고 장작 한 트럭을 보내준 적이 있고 국회의원 친구들이 어쩌다 쌀가마니를 보내준 적은 있으나 청년단 동지들로부터는 어떤 도움을 받았다는 그의 기록은 없다. 가장 많이 여동생의 신세를 졌는데 후에 생질 둘을 무향이 대학을 보내줘 신세를 갚았다고 한다. 그가 힘들었던 이때의 이야기를 대구매일 83년 4월20일의 몽향컬럼에 소개하고 있다.

그는 인생의 밑바닥까지 떨어져 자존심마저 버려야했던 또 한사람과 마주앉는다. 장소는 대구 중앙로 어느 다방구석, 칼럼 한구석을 떼어내 옮기면 이렇다. "반(半) 되 쌀 사먹고 살아본 경험 없지" 묻는 사람은 룸펜시절의 나 "허허, 최 선생 봉투 쌀 사 먹어본 적 없죠?" 되받아 묻는 이는 지방 군수와 도의 과장을 지내고 국회의원 출마했다가 낙선한 바람에 날개쪽지 떨어진 궁핍한 시절의 C씨, 언뜻 들으면 무슨 소린지 알아듣기 힘든 대화지만 실은 서로 인생 밑바닥의 가난을 자조하는 자리다. 그 무렵 쌀 한되 값은 3백환 한 되 살돈 마련못해 150환의 반 되씩 그날그날 마련해 산다는 신세타령에 한수 더 떠서 150환조차 구하기 어려워 종이 봉투에 넣은 쌀을 남문시장 구멍가게 잡화상들이 백 환씩 받고 있어 그걸로 연명하고 있다는 역습인 셈이다"눈물과 함께 빵을 먹어본 사람이 아니면 인생의 맛을 모른다"고 한 괴테 작품 중의 한 구절이 실감나던 시절이었다.

그 C씨란 20여년의 파란 끝에 국회의장으로 화려한 각광을 받고 있는 채문식(蔡汶植)씨 바로 그 사람이다. 근래엔 채의장과 거의 만나본 적이 없지만 화려한 정계의 요직에 오른 그의 신문지상 사진을 대할 때마다 봉투 쌀 사들고 힘없이 집으로 뚜벅 뚜벅 들어가던 시절의 그가 떠올라 나 혼자 싱긋이 웃곤 한다"

이 시절부터 무향의 시국관과 인생관에 변화가 보이는 같다. 여태까지의 무향의 청년 사회 운동은 건국운동으로 이해했는데 부산정치 파동 이후에는 청년운동이 정권운동으로 변질 됐다고 이해한 것 같다. 청년운동의 순수성이 사라진 이상 청년단체에 발을 들여놓는 것을 삼가하고 언론을 통해 정치와 맞서는 쪽으로 방향을 잡은 것으로 보인다. 극심한 가난의 시기를 넘기고 자리를 얻은 것이 대구신문 편집부국장인데 이 신문이 여당지라는 자체 판단으로 곧 그만 둬버린다. 그가 반자유당인지는 증거가 충분치 않지만 그 당을 좋아하지 않는 것만은 분명한 것 같았다. 대구신문을 그만두고 그는 대구매일의 비상근 논설위원으로 일주일에 시사해설 한편을 써 보내고 있었다. 그러다가 55년 2월에는 편집국장이, 5월에는 주필이 된다. 38세때 얘기다. 호사다마(好事多魔)라 할까. 이 기간이 9월14일에 터지는 테러사건의 잉태기였다. 언론에 복귀한 그의 논조는 권력에 대한 저항으로 채워진다. 반골(反骨) 대패 등의 별명이 붙는다. 그 유명한 대구매일 테러사건은 1955년 9월 14일의 일이다. 이 사건의 직접적인 고리는 13일자의 사설 '학도를 도구로 이용하지 말라'였지만 사건의 발전은 좀 더 복잡하다.

이 사건으로 사설의 집필자인 최석채씨는 구속되고 그는 일약 전국적인 주목을 받는 언론인으로 등장한다. 언론의 입장에서 보면 언론자유의 문제이지만 정권의 입장에서는 비판적인 신문 길들이기다. 쉽게 이해되지 않는 것은 이 사건이 우리의 상식을 벗어나 보이는 데가 많다는 것이다. 그 때의 시대 상황이 지금의 것과 차이가 있겠지만 어린 학생을 쉽게 행사에 동원하지 말라는 충고가 어떻게 국가 보안법에 위반 되느냐. 그리고 무향이 자기를 보안법으로 기소한 검찰에 대해 지극히 우호적이라는 점. 그리고 판결결과가 뻔히 보이는 데도 검찰이 대법원까지 가지고 간 것 등은 어떤 의도를 대입시키지 않고는 설명이 쉽지 않다는 것이다. 사설은 지극히 온건한 표현과 합리적인 논리로 구성되어있다. 여기 한번 옮겨본다.

(1)

요즘에 와서 중. 고등학생들의 가두 행렬이 매일의 다반사처럼 되어있다. 방학동안의 훈련을 겸한 모종(某種) 행렬만이 아니라 최근 대구시내의 예로서는 현관(顯官)의 출영에 까지 학생들을 이용하고 도열(堵列)을 지어 3~4시간동안이나 귀중한 공부시간을 허비시키고 잔서(殘暑)의 폭양(暴陽) 밑에 서게 한 것을 목격하였다. 그 현관이 대구시민과 무슨 큰 인연이 있고 또 거시(擧市)적으로 환영하여야할 대단한 국가적 공적이 있는지 모르겠으나 수천수만 남녀 학도들이 면학(勉學)을 집어 치워 버리고 한사람 앞에 10환씩 돈을 내어 '수기(手旗)를 사가지고 길바닥에 늘어서야 할 아무런 이유를 발견 못한다. 또 학생들은 그러한 하등의 의무도 없는 것이다. 특히 우리가 괴이하게 생각할 수밖에 없는 것은 그것이 학교 당사자들의 회의에서 이루어진 것이 아니고 관청의 지시에 의하여 갑자기 행해졌다는 것을 들을 때 고급 행정관리들의 상부 교제를 위한 도구로 학생들을 이용했다고 볼 수밖에 없는 것이 아닌가? 입을 벌리면 학생들의 '질'을 개탄(慨嘆)하고 학도들의 풍기를 운위하는 지도층이 도리어 학생들을 이용하고 마치 자기네 집안의 종 부려먹듯이 공부시간도 고려에 넣지 않는 것을 볼 때 상부의 무궤도(無軌道)한 탈선과 그 부당한 지시에 유유낙낙하게 순종하는 무기력한 학교 당국자에 대해 우리들 학부형 입장으로 분개 하지 않을 수 없다는 것이다. 국무위원급 이상의 현관이 내왕할 때에 경찰당국이 '경호규정'에 의해서 연도 경계를 하는 것은 당연한 의무라고 보아 어마어마한 출동에도 우리들은 아무 탓도 하지 않으리다. 또 행정고위층이 출영하는 것쯤도 의례히 해야 할 의례라고 인정할 수도 있다. 그러나 지나친 출영 소동은 도리어 그 현관을 욕되게 하는 것이고 이번처럼 학생들을 동원하고 악대까지 끌어낸다는 것은 무슨 영문인지는 알 바 없으나 불유쾌하기 짝이 없는 노릇이다. 그로인하여 고위 현관의 비위를 맞추고 환심을 산다고 하더라도 국민들로부터 받는 비난과 비교하면 문제가 안 되는 것이다.

②

이 기회에 학생들의 동원문제에 대해서 우리들의 관심을 솔직히 토로한다면 근자의 경향은 "너무 심하다"는 일언에 그친다. 국경일 같은 행사에 학생들을 참가 시키는 정도는 있을 수 있는 일이요 학도라 할지라도 시민에는 틀림없으니 같이 나라의 축하일을 기념하고 그날의 의의를 다시 한 번 상기시켜 산교육을 하는 것은 옳은 일이다. 그러나 국경일도 아닌 다른 행사에 교육을 위한 아무런 환경의 고려도 없이 어떤 시위의 목적이나 대회의 인원을 채우기 위해서 지령 한 장으로 손쉽게 동원 하는 예를 많이 보았다. 혹자는 말하리라, "외국에서도 국난을 당하면 학생들이 궐기하고 있지 않느냐"고, 그렇다, 그러나 외국의 민족운동이나 국민운동에 참가한 학생들이 대게 정열에 불타는 대학생이라는 말은 들어도 철부지한 중고등학생들이 그 중심부대가 되었다는 소식을 일찍이 듣지 못하였다. 어떤 시위나 대회라도 그 시위하고 호소하는 목적이 무엇인지 철저히 인식하고 심중에서 우러나는 공명(共鳴)의 자의식이 발동 되어야만 그 표현에도 나타나고 시위의 효과를 거둘 수도 있고 대회의 성과를 낼 수 있는 것이지 아직 15,6세 정도의 미숙한 학생들에게 어찌 그런 자각을 기대할 수 있고 무슨 효과를 바랄 수 있단 말인가. 대외적 시위라면 외국인이 볼 때 한 국민의 조숙에 놀라기보다 관제동원을 먼저 깨닫게 할 것이고 국내적 궐기라면 대회의 효과에 앞서서 학부형들의 반감이 먼저 그 대회를 욕할 것이다. 문교 행정이 도지사의 산하에 있는 것을 기화로 도 당국이 괄씨 못할 각종 단체행사에 만성적으로 이러한 학생동원의 폐풍이 만연한다면 이것은 근본적으로 재검토 하여야할 문제라고 본다. 중고등학생의 동원은 그 학도들의 교육을 위한 행사 """ 즉 옵서버 격으로 참여하여 그 대회나 행사의 의의를 실습할 수 있는 동원에 한하여 참가토록하고 그 외는 일절 동원 못하게 할 것을 요구 하는 것이다. 끝으로 학교 당국자가 인습적인 '상부지시순종'의 태도를 버리고 부당한 명령이 있을 때는 결속해서 도 당국이나 교육구청에 그 잘못을 건의 할 수 있는 박력과 학도애의 성의를 보여 줄 것을 부탁 하고자 하는 것이다.

이 사설의 첫 머리에 나오는 '현관의 출영에 까지'는 임병직(林炳

稷) 주미대사를 말한다. 이 사설이 쓰이게 된 동기와 상관없이 사설이 문제가 된 데는 그해 8월 9일에 있었던 중동교 붕괴 사건에 대한 대구매일의 보도와 무관하지 않아 보인다. 이 사건의 취재 중심에 있던 대구매일의 권석진(權石珍)기자와 오판룡(嗚判龍)씨의 증언은 이렇다.(추모문집 낙동강 오리알 P39 p183) 1955년 8월 9일 중동교가 붕괴되어 다리 밑에서 더위를 피하던 노인 다섯 명이 깔려죽고 10여명이 다쳤다. 사건 보도에 이어 시공자의 책임을 묻는 기자의 물음에 경찰국장(이순구)은 "대구시에는 책임이 없다. 다리 밑에 들어간 사람의 잘못이다"라고 답한다. 최석채 편집국장은 이 말을 대대적으로 보도하고 "죽은 x 이 나쁘다"는 식의 제목을 달자 화가 치민 경찰국장이 권 기자를 문서 창고에 8시간이나 감금한 일이 벌어진다. 신문사는 이 사건에 대한 경찰국장의 공식사과를 강력히 요구하게 되고 이튿날 경무과장이 국장을 대신하여 신문사를 찾는다. 무향은 나 개인의 문제가 아니니 이 국장이 직접 와 사과할 것을 요구한다. 결국 이 국장은 오지 않았고 신문은 사회면 머리기사로 기자 불법감금을 '경북 경찰국 폭군화' 라는 제목으로 보도하기에 이른다. 보도는 한차례로 끝나지 않고 여러 차례 이어진다.

다음은 권기자의 이어진 증언. "이 경찰국장은 나를 보자마자 '최석채는 빨갱이다. 영주 경찰서장 때부터 부역자를 모두 풀어 줬고 이제 와서는 반정부주의자야'…" 그렇지 않아도 연일 기사로 가십으로 사설로 경찰은 물론 이승만정부에 대해 신명나게 두들겨대고 있던 매일(每日)은 이국장과의 대결에 열을 올리기 시작했다. 평소의 논조에 적개심을 불태우고 있던 경찰은 이 사건을 계기로 견디지 못했던

지 '테러'를 모의하기 시작했고 결국 일을 저지르고 말았다. 사전에 '테러단 내습' 을 귀띔했으나 최 주필은 미동도 하지 않았다. '백주 테러' 란 폭풍우가 스쳐간 이튿날부터 사복형사들은 전 사원들을 미행하기 시작했고 가택수색은 장독대까지 뒤지는 것이었다'

"'모든 책임은 내가 진다. 권군은 잠시 피신하라' 최 주필의 지시에 따라 나는 서울 명동성당에서 최 주필이 옥고에서 풀려날 때까지 '안전지대'에 머물러있었다".

9월13일의 사설은 경찰 행동의 구실이 됐다. 그 다음날 14일의 적성감시위원축출 경북연합본부의 통고문, 같은 날 4시18분의 대구매일에 대한 테러, 17일의 최석채씨에 대한 구속 등 일련의 사태가 급전직하로 이어진다.

'적성감위축출본부'가 삭제를 요구한 부분은 사설의 ⑵에 해당되는 부분으로 얼마 전에 있었던 체코 폴란드 등 적성 휴전감시위원단 축출 데모가 동원됐다는 뜻이 아니냐는 것이고 사설 모두의 '방학동안의 훈련을 겸한 모종행렬'이라는 표현도 같은 뜻이다 라는 것이다. 그리고 이 데모가 성스러운 것인데 이를 반대한다 거나 모독하는 언론을 한다면 국가의 대본을 문란케 하며 변란을 목적으로 하는 역선전의 재료가 된다는 것이다. 그리고 17일에 '감위축출연합회가 학생의 반대에도 이번 소동에 학생을 강제동원 함으로써 남조선당국이 휴전협정을 파괴하려 하고 있다'는 평양 방송이 있었다는 것이 국가보안법을 위반 했다는 것이다. 그리고 최 주필을 허탈하게 한 것은 20명의 테러단을 이끌고 신문사에 난입한 김민(金民)이라는 국민회의도본부 총무부 차장은 넉달 전까지 최 주필이 국민회관 의장단의 한 사람이라는 것을 잘 알면서 그리고 신문사에 대한 통고문에 항의하기 위해 국민회관에 갔을 때 '최 선생과의 개인적인 정리를 봐서라도 뭐라 하겠습니까. 각 단체의 결의 때문이니 그리 알고 한번 살펴 보겠습니다' 해놓고 테러에 앞장을 서서 쳐들어 왔으니 안면몰수도 이정도면 심하다는 것이다. 테러에 앞장섰던 자유당 경북도당 감찰부장 홍영섭(洪永燮)과도 잘 아는 처지로 애련(愛國團體聯合會)의 이들 간부들이랑 반공 운동을 함께한 사이였다. 최 주필이 구속되던 날 대구시내는 " 최석채의 이적사실은 가공 광대한 것으로 누구를 막론하고 비호하거나 협조적인 언사 동정적인 기사 위문 등이 있으면 같은 계열의 이적행위자로 간주하여 특별조치가 있을 것을 경고한다"는 애국단체연합회의 경고문 삐라가 뿌려 졌다. 이런 살벌한 분위기 속에서 무향은 이윽고 대구지검의 한옥신(韓沃申) 부장검사와 마주하게 된다. 9월 26일 검찰의 구류심문에서 경찰에서 넘어온 죄상이 애련의 말대로 '가공 광대'하였다. 국가보안법 말고도 별건 죄상만도 열한 건이나 됐다. 그날 저녁부터 무향은 101호라는 딱지가 붙은 독방에서 오히려 '마음편한' 20일간의 감방생활이 시작됐다. 검찰조사는 친절했고 "억지로 죄인을 만들려 하지 않고 전부를 파악하려는 태도였다. 방대한 기록을 작성하면서도 피의자인 나의 증인신청을 거의 다 받아 주었고, 물적 증거도 나의 요구대로 조회를 해주었다"(최석채 저 반골언론인 최석채 p397)

검찰조사를 끝내면서 별건 중 한 가지가 걸리는 것이 있었다. 영주서장 때 경찰관 하나가 남의 집에 들어가면서 별것 아닌 물건 하나를 가져나온 것이 있었다. 최 서장이 이걸 알고 그 경찰을 곤봉으로

때리고 유치장에 집어넣은 일이 있었는데 이게 폭행에 불법 감금이라는 것이다. 한부장이 화장실에 잠간 간 사이 배석검사가 귀뜸해주면서 "이거 시효가 지난 겁니다"라고 일러줬다. 화장실에서 나온 한부장이 "최 선생 딱 한 가지 걸렸네요"하고 조금 전의 별건을 끄집어낸다. 무향이 "그 문제 시효가 지났을 텐데요?"하고 배석검사가 얘기해 준대로 말했더니 "어디보자" 하고 조회하더니 "아 그렇군요"하고 넘어갔다. 이렇게 해서 무향의 별건은 모두 불기소로 처리되고 오직 국가보안법 한가지로만 불구속 기소됐다. 10월 14일 기소와 함께 무향은 30일간의 구속에서 풀려났다.

언론인은 그 직업의 성격상 남 칭찬을 잘 못한다. 그런데 무향은 자기를 기소한 한 검사에 대한 전도(顚倒)는 좀 별나다. 생면부지(生面不知)로 검사와 피의자로 만나 서로 존경의 수준으로 발전한다는 것은 좀 기이하다. 무향은 한검사의 직업 윤리관에 매료된다. 검사는 가능하면 죄를 만드는 쪽이라는 평소의 인식이 한 검사에게서 깨어지고 나름대로의 사회정의를 세우려는 모습을 감명 깊게 본 것이다. 몽향은 그 뒤 그의 글에서 여러차례 한검사 얘기를 언급한다. 그리고 '이 사건에서 대구매일이 이길 수 있었던 원동력은 한검사가 형사 피의자인 몽향이 제시한 반증자료를 귀찮아 하지 않고 일일이 조사해 주었기 때문'이라고 믿고 있다. 무향은 81년 6월3일자의 몽향칼럼에서 '한검사의 회억(回憶)'이라는 제목으로 한검사와의 관계를 되돌아보는 글을 남긴다. 무향과 한검사는 그 뒤 호형호제하는 사이가 됐고, 4.19직후 한검사가 엉뚱한 일로 어려움에 몰렸을 때 이번에는 무향이 그를 구출하는데 힘을 보태게 된다. 이 6월 3일은 한검사가 세상을 떠 명토에 묻힌 날이다. 무향은 이 칼럼 말미에 '그러고 보니 4반세기전 대매사건(그는 구속되어 재판을 받은 최석채 사건이라고는 하지 않는다) 때의 제1심 재판장 김용규(金龍圭) 판사, 2심 재판장 홍남균(洪南均) 판사, 최고재판장이던 김병로(金炳魯) 대법원장, 무료변론에 나섰던 김훈채(金訓采), 서울에서 일부러 내려온 조재천(曺在千), 임문석(林文碩), 손동욱(孫東頊) 변호사도 모두 유명을 달리하고 오직 피고였던 나만 남았구려…"라고 썼다. 무향의 국가보안법 위반 사건의 재판은 1956년5월8일 대법원의 선고를 마지막으로 모두 '무죄'로 끝이 났다. 충분히 예측 가능했던 결과인데도 이 사건은 언론자유에 대한 사법적 판단으로서는 처음으로 대법원까지 간 사건이 됐다. 이 사건의 1심 재판을 보면 검사와 변호인의 심문과 반대심문은 거의 없고 판사와 피고인 사이에 심문과 답변이라는 형식으로 긴 토론이 전개된다. 그 내용이 공개되어 성균관대에서 펴낸 '반골언론인 최석채' 라는 이름의 책 p399~p420에 수록되어 있다

이 사건은 한국 언론사에 있어 빛나는 자유언론 투쟁사로 기록되어 있지만 이렇게 평가가 되기까지는 권력과 타협하지 않고 끝까지 투쟁한 당시 대구매일의 사장 임화길(林和吉) 신부의 신념과 전 언론의 관심 그리고 성원 자진해서 무료변론에 나서준 변호인 등의 지원이 없었다면 끝까지 버티어내기 어려웠을 것이라고 무향은 회고한다. 그래서 무향은 이 사건을 자기사건이 아니라 굳이 대구매일사건이라 이름 붙인다. '백주의 테러는 테러가 아니다'라는 경찰의 유명한 자학적 어록을 남긴 이 사건은 자유당 정권에서 대구를 야당도시로 자리매김하고 대구매일신문을 겨우 4000부 발행에 영남일보 대구일보

에 이은 3위 신문에서 일약 20000 독자의 일등신문으로 키워놓는다. 무향은 그 후의 여러 글에서 승리한 사건이라 썼지만 그렇게 말하기에는 좀더 다른 설명이 필요하다. 왜냐하면 무향은 59년9월 사장 김영호 신부와 함께 신문사를 그만두고 신문도 평신도에 넘기게 되는데 이런 일련의 사태가 당국의 끈질긴 공작과 압력 때문이라고 알려져 있기 때문이다. 두 번째 실업자가 된 무향은 부산정치파동에 항의하며 자리를 던진 영주 경찰서장 때처럼 외롭지는 않았다. 그의 사표가 알려지자 조선일보의 홍종인(洪鍾仁) 회장겸 주필과 한국일보의 오종식(嗚宗植) 주필로부터 전화를 받는다. 머리도 식힐 겸 서울에 한번 다녀가라고.

그러고 싶었지만 그에게는 당장 서울로 갈 차비도 없었다(嗚効鎭의 정상을 가는 사람들 P268) 한 20일쯤 뒤 10월에 퇴직금으로 받은 30만환 중 15만환을 생활금으로 집에 떼어주고 나머지를 가지고 서울로 올라왔다. 처음 인사차 들른 곳이 조선일보의 홍 주필실인데 홍 주필은 수인사도 생략한 채 "방 대표(方一榮)한테 허가를 받아 놨으니 두 말 말고 내일부터 여기 내방으로 와" 정권이 싫어하는 최석채를 논설위원실에 들여 놓았다가는 또 어떤 사달이 날지 몰라 홍 주필이 당분간 자기 방에 두기로 작정을 한 것이다. 무향은 자기에 대한 조선일보의 배려를 눈물겹도록 고마워 기회 있을 때마다 홍 주필의 보살핌과 함께 말하곤 했다. 이렇게 해서 최석채의 인생 제3막이 시작된다. 제1막은 일본에서의 성장기이고 제2막은 독립운동에 눈을 뜨지 못했던 것을 자책하면서 나라 만들기에 정력을 쏟았던 대구의 매일신문시대를 말한다면 대 논객 최석채의 조선일보시대가 제3막인 것이다.

그리고 이때가 언론인 최석채의 전성시대라고 말할 수 있겠다. 잉어가 큰 강물을 만난 것이다.

전학온 시골학생에게 서울깍쟁이들이 서러움을 좀 준 것같다. 그래도 대구라는 나라에서 세 번째로 큰 시골도시의 제일 큰 신문의 편집국장과 주필을 지낸 사람인데 서울에 오니까 "꼬바리(꼴지의 대구사투리) 논설위원으로 텃세가 얼마나 심했던지… 내가 남보다 얼마나 더 노력했는지 남들은 잘 모를거야" "나한테 배당되는 사설은 소속이 없거나 어정쩡한 것만 와요 '최 선생 이 문제 한번 쓰시죠' 하는 것이 청계천 복개라든가 칠궁 철거 같은거 아니면 지네끼리 실컷 얘기하다가 마감시간에 쫓기게 된 것이 내 차지가 되는 거지. 그 바쁜 판에 택시타고 발로 취재해서 쓴 사설도 많아. 나중에는 사설 재료가 될 만한 것 미리 짐작해 책을 봐가며 써놨다가 마땅한 사설거리가 없는 날 불쑥 내놓기도 하고, 시간만 나면 충무로 헌책방에 가서 책도 많이 읽었어. 내가 사투리를 쉽게 고치지 못해 논설위원실이 웃음바다가 되는 일도 여러 번이야" 무향의 서울 적응기는 이것 말고도 얼마든지 있다.

무향의 감추어진 실력이 얼마나 오래 썩겠나.

때가 1960년으로 들어가면서 정치가 요동치기 시작했고 무향이 나설 차례가 다가 온 것이다. 3월1일 겨우 정식 논설위원으로 발령받은 무향은 17일 만에 또 한 번 큰 사고를 치고 만다. '호국 국민운동 외의 다른 방도는 없다'라는 제목의 선동성 사설을 쓴 것이다. 3.15 정.부통령선거가 총체적 부정선거였다고 야당인 민주당이 선거 무효를 선언했다. 선거운동 도중에서부터 말썽이 많았는데 급기야 2월28

일 대구에서 학생 데모가 시작되어 3월15일에는 마산으로 크게 번졌다. 이 사태를 두고 신문이 가만히 있을 수는 없다. 사태의 번짐이 데모하는 학생을 나무랄 형편이 아니다. 그렇다면 정치에 일침을 놓아야 하는데 신경이 날카로운 집권당이 가만히 있지 않을 것이다. 여기까지 머리를 굴리는 데는 그리 어려움이 없다. 문제는 이 위험한 작업을 누가 맡을 것이냐이다. 짧은 침묵이 흐르고 난 다음 무향이 불쑥 나섰다. "맡겨주신다면 내가 쓰겠소" 그렇게 해서 나온 사설은 논설위원들의 기대를 훨씬 초월하는 것이었다. 한마디로 선거를 부정하게 치른 자유당을 범죄 집단시한 것이다.

무향은 말한다. "내가 경찰에서 수사를 해봐서 수사경찰이 글의 어디를 약점으로 보는지 안다. 글을 세게 써도 꼬투리를 잡히지 않게 쓸 자신이 있다. 그러나 이 사설만은 처음부터 잡혀갈 것을 각오하고 쓴 것이다." 무향은 글이 혹시 수정될까봐 마감시간 3분전에 유봉영(劉鳳榮) 주필 책상 위에 던져놓고 행방불명이 되어버렸다. 필자가 붙인 이 사설의 제목은 '호헌구국운동에 총궐기하자'였다.

고민은 유 주필한테 옮겨졌다. 시국이 하수상한데 이거 잘못하면 신문사 목줄까지 위태로워지는 건 아닐가? 시간도 없고 한두 자 고친다고 해결될 문제도 아니다. 휴대전화도 없던 시절이라 무향을 찾을 방도도 없다. 거짓말 약간 보태서 5년 감수할 고민 끝에 "에라 모르겠다" 유 주필은 제목만 ……에 총궐기하자'를 …… 이외의 다른 방도는 없다'로 약간 연화시켜 문선에 내 보냈다. 이렇게 해서 문제의 사설은 탄생하게 된다. 문제의 사설은 60년 3월 17일자 조선일보에 실려 신문사 보급망을 타고 전국에 퍼졌다. 이 사설이 4.19정권교체 데모의 도화선의 하나가 됐다고 평가하는 사람도 있다. 그때 자유당정권이 무너지지만 않았어도 최석채씨는 잡혀가 요절이 났을 거라고 보는 데는 이견이 없다. 이 사설이 언론인 최석채가 2000년 5월3일 국제 언론인협회(IPI)로부터 세계 50인의 언론자유 영웅의 한사람으로 뽑히는데 결정적 역할을 한 것이 틀림없다. 사설은 이렇게 시작한다. "허울 좋은 한 표의 주권에 얽매여 그지없는 불안과 공포 속에 전율하던 3.15 정.부통령선거도 이제 모든 부정불법을 막후에 감춘채 국회 당선 선포라는 절차만 남기고 과거라는 피안으로 흘러가려한다…. 국민은 자문 자답해 본다. 과연 이것이 선거인가?고. 민주주의의 골격이 될 선거라는 제도가 이렇게도 처절하고 황량하다면 이 제도를 위해 뿌린 동서고금의 선각자들의 혈의 분투와 노고가 너무도 가엾지 않은가? '전우의 시체를 넘고넘어… 눈물과 함께 부르며 낙동강을 건너 북으로 용진하던 6.25당시의 우리 젊은 용사의 모습이 불현 듯 머리를 스쳐간다. 지금은 어느 산비탈의 이름 없는 무덤에서 무주고혼(無主孤魂)이 되었을 지도 모르는 그들 영령이 아까운 몸을 바쳐 수호했던 민주주의 대한민국의 선거가 이렇게까지 무참하게 나타날 것을 알았다면 지하에서 곡성이 추추할 것이며, 영겁의 유적(幽籍)도 요동될 것 같다"라고 독자의 마음을 들뜨게 하고"이제는 무슨 선거를 해도 집권당의 자유자재로 된다는 것을 알았다. 야당에게 하나도 주고 싶지 않으면 주지 않을 수도 있다는 것을 알았다. 우리는 이 땅에 야당이라는 것이 있을 수 없음을 알았다. …조표(造票)의 노예로 화한 우리 '주권자'는 묵묵히 공개투표의 대열에 끼일 뿐 항거하거나 반대하기도 어려웠다는 교훈을 이번에 잘 알았다. 민주제단에 피를 뿌린 원통한 생명들이 그것을 가르쳐주지 않았는가"라고 집권당인 자유당을 마치 범죄 집단인 것처럼 나무랐다. 그리고는 야당인 민주당 더러는 "민주당에서는 원내투쟁과 법정투쟁을 감행한다고 했다. 원내투쟁이라고 하지만 2.4(개헌)파동 때를 회상해보라. 법정투쟁이라고 하지만 이 소송을 심리하는 자가 누구일까, 어림도 없는 소리일 것 같다"고 전제하고 "과거의 투쟁방식과는 달리 애절하고 비통하며 듣고 보는 이가 모두 숙연히 옷깃을 여미고 그러고도 방성대곡(放聲大哭)할 수 있는 저항방식을 모색하지 않는다면 민주 패잔병의 발악이 되기 쉽다. 민주당은 정당운동이라는 테두리를 박차고 나서라"고 선동했다 "그러고는 "일대 국민운동을 전개 하는 수밖에 없다. 사는 길은 오직 호헌구국의 대의를 내걸고 전체 국민과 더불어 투쟁하는 국민운동의 전개 이외에 다른 방법이 없는 것을 자각한다"라고 선언한다.

그 후의 사태 발전은 무향이 바라던 대로 진행됐다. 지루한 원내투쟁이 아니라 '전체국민과 더불어 거리의 국민운동'으로 정권이 무너졌다.

그렇고 그 후 어찌 보면 무향답지 않는 일에 발을 담근다. 7,29 총선거에 대구 갑구에서 그것도 생소한 사회대중당 이름으로 출마를 한다. 상대는 민주당의 서동진(徐東辰)씨. 세상일 알 수 없는 것은 병구에 무향과 절친인 양호민(梁好民) 서울대교수가 대구매일사건 때 무향의 변호인이 되어줬던 그의 롤 모델 조재천(曺在千)씨와 맞붙었다는 사실이다. 물론 이 둘은 보기 좋게 모두 떨어졌다. 그리고 무향은 세 번째 실직자가 된다. 무향의 인생에 경찰경력과 함께 어색한 기록으로 남을 선거 출마에 대한 본인의 변은 이렇다.

"경찰은 뽑혀서 건국 운동이라 생각하고 간 것이고 출마는 서상일(徐相日)씨가 자꾸 권하고 신문사 월급 가지고는 대구에 있는 가족과 서울의 생활이 안 되니'그걸 '명분삼아 언론에서 발을 씻으려고'(오효진 기자와의 대담에서) 시작해 본건데 한 일주일 쯤 해보니까 안 되겠다는 것을 알겠더라"고, 무향보다는 양 교수의 변명은 조금은 더 논리적이다. "민주당의 독판을 견제하려면 건전한 야당을 만들어야 하며 자유당이 없어진 마당에 야당은 혁신정당으로 키워 나라의 정당구조를 보혁(保革)으로 가져가야 한다고 생각했다(낙동강오리알 p168)"는 것이다.

민주당의 사태(沙汰) 속에 생전 들도 보도 못하던 이름의 정당을 만들어 민주당을 이겨보겠다고 나선 그 용기부터가 순진하기 이를 데 없다. 무향은 선거의 현장경험이 그 뒤 언론인으로서 글을 쓰는데 크게 도움이 됐다고 회고한다. 경찰에 근무할 때 받은 화랑무공훈장(花郎武功勳章)이 언론인 최석채가 권력과의 싸움에서 최소한 반공법이나 국가보안법으로부터는 자유로울 수가 있었다는 것과 함께, 그러고 보면 인간사 새옹지마(塞翁之馬)라는 것인가. 선거에 지고 무향은 양 교수와 만나 '선거에는 절대 나서지 말라'고 자손에게 유언하기로 약속을 했단다.

무향의 해방 후 활동이 반탁 건국운동으로부터 시작한 탓인지 무향은 사회대중당 이전에 젊은 시절 이미 한독당 당원인 적이 있었다. 48년 당시 대동청년단의 경북정치위원장이었기 때문에 4월8일 한독당을 그만두게 된다(대매사건공판기록). 그러나 한독당과의 인연은 그 뒤에도 계속되었다. 80년대 그는 백범기념사업회의 수석 부회장을 맡고 있었다. 박영준(朴英俊)씨 후임으로 회장을 맡아달라고 상임위원회가 교섭에 나섰는데 그는 삼고(三顧)의 권유에도 기어이 물리쳤다. 그의 명분은 이랬다 "독립운동가가 살아 계시는 동안 그 자리는 그분들이 하셔야 합니다" 한번은 독립유공자 심사위원을 위촉 받았던 적이 있었다. 무향은 즉일로 사임장을 내고 "본인은 독립운동에 참여하지 못한 것도 부끄러운데 그분들을 심사할 자격은 더군다나 없다"고 이유를 밝혔다.(안윤기 백범기념사업회이사 증언)

  이 점이 바로 무향다운 대목이다. 무향의 세 번째 낭인생활은 한 달로 끝이 난다. 60년 9월1일 천주교가 운영하는 경향신문이 그를 편집국장으로 데리고 간 것이다. 천주교에서는 그에게 기회를 마련해 준 것이겠지만 무향은 거길 오래 머물지 못했다. 장면(張勉)씨가 총리가 되니 경향신문이 어느덧 여당지가 되어 있었다. "이건 아니다"싶었는데 연말에 하루는 밤에 사장이 국장과 상의 없이 기사하나를 빼 버렸다. 이튿날 무향은 미련 없이 사표를 던지고 나와 버렸다. 기자인지 지사(志士)인지 분간이 잘 가지 않은 시대가 있었다. 네 번째 실업자다. 실직을 해도 옛날처럼 그렇게 초조하고 그러지는 않았다. 뭐 어떻게 되겠지. 그는 조선일보의 방일영 대표를 찾았다. '꼬바리' 논설위원 자리라도 하나 얻으려고. "나 경향신문 그만 뒀습니다'라고 했더니 자초지종을 묻지도 않고 '잘 됐소 우리 신문 편집국장 좀 맡아 주시오' 하지 않겠어? 세상에 굶어 죽으라는 법은 없는 모양이다"싶어 61년 1월31일지로 발령을 받는다. 그때가 나이 마흔 셋, 불혹(不惑)이다. 이제부터는 흔들리지 말고 언론에 뼈를 묻겠다고 다짐을 한다.

4.19에서 이어진 온 나라의 거리는 통제받지 않는 자유로 넘쳐 있었다. 정부도 신문도 어떻게 할 수가 없었다. 지치면 나아지겠지 기다리는 수밖에 없었다. 정말 어느 날 거리의 자유는 사라졌다. 5월16일 군인들이 총을 가지고 들어왔다. 신문은 여태까지 한 번도 경험하지 못한 세상과 마주하게 된다. 앞으로 어떻게 되어갈 것인가를 걱정하는 사람보다 우선 거리와 사상의 무질서가 사라진 것을 반기는 분위기도 있었다. 비상계엄이 선포되고 신문은 검열을 받았다. 비상시국이다. 편집국장 최석채는 매일 밤 편집국을 지키고 있었다. 18일 자정이 가까와지자 편집국장석으로 전화 한통화가 걸려왔다. "예 예 글쎄요 그럴 수는 없습니다" 한참 실랑이 끝에 수화기를 내려놓는 최석채 국장의 표정이 심각해 보였다. 오래 기다리지 않아 전투복을 입은 두 사람의 군인이 들이닥쳤다. 모자위에 누런 머리띠를 한 것을 보니 혁명군이다. 소령 한사람 중위 한사람이다. 소령이 말을 꺼낸다. "아까 전화를 했던 사람입니다. 전화로는 얘기가 안돼서 이렇게 찾아왔습니다. 못하시겠다는 겁니까?" "흥분하지 말고 앉아서 얘기합시다. 여기 앉으세요" 의자를 권했지만 그들은 들은 척도 안했다 "못하시겠다면 그 이유가 뭡니까?" "아까 전화로 누누이 얘기한대로 이 중대한 시국에 관한 방송 문제를 구멍가게서 물건 사듯이 할 수가 있겠소 그러니 생각할 시간을 좀 주시오" "언론계 중진이신 H씨도 군사 혁명 지지방송을 하셨고 어제는 K씨도 하셨습니다 내일은 최 국장님 차렙니다. 어떻게 하시겠다고 보고를 할까요?" "당장에는 못합니다. 생각할 시간이 필요합니다" "그럼 지지할 수도 있다는 말씀입니까?" "분명히 말씀드리지요. 혁명에는 공명을 합니다. 그러나 아직은 지지는 못합니

다" "알겠습니다. 그렇게 보고 하지요" 그 순간 권총을 빼어들려는 중위를 소령이 말리고 이들은 편집국을 나갔다. 최 국장은 끝내 방송에 나가지 않았고 혁명에 협조하지 않은 사람으로 분류된 것 같다.(당시 편집국 당직자로 현장 목격자 김천수 기자)

음지와 양지를 밥 먹듯이 오고가고 한 무향이 양지생활 10개월 만에 다시 음지로 들어간다. 그해 10월에 논설위원으로 자리를 옮긴다. 그것도 두 번째 유령 논설위원으로. 이때의 사정을 무향은 오효진 기자에게 이렇게 말하고 있다. "좌우간 대세가 어떻게 돌아가는지도 모르고 내가 뻐겼던 모양이라. 내가 그 사람들 눈에 가시가 됐는데 들리는 말로는 근거가 어디 있는지 몰라도 징역 15년감 이래. 회사도 견디지 못했던 거 같아. 그들 눈에 띄면 안 되니까 밖에서 볼 수 있는 일체의 문서에는 최석채 이름이 없는 거야. 유령이지."

유령생활 5개월 만에 62년 봄에 정치 정화법에도 묶였다. 7.29 선거에 출마한 것 때문이다. "법적으로는 묶여있는 동안은 공직선거에 나서지 못한다는 것뿐이지만 어디 세상이 그래? 준금치산자가 된 거나 마찬가지야"

유령생활은 64년 3월 정치정화법에서 풀릴 때까지 2년여 계속 되었다. 두 번째 겪는 유령생활이지만 좀 덜 외로웠던 것은 또 한사람의 동무가 있었다. 선우휘(鮮于煇). 그는 5.16 새벽 당일 지금의 서부이촌동에 있는 육군관사에서 글을 쓰다가 총소리를 듣고 한달음으로 삼각지의 육군 본부에 뛰어가 하필이면 장도영 육참총장을 만나고 나오는 박정희소장 일행에게 지금 한강에서 총소리가 나고 야단인데 여기서 왜 우물거리고 있느냐고 고함을 치다가 그들이 바로 혁명군임을 잠시 뒤 알고 도망가 숨어 있었다는 소문이다. 유령생활이 길어지면서 혁명정부 쪽의 정보에 걸리지 않을 리가 없다. 그래도 그 상태로 2년을 넘게 갔다. 이때 편집국에서 얻은 무향의 별명은 최돌이다. 돌처럼 하도 딱딱해서 바늘하나 꽂을 데가 없다는 뜻이란다. 나중에 논설위원실에서 얻은 별명은 최 투령(鬪領)이다. 반골에다가 권력과의 싸움을 전문으로 하는 두목이라는 뜻이란다. 무향은 유령상태에서 또 한 번 권력을 향해 펀치를 날린다.

63년 3월16일자에 실린 조선일보 사설 '일부 군인들의 탈선 행동에 경고한다'이다.

수십 명의 군인들이 최고회의 마당에 모여 박정희의장이 민정에 참여하거나 군정을 연장하라는 데모를 했는데 이를 비판한 사설이다. 그 군인들을 꾸짖는데 동원된 낱말이나 문장에 조심스러움이 없어 그냥 송곳이다.

"동기나 이유를 따질 겨를도 없이 명색 민주공화국에서 이런 일이 과연 있을 수 있을 것인가?… 군인된 본령을 망각한 이들의 사고기저가 국가의 화근이니 국민된 자 추호의 동정이 있을 수 없다… 정치에 눈이 떴거든 군복을 벗고 나서라 왜 비겁하게도 군복을 걸치고 무기를 지닌 특권을 향유한 채 군율을 어기고 군법을 짓밟고 국민의 이름을 함부로 남용 하는가 …우리는 정녕코 이런 소아병적 혈기야말로 국가를 백척간두의 위기로 몰아놓는 반민주적 군국주의의 남상(濫觴)임을 개탄하면서 군법의 추상같은 발동을 전 국민의 이름으로 강력히 요구한다. 만에 일이라도 이런 사태에 같은 군대의 부하라 하여 조금이나 온정이 가해진다면 일파만파로 연쇄반응은 그칠 줄을 모를 것을 우리는 심우(深憂)한다"

조선일보는 이 사설을 관례를 깨고 1면 제호 밑에 실었다. 때가 군인들 전성시대 아닌가. 무향이 글 때문에 특히 수난이 많은 것은 그의 성격 탓이겠지만 "어려운 사설 문제가 나오면 주필은 대개 다른 위원에게 위탁하는 법인데 최 선생은 어려운 사설일수록 본인이 직접 쓰곤 했다. 어려운 사설이란 문제가 생기면 형무소 생활을 각오하는 경우다. 청와대나 중앙정보부를 직접 언급하는 사설은 틀림없이 말썽이 났다"(송건호 전 한겨레신문 사장. 조선일보논설위원 '낙동강오리알' P145)

이런 그의 약삭스럽지 못한 행동 철학이 그에게 '전사무사'(田舍武士)라는 별명이 훈장으로 주어지는 이유 중 하나이기도 하다. 그때는 군정이 민정이양을 약속했던 해이기도 하고 이미 정치활동이 재개되고 있었던 때이다. 군사정부는 결국에는 지켜지지 못했지만 군정 4년 연장을 발표하고, 비상사태 임시조치법으로 비판이 봉쇄되자 무향 등이 강력히 주창하여 12일간의 무사설(3월17일~28일)로 저항했다. 그 저항은 동아일보와 함께 했다. 무사설이 끝나는 날 무향은 그동안의 무사설의 변을 이렇게 신문에 썼다.

"그동안 본지는 사설을 쓰지 않았습니다. 떳떳이 소신을 주장할 수 없는 법의 제약 아래 본의 아닌 무문(舞文)으로 국가대사를 논하기보다는 오히려 침묵을 지키는 것이 언론의 정도라 믿는 신념에서 였습니다."(방일영 조선일보사장 낙동강오리알 p134)

무향은 여기서 법이라는 것에 깊은 회의를 느낀다. 법이란 공동체의 안녕을 지키는 울타리다. 꼭 민주국가에만 있는 것이 아니다. 그리고 꼭 있어야할 규범이다. 다만 누가 만드느냐에 따라 그 가치가 크게 차이가 난다. 가치가 떨어진다고 지키지 않아도 된다면 공동체의 안녕은 무엇이 지키는 것인가? 무향은 이때만큼 법학을 배운 것을 후회해본 일이 없다고 필자에게 술회한 일이 있다. 법을 배운 자로서 무사설 이외의 방법을 찾을 수가 없었다는 말이다. 비상사태 임시조치법은 사문화되고 군정연장도 결국은 없어졌다. 민정이양은 당초의 계획대로 진행이 되고 그해 10월 17일의 선거에서 박정희 최고회의 장이 겨우 15만여 표 차이로 윤보선(尹潽善)씨를 꺾고 대통령으로 당선이 됐다. 부정선거니 하고 으레히 있는 정치공세가 있었지만 새로운 민간 정부가 출발 새해를 맞이했다.

이른 봄 어느 하루 방일영 사장이 점심이나 먹자며 선우휘씨와 최석채씨를 데리고 나갔다. 그들은 남산의 정보부로 갔다. 이들을 밖에서 기다리게 하고 부장을 한동안 만나고 나온 방사장이 돌아오는 차 안에서 이제 내일부터는 각자의 이름으로 글을 써도 좋다고 일러줬다.(방우영저 조선일보 사람들 광복 이후편 p150)

1년 넘게 써오던 유령의 굴레를 벗는 날이며 무향이 다시 양지로 얼굴을 내민 날이다. 정보부장실에서 무슨 일이 있었을까? 모르기는 해도 방사장이 아마 다시 정권을 괴롭히는 과격한 글을 쓰게 하지 않겠다고 형식적이기는 하지만 약속을 하지 않았겠나 추측을 해본다. 신문사가 이들을 양지에 끄집어내기 위해서 꾸준히 교섭을 하고 애쓴 보람이 이날 빛을 본 것이다.

다시 양지로 나온 무향의 사주(四柱)는 봄바람을 만났다. 무향은 3월 정치정화법에서도 풀리고 그 며칠 뒤 열린 편집인협회 총회에서

예상을 깨고 부회장으로 선출됐다. 그때까지는 회원사 주필 중에 고참이 회장직을 맡고 편집국장중 고참이 부회장을 맡는 것이 관례였는데 아마 그동안 고생했다고 보상으로 주어진 것이 아닌지 모르겠다. 덩달아 무향의 위상도 크게 올라갔다. 대구에서 쫓겨 올라온 지 5년 만에 무향은 언론계의 당당한 거목으로 도약했다. 그리고 그의 인생을 바꾸어놓은 사건들이 연이어진다. 정부는 경제개발을 시작하면서 개발자금이 필요했다. 그래서 자유당 때부터 진행해오던 한일 국교 정상화를 서둘렀다. 우리의 영혼을 팔아먹는다며 반대시위가 크게 번졌다. 이름하여 6.3사태다. 정부는 계엄령을 펴고 힘으로 데모를 막았다. 박정희대통령은 5천년의 가난에서 벗어나려는 정부의 몸부림을 몰라주는 학생들의 데모가 야속했다. 언론이 데모를 선동하고 있다고도 이해했다. 64년 6월 27일 박 대통령은 전국의 언론 매체 사장과 편협 정부회장을 청와대로 초대했다.

다음은 무향이 전하는 현장의 상황. "편협에서는 동아일보의 고재욱 회장과 부회장인 내가 갔다. 한 40명이 모였는데 내가 제일 뒷자리에 앉았지. 허술한 마다리 양복을 입고 갔어요. 영락없는 촌놈이 전국의 사장들이 다 모인 자리에 가니 기가 죽더만. 조금 뒤 박대통령이 한일회담의 내막 데모 때문에 지장이 많다는 것, 할 수없이 계엄령을 펴고 있는데 신문들이 선동해서 되겠는가. 좀 자제해 달라 이런 얘기를 해요. 이러고 나니까 이후락(李厚洛)씨가 '여러분 의견이 있으시면 기탄없이 말씀해 주세요'해요. 누구도 나서지 않자 한참 후에 지방에서 올라온 모 신문사 사장이 '그동안 심려를 끼쳐드려서""'하고 멋지게 아첨을 해요. 심술이 났지만 그냥 가만히 있는데 이후락씨가 '최석채씨 한마디 하시지요' 그래. 하는 수 없이 일어나 이게 '오늘로 언론계를 떠나는 마지막 연설이다' 마음 단단히 먹고 한마디했지. '내가 사실은 말단 논설위원으로 전국의 사장님들과 각하 앞에서 얘기하는 게 외람되지만 굳이 지적을 하니 피할 수도 없어 제 소견을 얘기 드리겠습니다" 하고는 몇가지 전제를 했다 '지금부터 제 말씀은 편협부회장이나 조선일보 논설위원으로 하는 게 아니고 논객 최석채 개인의 의견이라는 것과 내가 지금부터 무슨 얘기를 해도 끝까지 다 들으시고 판단은 나중에 해주십사하는 것을 전제로 하겠습니다. 괜찮겠습니까?"

전제가 거창하니 다들 긴장했다. 몇차례 문제를 일으킨 사람의 말이라 또 무슨 사달이 나는 것은 아닐까 걱정들을 하는데 박대통령으로부터 말해 보라는 신호가 왔다.

"아까 각하께서 한 시간이나 설명을 주셨는데 죄송합니다만 저는 받아들이기가 힘듭니다. 한일회담 하는 고충은 압니다. 그리고 해야 한다는 것도 이해합니다. 그런데 학생데모가 방해가 된다는 것을 이해 할 수가 없습니다. 36년 동안 일본사람한테 짓밟히고 이 정도 소란도 없다면 우리는 죽은 국민일 것입니다. 소란이 벌어져야 일본사람들이 겁을 낼 것입니다. 정부한테 방해가 되는 것이 아니라 오히려 힘이 될 겁니다. 그러지 않아도 약체 외교라 하는데 이걸 이용해야 합니다. 4.19정신을 계승한다고 선언한 정부가 젊은이의 기를 꺾어 되겠습니까. 또 언론의 주장도 협상에 도움이 될 겁니다."

역시 명불허전(名不虛傳)이라 다들 새파랗게 질린 채 권력이 왜 그를 껄끄럽게 여기는지를 현장에서 목격했다. 이 장면이 박대통령과 최석채씨의 첫 상면이었을 것이다. 다들 물러나 말없이 흩어졌다. 무향이 집에가 쉬고 있는데 6시경 권상하(權尙河) 정보비서관이 불쑥 나타났다. 최, "웬 일이고. 날 잡으러왔나" 권, "잔소리 말고 옷 입어라"

둘은 대구 시절부터 잘 아는 사이다. 소속은 다르지만 신문사 경력이나 경찰경력도 같다. 더구나 권비서관은 박대통령과 대구사범 동기다. 그러고 보면 무향과도 동갑이 된다. 누굴 시키지 않고 청와대 비서관이 직접 온 것을 보면 잡으러 온 것 같지는 않는데 최, "어디 가는데?" 권, "가보면 알거 아이가 빨리 차에 타라" 차안에서 권이 말한다. "각하가 니 보잔다" "각하가 왜?" "그걸 내가 어떻게 아나. 나쁜 소식은 아닌 거 같더라. 각하가 '면종복배 하는 사람보다 백배 낫지. 내 앞에서 그만한 말 할 사람 누가 있나'라고 하대"

박대통령은 20분 넘게 계속된 최석채의 말과 태도를 보면서 너무도 닮은 데가 많은 자기의 모습을 떠올렸을지도 모른다. 다음은 최석채씨의 말. "청와대에 가니까 백년지기처럼 자기 부인도 소개하고 자기 고생하던 얘기도 하고 역도산 레슬링 영화도 같이 보고 그날 밤 아주 기분 좋게 새벽 한시까지 술을 마셨지. 내가 술을 못하니까 분위기 맞추는 것이 제일 고역이었어"

이 첫 만남에서 무향은 박대통령과 급속도로 가까워진다. 그것도 그럴 것이 이 두사람은 닮은 데가 너무 많다 박대통령은 자기의 체모(體貌)에 대해 불만이 있어보였다. 그래서 자기처럼 자그마한 사람을 좋아하는 경향을 보였다. 거기에 딱 맞는 사람이 최석채씨다 키 1미터60센치 체중 62 킬로그램 사주(四柱)중 생년 월 까지(二柱)가 같고 박대통령이 7일 먼저 태어났다. 고향 구미와 김천 사이 거리가 37 킬로미터. 성품 깐깐하나 의외로 정이 많다. 사유형(思惟型)이면서 행동주의적이다. 적당히 융화하는 것이 아니라 선악을 소신에 따라 구분한다.

이렇게 나가다보면 한쪽은 술을 즐기고 다른 한쪽은 술을 거의 못한다는 것을 빼면 두 분은 형제처럼 닮았다. 박대통령이 처음 만난 사람에게 가족까지 소개한 것을 보면 여간 친밀감을 느낀 게 아닌 것처럼 보인다. 마음에 드는 동생 하나 얻은 기분이었을까? 대통령이 살뜰히 살피는데 고민은 무향 쪽에서 생겼다. "이러다 야성(野性)이 사라지는 것은 아닐까?" 오효진 기자가 무향께 묻는다 "비판과 저항이 무뎌지지 않았습니까?" "그렇지 않다는 것이 언론 파동 때 내가 한 행동이요. 내가 대통령을 만난 두 달 뒤에 언론윤리위원회법 파동이 나지 않았소. 투쟁위원장이 유봉영(劉鳳榮)선생이고 나는 실무적인 것을 맡아 참 많은 일을 했습니다. 8월10일 전국 언론인대회를 열고 8월17일에는 기자협회를 발족시키고… 9월8일 박대통령과 언론계 대표의 유성회담에서 언론윤리위원회법의 시행을 보류시킬 때까지 정신없이 일했습니다. 대구매일사건과 언론파동 때 내가 한 일이 내 일생의 하이라이트입니다. 사람들은 내가 촌놈이니까 겁 모르고 그런 일을 했다고 합니다. 그때부터 내 별명이 투령이지요"

이런 와중에서도 박대통령은 평균 두 달에 한번 꼴로 그를 불러 만난다.

"주로 세상 돌아가는 얘기를 하는데 내사 벼슬을 바라지 않으니 무슨 얘긴들 하지요. 초기에는 내가 50분 이야기하면 그분은 듣기

만 하다가 10분 쯤 얘기했어요. 그런데 68년 이후로는 내가 30분 그 쪽이 30분 얘기했고, 70년 이후에는 내가 10분 그 쪽이 50분 이야기했어요" "그분이 '언론이 정부를 너무 때린다'고 하길래 내가 '공정한 언론은 야6여4의 비율로 쓰는 것'이라고 했더니 '사실은 어떤 신문이 우리를 봐 준다고 쓴 글이 내가 읽어도 낯간지러울 때가 있더라' 그러더군"

무향은 65년 7월에 조선일보 주필 66년에 편집인협회 회장이 되어 언론인으로서는 최고 명예의 자리에 도달했다. 그 자리의 무게 때문인지 그 후 무향이 글 때문에 말썽이 난 일은 없다. 그럴 가능성은 있었으나 무향 스스로 피해갔다.

그 이유를 무향에게 묻는다. "65년에 IPI 회의가 워커힐에서 열렸는데 홍종철(洪鍾哲) 공보부 장관이 '정부가 보는 신문'을 발표하고 내가 '언론이 보는 국가 권력'이라는 주제를 발표했습니다. 토론 끝에 대체로 발전도상국가에서 정부가 정책을 입안할 때 사전에 언론과 협조하는 것이 현명하다는 결론이 나왔어요. 홍장관이 그 후 대체로 이 결론에 따랐습니다. 정부도 언론을 적으로 돌리지 않았습니다. 홍장관이 1주일에 한번은 조선일보와 동아일보 논설위원실을 찾아옵니다. 중요한 일이 있을 때엔 새벽에 우리 집을 찾아오기도 합니다. 난 홍 장관 때문에 마누라하고 합방하는데도 신경을 많이 썼습니다. 툭하면 새벽에 담장이 없는 우리 집에 와서 밖에서 창문을 두드린다 말입니다. 이 지경이니 뭐가 되겠어요. 나중에 나오는 발표를 보면 미리 내가 다 아는 내용이고 상당부분 내 의견이 들어가 있는데 내가 글을 뭐라고 씁니까. 아마 우리 신문 말고 동아일보나 다른 신문하고

도 이런 식으로 하는 것 같았어요. 65년 이후의 각신문의 논조들을 보면 이런 것들이 많았어요."

65년부터 몇 년은 무향에게는 큰 짐을 안기는 일이 없었다. 그 시기가 홍종철 장관과의 밀월 시대와 때를 같이한다. 홍장관은 자기의 후임 장관으로 무향을 추천했는데 무향의 거절로 무위로 끝났다 한다. 무향은 60년도 끝자락에 언론인으로서의 자기 위치에 크게 회의를 하고 고민한다. 68년 신동아 필화사건으로 동아일보의 천관우 주필 등 편집간부 세 명이 자리를 떠나게 된다. 이때 무향은 자기도 떠나야 할 때가 다가오고 있음을 느끼게 된다.

그때의 심정을 그는 68년 12월 28일자 기자협회보에 '신문은 편집인의 손에서 떠났다'라는 이름으로 적었다. 동아일보사의 주필과 편집국장급 인사가 세 명이나 자의가 아닌 이유로 사직을 하게 된 것을 수습하지 못하고 내버려둔다면 우리의 언론사에 큰 오점으로 남을 것이라고 판단했다.

그것은 "언론이 우리가 의식하고 있는 것 이상으로 경영주의 손에 의해서만 움직여지고 있다. 이것은 한국 언론이 전혀 경험하지 못했던 양상의 시련에 직면하고 있다"고 보고, "이 시점에서 언론의 자유가 외부로부터 피해를 볼 경우 단결하여 싸우지 못하고 성문을 열어 외적을 불러들인다면 누구에게 구원을 청할 것인가에 냉철한 자기비판이 있어야 한다"고 했다. 이때 무향은 책임을 지고 편협 회장을 사직한다. 편협은 회의 끝에 대안을 찾지 못하고 무향을 다시 추대하게 된다. 이때부터 대통령 3선을 허용하는 개헌이 이루어지는 69년 9월까지의 무향의 행동은 스스로 "책임을 다하지 못하고 언론을 바로 잡지 못했으며 가장 후회되는 일"이라고 말했다. 이런 고민들이 무향으로 하여금 조선일보 주필을 그만두고 붓을 꺾을 결심을 하게 만든다.

　인생이란 대체로 타인과의 운명적 만남의 연속이다. 이 시기 무향의 고민에는 박대통령과의 운명적 만남이 영향을 주었다고 보지 않을 수 없다. 무향은 이 시기 대통령의 주변사람들의 방해로 대통령을 자주 만나지 못했다고 말하고 있으나 그의 성격상 아무 까닭 없이 친절을 베풀어 준 대통령에 대해 인간적인 의리를 느꼈을 게 틀림없다. 그것은 대통령이 비명에 서거한 뒤에도 상당기간 그의 집안 서재 책상 위에 대통령의 사진이 놓여 있었다는 것만으로도 짐작할 수 있다. 이런 고민과 달리 이 시기 무향에게는 여러 영예스런 훈수(訓手)자리와 포상들이 쏟아져 들어왔다. 67년 의양(義洋)언론문화재단의 '독립신문기념언론상' 제1회 논설부문 본상, 68년에 경영(京榮)교육재단 이사장, 국민교육헌장 심의위원, 70년에 국토종합계획 심의위원, 71년에 행정개혁위원회 비상임위원, 제25차 유엔총회 한국대표 자문위원, 대한민국 문화예술상 언론부문본상, 74년 KIWANIS클럽 한국협의회 회장. 현역을 은퇴하고도 74년 국토통일 고문, 77년 아시아 신문재단 한국위원회 회장, 5.16 장학회 이사장, 77년에는 금관문화훈장, 81년에는 성곡(省谷)언론문화재단이사장 등으로 바쁜 나날이었다.

　시국은 나날이 격앙되어 갔고 그에 비례해서 무향의 고민도 더 깊어갔다. 교련을 반대하는 학생 데모에 수도경비사령부의 군인이 고려대학에 진입하는 사태가 벌어지고 교련을 반대하는 학생데모는 더욱 격화됐다. 정부는 드디어 서울일원에 위수령을 발동한다. 그러고도 잘 수습이 되지 않자 1971년 12월6일 박대통령은 국가 비상사태를 선포하고 국내 체제를 전시체제로 바꾼다고 선언한다. 이 조치가 법률적 뒷받침에 시비가 일자 공화당이 주동이 되어 국가보위에 관한 임시조치법을 발의, 공화당과 무소속의원 만으로 국회 제4별관에서 통과시켰다.

무향은 이 사태를 그냥 받아들일 수가 없어 반대의 사설을 써야겠는데 이 법이 통과되기 이전에 신문협회 등 언론 단체들이 이법을 지지한다고 공동성명을 발표한 상태다. 무향은 오랜 고민을 청산하기로 결심하고 법이 통과되자 바로 조선일보 주필을 사임했다. 사실상 현역 언론인의 은퇴를 선언한 것이다. 격랑을 헤쳐 살아온 인생의 여정에서 겨우 완숙기에 들어설 시기인데도 말이다. 이번으로 다섯 번째 백수(白手), 그러나 초조하지는 않았다. 우선 퇴직금으로 당분간 밥 굶을 일은 없을 테고 머리를 완전히 비우고 빈둥거리는 시간을 갖는 것도 나쁘지 않아 보였다.

72년 3월에 하루는 서울신문의 신범식(申範植) 사장이 무향을 찾는다.

"이렇게 빈둥거리지 말고 서울신문에 와서 날 좀 도와주면 어떻겠소? 부사장 겸 주필 어떻습니까?"

무향은 생각할 여지도 없이 거절했다. 신사장이 "사실은 대통령이 최 주필이 조선일보 그만 뒀다는 소식을 듣고 나한테 밥자리 하나 마련해 보라고 해서 하는 말"이라고 해도 요지부동이었다. 그럼 뭘 하려냐니까 명색이 언론인인데 사실은 방송에 대해선 아는 게 없어서 요즘 방송에 대해서 공부를 좀 하고 있다고 한 모양이다. 그 말이 신사장을 통해서 대통령에게 전달이 됐고 다음 달인 4월에 난데없이

MBC 회장이 되어버렸다. 당시 MBC 정관에는 회장이라는 자리가 없었다. 그러니 또 다른 의미의 유령 회장인 셈이다. 사람의 인연이라는 게 무서운 것이 무향은 언론인의 양심으로 대통령을 도와줄 수가 없어서 조선일보를 그만 뒀는데 그 당사자인 대통령은 아이러니하게도 무향의 밥자리를 애써 만들어 준 것이다. 어떻든 무향의 신분은 여태까지의 프롤레타리아에서 하루아침에 부르주아지로 상승하게 됐다. 처음 경험해 보는 호사(豪奢)였다. 부인 장여사도 결혼하고 처음으로 사는 것 같이 살아봤다고 했다. 무향은 73년에 가서 회사 정관을 바꾸고 정식으로 회장이 됐다. 그러나 처음부터 경영에 참여할 뜻이 없었다. 다만 방송의 기능과 제작 송출 등에 관한 과정에 관심이 있을 뿐이었다. 그러나 회장이 방에 있으면 조직에서는 신경 쓰는 사람이 많다. 이 무렵 무향은 골프를 배워 푹 빠지기 시작했다. 무향은 조선일보에 있을 때 '골프 망국론' 사설을 썼던 분이다. 그런 분이 새삼 골프 예찬에 빠졌다하여 많은 놀림을 받았다. 무향답지가 않다는 것이다. 골프는 좀 비싼 운동이다. 자동차가 있어야 하는데 신문사에서 겨우 출퇴근 지원을 받던 무향에게는 기사가 딸린 전용차가 있다는 것부터가 엄청난 변화다. 골프 동료로는 원경수(元瓊洙) 전 코리아 헤럴드 사장과 윤임술(尹壬述) 전언론 연구원장이 거의 매주 동원됐다. 이환의(李桓儀) MBC사장 등 회사 간부와 유호(俞湖)방송작가등과도 자주 어울리는 편이었다. 이나카 사무라이(田舍武士=시골 무관선비 라는 의미의 일본말)라는 무향의 대표별명도 원경수 사장으로 부터 받은 것이다. 무향의 골프 취미는 날로 깊어졌다. 그것은 어떤 문제에 매달리면 끝장을 봐야하는 그의 천성과도 관계가 있는 듯하다. 그리고 이 취미는 그가 생을 마감하는 91년까지 이어졌다. 방송을 연구해 보겠다고 간 MBC 였지만 그도 뜻 같지 않았고 딱히 챙겨야 하는 일이 있는 것은 아니지만 그래도 이환의 사장이 업무보고라고 가지고 오는데 무관심할 수도 없는 어중간한 처지가 이 생활이 끝나는 1980년 7월까지 계속된다. 그는 이 시기를 두고 상하사불급(上下寺不及)이라 했다. 윗 절에도 못가고 아랫 절에도 못가는 어중간한 중(僧)의 처지란다. 방송을 연구하겠다고 했지만 배운 것이 신문이라 이 시기에도 경향신문(70년9월~71년6월과 74년8월~76년5월) 주간시민(72년5월~72년10월)등에 열심히 칼럼을 썼다. 주로 생활주변의 문제거나 정치에 관한 것도 갈등관계가 아닌 소재를 택했다. 그리고 세월은 흘러가고 있었다.

　한국 언론사에 분명한 흔적을 남긴 무향 최석채 그는 과연 누구인가? 좀처럼 자기를 내세우는 일을 저어하던 그도 오효진 기자와의 대담에서 스스로를 '언론계종손'이라고 표현한 일이 있다. 그가 여당과 야당에서 몇 차례 국회의원이 되어달라고 했을 때 이를 거절하는 명분으로 내세운 스스로의 위치다. 그것이 아니었어도 그는 입버릇처럼 하는 말이 있다. "정치인이나 관료는 권력을 업고 살고 경제인은 금력으로 표현되는 예금통장을 가지고 산다. 이것도 저것도 없는 언론인은 자존심 하나로 산다. 언론인이 자존심을 버리는 날 그는 언론인이라는 명예를 버리는 것이다." 국제 언론인협회IPI는 협회창립 50주년을 맞아 그의 신념에 대한 보상으로 세계 언론자유영웅상을 증정했다.

　'The international Press Institute has selected Choi Suk Chae

"World Press Freedom Hero" in recognition of his courage and dedication to the principles of freedom of opinion and expreession. -IPI World Congress Boston, USA World Press Freedom Day, 3 May 2000'

"국제언론인협회(IPI)는 창립 50주년을 맞아 주장과 표현의 자유에 대한 최석채의 용기를 인정하여 그를 '세계언론자유영웅'으로 선정했다. 2000년 5월3일 미국 보스턴 IPI 세계총회."

세계 언론인 50인에게 주는 상이다. 아깝게도 그는 이 소식을 명부(冥府)에서 들어야만 했다.

최석채 하면 가장 먼저 떠오르는 것은 그의 강직(剛直)함일 것이다. 강직함의 사전적 의미인 굳세고 꼿꼿함이라는 데까지만 말한다면 그대로 맞다. 그러나 그 의미 속에 차갑고 혼자 옳다고 우기는 성정까지도 포함시킨다면 다른 표현을 찾아야 한다. 그의 신념을 깨는 것은 거의 불가능에 가까우나 그의 가슴속 정(情)을 끄집어내기는 아주 쉽다. 그가 서울에 올라와 부인이 천신만고(千辛萬苦)끝에 이루어 놓은 변두리 살구나무 밭 속의 13평짜리 집은 언론인을 접고 사업을 시작한 김경환씨의 은행대출에 담보로 넣어 줬다가 완전히 집을 날릴 뻔 했다. 지인들의 도움으로 겨우 10년에 걸쳐 빚을 대신 갚아준 일은 유명한 일화다. 그의 MBC 회장실에 하루는 조선일보 논설위원으로 함께 근무했던 송건호(宋建鎬 전한겨레신문사장)이 찾아와 그의 딸 취직을 걱정했다. 최 회장은 망설임 없이 데리고 있던 여직원을 조사부로 보내고 송건호씨의 딸을 비서로 썼으며 나중에 결혼식의 주례까지 섰다. 조선일보 논설위원이던 조덕송(趙德松)씨는 언론사에 있으면서도 나이가 마흔넷이 될 때까지 비행기를 타보지 못했다. 신원조회상 여러 가지 부적격 사유로 여권발급이 거부되어 외국여행을 할 수 없기 때문이다. 본인은 포기하고 있는데 이 딱한 사정을 자진해서 풀어준 이가 주필인 무향이다. 1970년 무향은 영주가 고향이며 친구였던 김계원(金桂元) 정보부장을 찾아가 사정을 얘기해 여권을 만들어 준 것이다.

조위원은 이 여권으로 편집인협회방문단의 일원으로 오사카(大阪) 엑스포에 다녀왔다. 이 방문단의 귀국보고회 내용이 훌륭하다고 인정되어 그는 남북적십자회담의 자문위원으로 그 뒤 평양을 다섯 번이나 다녀왔다. 북한과의 관련 때문에 해외여행 자체를 못했던 이가 무향의 덕으로 북한을 합법적으로 내 집 드나들 듯이 한 것이다. 워낙에 개성이 있는 지성이라 무향은 별명이 많다. 조선일보 주필 때는 투령(鬪領=싸움대장) 편집국은 최돌이, 돌처럼 단단하다는 의미란다. 그 밖에 반골(反骨) 대패 그리고 가장 많이 애용된 원경수씨의 전사무사(田舍武士)가 무향을 설명하는데 가장 가깝게 닮았다고 할 수도 있다. 무사(武士)는 봉건시대 일본의 지배계급 우리로 치면 행동하는 선비쯤 된다 할까. 상경열차를 타고 올라온 지 수십 년이 되어도 그는 여전히 시골스러웠다. 어느 한군데 세련되고 약삭빠른 데가 없다. 박대통령과의 첫 대면 때도 허름한 마다리 양복의 시골 면서기 몰골이었다. 평소에는 순박하기 이를 데 없지만 스스로를 충분히 납득시키는 장면이 되면 그것이 자기에게 어떤 위해로 다가올 것이라는 것에 아랑곳하지 않고 행동에 나선다. 그래서 유독 화를 많이 입는 것 같다. 그의 사고에는 유교적 윤리관이 자리 잡고 있다. 그것은 경상도 집성

촌내에서 일반적으로 강제되는 유교적 범절(凡節)에 연유하는 것 같다. 상하의 질서를 지키고 신의를 무겁게 여기는 것이 그렇다. 그러나 그의 사고(思考)는 관념적 논리를 싫어한다. 실증적이고 행동하는 양심이 그의 자산이다. 그래서 유림(儒林)의 독립운동가 심산(心山) 김창숙(金昌淑) 선생과는 교분이 두터웠다. 칼 차고 다닌 선비 남명(南冥) 조식(曺植)을 흠모 했는데 거기에는 집안 내력도 있다. 무향의 선조인 수우당(守愚堂) 최영경(崔永慶)이 남명의 제자였다.

 무향의 글은 은유적 표현을 싫어한다. 그야말로 정론은 직필이어야 한다는 것이다. 여러 가지 해석이 가능한 표현은 책임회피로 본다. 신문은 중학생이면 읽어 이해를 하는 문장을 써야한다고 생각한다. 따라서 문장은 가능하면 문법의 기본형 틀 속에 있는 것이 좋다. 읽는 사람에 따라 해석에 차이가 없도록 가능하면 기교를 피하는 것이 좋다고 생각한다. 신문은 그 기능상 남의 것을 비판하는 것이지만 대안을 제시하지 못하는 비판은 그만큼 가치가 떨어진다고 본다. 컴퓨터가 없던 시절 조사부의 도움 없이 언제 누가 어떤 경우에 무슨 말을 했다고 기억해내는데 다들 탄복을 한다고 논설위원실의 후배들은 말한다. 그의 행동주의는 같은 방에서 일하는 많은 논설위원의 고민을 덜어준다. 정치권력과의 관계에서 아주 민감한 주제에 부딪치면 거의 예외 없이 자기가 필자를 자처하는 것이다. 언론인을 법의 잣대로 압박하려면 형법의 명예훼손죄나 국가보안법인데 자기는 화랑무공훈장을 받은 사람이니 국가보안법으로 엮기는 어려움이 있을 것이라고 자랑한다.

 그가 편집국장으로 있을 때는 문제기사를 쓴 기자는 뒤로 빼고 언제나 자기가 나선다. 당국이 기자보다는 자기를 괴롭히기가 좀 더 어려울 것이라는 계산이 있었다. 실제로 그랬는지는 알수 없으나 그가 당한 수난만 보면 그의 믿음이 그대로 맞았던 것 같지는 않다. 대구매일 필화사건도 따지고 보면 직전에 있었던 권석진기자의 '중동교 붕괴' 기사가 원인을 제공했다. 이 사고로 사람이 죽었는데 경찰국장이라는 사람이 다리 밑에 들어간 사람이 잘못이라 했고 이 말이 그대로 기사화 됐으니 말한 경찰국장에게는 치명적일 수밖에 없다. 사태가 험악해지자 최석채 편집국장은 권기자를 서울의 명동 성당에 피신시키고 자기가 사태를 떠안고 나선 것이다. 사태가 결국 그 뒤의 사설사건으로 이어져 무향이 구속되고 재판을 받는 장면까지 가는데 여기서 무향은 극적인 장면을 연출한다.

30대의 젊은 나이에 재판정에 흰 바지저고리와 두루마기를 입고 나타난 것이다. 하필이면 왜 흰 한복을, 그 까닭을 물어 본적은 없지만 아마도 해방 후 일본에서 귀국선을 타고 부산에 도착해서 처음으로 태극기를 봤을 때의 충격과 독립운동에 참여하지 못한 것에 대한 자책으로 1909년 만주 여순의 재판정에서 안중근(安重根)의사가 연출한 복장을 따랐던 것은 아닐까 짐작해 본다.

무향이 위험하고 어려운 일을 스스로 짊어진 일은 이뿐이 아니다. 조선일보에서 함께 일한 박노경(朴魯敬)씨는 대구매일에서도 함께 일했는데 1958년 3월26일자의 사설이 문제가 됐다. 사설의 제목은 '국경일보다 더 다채로운 이대통령의 탄신 축하가 정상적일까'라는 것인데 사설은 독립운동에 바친 이대통령의 공적을 충분히 인정하면서도 '기념행사가 대통령의 사사(私事)냐 아니면 공사냐고 따지고 들어간

매일 신문 필화 하건 당시 기사

것이다. 이 사설이 집권 정당에서 문제가 됐다는 소식이 전해지자 최석채 주필은 주저없이 필자를 불러 "이 순간부터 이 사설은 내가 쓴 것이오, 조사를 받더라도 내가 받는 것이 훨씬 유리할 거요. 박 위원이 쓴 글의 원고는 필적을 남기지 않기 위해 없애겠소"하고 떠안았다.

1960년 3월17일자 조선일보에 실린 '호국 구국운동 이외의 다른 방도는 없다'는 문제의 사설만 해도 그렇다. 그 때 조선일보에는 쟁쟁한 터줏대감 논설위원이 여럿 있었는데 겨우 입사 17일의 시골출신 무향이 집필자를 자처하고 나선 것이다. 이것이 무향의 본성이며 결과적으로는 무향을 오늘에 있게 한 것이라 해도 과언이 아니다. 무향의 언론인 생활은 일선 취재기자로부터 시작한 것은 아니기 때문에 노상방뇨(路上放尿)같은 호연지기를 펼친 일은 없다. 상당부분 결백증이 있는 것을 인정해야 할 것 같다.

예를 들어보면 이렇다. "나는 독립운동을 한 일이 없기 때문에 그 일을 맡을 수 없소 하고 독립 유공자 심사위원을 거절한 거나 일가 중에 머리가 좋아 좋은 학교에 다니는 아이가 돈이 없어 MBC에 장학금을 신청했는데 이 아이는 내 일가이기 때문에 안 된다고 떨어뜨리고 사비로 등록금을 대준 것 등을 주위에서는 너무 빡빡하다고 비판하는 사람도 있었다.

언론사에 있으면 세상에서 벌어지고 있는 수많은 사연들과 마주치게 되는데 한번은 1974년에 경향신문 독자투고에 한 농촌 주부가 농사일에 얼굴이 타서 흉하다면서 파라솔이 하나 있었으면 좋겠는데 형편이 어렵다는 투고의 내용을 읽고 그냥 넘기지 못해 비서실을 시켜 양산 하나를 사 보냈는데 비서실 여자 아이가 보낸 이의 주소를 적어 보낸 탓에 양산을 받은 농부의 부부가 밭에서 난 채소를 안고 서울까지 찾아 온 일도 있었다. 결국은 양산 값보다는 차비가 더 많이 들었을 게 분명하다.

무향이 그런 것처럼 성격이 직선적인 사람은 솔직한 사람을 좋아하고 꼼수를 부리는 사람을 싫어한다. 그래서 인지는 모르나 건국 초기의 지도자중 이승만 박사에 대해서는 여러차례 좋아하지 않는다고 말했다. 그의 독립운동에 바친 공적을 십분 높이 평가하면서도 권모(權謀)정치를 한다는 것이 이유이다. 무향의 필화사건이 주로 자유당 때에 몰려있는 것과 관련이 있는지는 알 수 없다. 백범 김구선생에 대해서는 무향이 스스로 한독당에 입당하고 백범을 만난 일이 있으며 늦게까지 백범 기념사업회일을 보아온 처지이면서 백범의 정치 역량에 대해서는 차라리 원칙론에 충실한 혁명가에 가깝다고 평했다. 그러면서 백범의 남북협상론은 불가능하다는 것을 알면서도 대한민국 임시정부 주석으로서 유엔의 분단정부론에 그냥 따라갔다는 기록을 남길 수는 없었기 때문이라고 변호했다. 해공(海公) 신익희(申翼熙) 선생의 정치 명분론과 정치술의 조화에 높은 점수를 주었다.

무향은 두루 뭉실 포괄적인 것을 싫어했다. 그와의 대화는 논리적이어야 하며 그 논리에 반박의 여지가 없으면 또 쉽게 승복한다. 그는 스스로의 약점으로 법을 공부한 것이라고 했다. 법은 테두리가 있는 것으로 사고와 행동에 한계가 따르는 것이 약점이라 했다. 서울생활 내내 어려운 처지의 시골서생을 서울로 불러올려 뜻을 펴게 해 준 홍종인(洪鍾仁) 선생과 급하게 뛰어만 가면 마다하지 않고 밥 자리를 만들어주던 조선일보 방일영(方一榮) 회장에 대해서는 언제나 경외(敬畏)하는 자세로 공경했다. 무향은 홍박을 만나면 깍듯이 대선배 대접을 했음은 물론 평생 언론 한길에서 단 한 번도 곁눈질을 한일이 없는 홍박의 지조를 찬양하는 칼럼을 신문에 쓰기도 했다.(1975.6.16. 경향신문) 조선일보 방 회장에 대해서는 6년이나 연하인대도 조직의 상직자 대접을 깍듯이 했으며 연 초 흑석동의 세배모임에 세상 뜰 때까지 꼭 참석했다.

사람은 누구에게나 자기만의 하늘을 이고 산다. 지성으로 접근하면 자기를 지켜줄 것이라는 기대와 함께, 무향에게도 그의 하늘이 있었다. 그곳이 어디였을까? 무향의 집 서재 벽에는 삶의 신조를 담은 두 개의 족자가 걸려있다. 그 하나는 불경 법화경(法華經)에 나온다는 非理法權天(비리법권천). 즉 비리(非理)는 정리(正理)를 이기지 못하고,

정리도 법(法)을 당하지 못하며, 법은 권세(權勢)를 넘지 못하며, 하늘을 찌르는 권세도 천명(天命)을 어찌할 수 없다는 뜻이다. 말하자면 세상이 움직여지는 이치를 담은 것이다. 또 다른 한쪽의 족자는 본래는 至誠感天(지성감천)이어야 할 것에 至誠感民(지성감민)이라 써 놨다. 그 천명이 다른 것이 아니라 바로 민심이라는 것이다. 지성으로 다가서면 백성이 감응한다. 즉 무향의 하늘은 서민의 마음인 것이다. 이 말은 정치하는 이에게 딱 맞는 말이지마는 무향은 언론도 백성의 마음이 어디에 있느냐를 살펴서 그 편에 서있어야 한다고 믿었다.

박대통령과의 인연으로 간 MBC 경향신문 통합 회장직도 대통령이 가고 난 다음 더 있을 명분이 없어 80년 7월에 나와 사실상 은퇴생활을 준비하게 된다. 그러자 대구의 매일신문이 명예회장이라는 자리를 마련했다. 그야말로 명예직이다. 본사인 대구로 가지 않고 매일신문은 서울지사에 옹색하게 책상 하나 마련한 것이다. 그 사이 무향의 무대도 대구가 아니라 서울로 옮겨졌기 때문이다. 이 시기를 무향은 엽락귀근(葉落歸根)의 시기라 이름하였다. 한여름 왕성하게 푸르름을 뽐내던 나뭇잎도 가을이면 말라 떨어져 썩어 거름이 되어 자기를 푸르게 해줬던 뿌리로 되돌아간다는 것이다. 무향은 이곳에서 생애 마지막 정열을 다해 다시 글을 쓴다. 필명이 될 아호도 무향과 더불어 몽향(夢鄕)이라 하나 더 얻어 '몽향 칼럼'이라 이름하였다. 몽향은 스스로 추산하기를 "평생 약 5천편의 글을 썼는데 매일신문의 마지막 이 글이 가장 정성을 들였고 지나온 세월을 관조(觀照)하는 시기라 완성도로 치면 제일 마음에 든다"고 하였다. 실제로 몽향칼럼은 1982년 5월13일 목요일에 시작하여 1987년4월11일자까지 매주 목요

일에 연재되었다. 그 시기 몽향은 오랜만에 한가한 마음으로 친구들이랑 지인들을 만나면서 만년(晩年)을 즐겼다.

몽향의 외모와는 전혀 어울릴 것 같지 않는 친구모임이 있었다. 나나회(裸裸會). 문자 그대로 벌거벗고 만난다하여 지은 이름이다. 모인 장소가 무교동의 다동탕에서 시작됐다. 몽향이 좌장이고 김수한(金守漢) 전 국회의장, 김은호(金殷鎬) 전 변호사협회장 문장인(文莊寅), 전

국립공원협회부회장, 오판룡(嗚判龍) 전 영남일보편집국장 등 이 모임은 몽향이 기세(棄世)할 때까지 30년 넘게 이어졌다. 그밖에 산수회(山水會)라는 주로 언론인출신의 친목모임의 회장도 맡고 있었다. 나이 75세를 맞으면서 살아온 흔적들을 모아서 자서전 같은 거 하나 남기는 것이 좋겠다는 생각이 들어 매일신문에 쓰던 칼럼도 끝을 내고 여러 가지를 정리하고 있을 때였다. 나이가 들어도 나쁘다는 담배를 끊지 못한 것도 그렇고 골프를 치면 전에 없이 숨이 찬 것도 신경 쓰이고 해서 1991년 3월31일(일요일)에 검진을 겸해 입원했다가 4월11일 우리와 유명을 달리했다는 소식을 듣게 된다. 너무도 창졸간(倉卒間)이라 살아있는 사람에게는 허망하기가 이를 데 없는 소식이다. 신라 말의 대문장가 최치원(崔致遠)이 그러했듯이. 아침 산책길에 나선 것같이 간 이 세상에 존재하지 않는 몽향의 생애를 떠오르게 한다. 몽향이 스스로 선택한 삶의 가치와 그의 세계관 인간으로서의 품재(稟材)는 감히 우리 같은 후학들이 넘어다 볼 영역은 아니다. 다만 이 엄혹한 시대에 치열한 현장과 싸워 이겨내면서도 누구로부터도 경시되지 않고 청백(淸白)하게 살아온 한 사람의 인생이 가슴에 와 닿는 것이다. 그 나흘 뒤 우리는 그의 속세의 미련과 때를 유언대로 벽제(碧蹄)의 연기 속에 날려버리고 육신은 한줌 재로 조마면(助馬面) 몽향(夢鄕)의 동산에, 영혼은 우리들 가슴에 묻었다.

그 뒷날의 이야기

몽향은 평소 자기이름 뒤에 붙이는 사회적 위치로 편집인 협회 회장을 즐겨 썼다. 그 뜻을 받들어 장례를 편집인 협회장으로 했다. 당시의 편협회장인 안병훈(安秉勳)씨가 주동이 되어 그의 일주기에 몽향을 추모하는 행사를 벌였다. 행사로는 조마면 묘소에 묘비를 오석으로 세우고 분묘를 단장하였다. 그 밖에 그가 남기고 간 글들을 모아 至誠感民(지성감민)이라는 이름으로 그리고 그를 추모하는 80인의 글을 모아 '낙동강 오리알'이라는 이름의 문집을 펴냈다. 몽향은 생전에 그의 글을 모은 책을 내는 것을 극력 반대해왔다. 까닭은 시문에 실린 글이란 그 때의 시국상황 위에 놓인 것인데 시국이 바뀌어 바탕이 빠져버리면 글은 공중에 떠버려 무가치한 것이 되어 버린다는 것이다. 이 논리에 토를 달 수 있는 사람은 아무도 없었지만 그래도 생전에 '서민의 항장'(庶民抗章) '속서민의 항장' 그리고 '반골 언론인 최석채'라는 이름의 책이 대구매일 출신들의 모임인 일신회(日新會)와 그를 좋아하는 이들의 강권에 의해 나왔다. 여기가 몽향의 고집의 종착지를 보는 것 같고, 차라리 인간적인 일면이기도 하다.

몽향의 고향 김천시는 직지사(直指寺)입구 시민공원에 IPI가 선정한 세계 50인의 언론 영웅상 비와 문제의 '학도를 도구로 이용하지 말라'는 사설 전문을 실은 사설비등 두개를 세워 시민의 자랑으로 삼고 있다. 정진석(鄭晉錫) 서울외국어대 교수가 찬(撰)하고 안병훈(安秉勳) 편집인협회 회장 이름으로 세워진 묘비에는 다음과 같은 글이 담겨 있다.

몽향 최석채 선생은 정론직필(正論直筆)의 수범을 몸으로 실천하신 대논객이 요 우리시대 최후의 지사기질의 언론인이다. 선생은 광복 직후 언론일선에 투신, 1955년에는 대구매일신문 편집국장과 주필직을 맡아

　　자유당 정권을 비판하는 논설로 투옥당하는 수난을 겪으면서도 끝까지 투쟁하여 언론자유 수호의 빛나는 이정표를 세웠다. 1959년부터는 경향신문과 조선일보의 편집국장 조선일보 논설위원 주필을 차례로 맡아 파사현정(破邪顯正)의 정론을 펴면서 1966년에는 한국신문편집인협회 회장으로 추대되어 1971년까지 재임하는 동안 언론 창달의 주역으로서 혼신의 노력을 기울였고, 1972년부터는 한국 문화방송과 경향신문의 회장, 대구매일신문의 명예회장을 역임하였다. 언론계 외에도 국토통일고문, 교육개혁심의위원, 5.16장학회이사장, 성곡언론재단 이사장 등 헤아리기 어려울 만큼 많은 사회사업을 이끌어 나갔다. 1952년 국가로부터 화랑무공훈장을 수여받은 것을 비롯하여 1971년 대한민국문화예술상, 1977년에는 금관문화훈장을 받았으며 같은 해에 경북대학교에서 명예법학박사 학위를 받았다. 불의와 타협하지 않는 정직한 성품에 반골과 저항의 선비정신을 지녔으되 늘 약한 자의 편에 서서 칠순이 넘도록 건필을 휘두르는 현역으로 활약하다가 홀연 1991년 4월11일에 세상을 떠났다. 선생의 대쪽같이 곧은 절개, 불굴의 저항정신과 용기, 명쾌하고 예리한 논조, 높은 덕망을 기리기 위해 한국신문편집인협회가 주동이 되어 언론계를 비롯하여 여러 분야 사람들이 성금을 모아 이 비를 세운다.

필자약력

이종식(李鍾植)
조선일보 정치부장
연합통신 전무이사
국회의원(2선)

후석 천관우(後石 千寬宇)

이병대 (대한언론인회 회장)

글을 시작하면서

후석(後石) 천관우(千寬宇) 선생은 이 시대 언론, 사학계의 거목(巨木)이었고 유신독재 아래 우리나라 민주화운동을 이끌었던 지도자였다. 후석은 이 세 분야에서 하나같이 뛰어난 성취를 역사에 남겼다.

최정호(전 한국일보 논설위원·전 연세대 교수)는 '과연 천관우는 거인이었다. 실제로 내 회상속의 천관우에는 언제나 여러 개의 수퍼러티브(superlative)가 따라 붙었다'고 회상한다.[1]

고병익(전 서울대 총장)선생은 이렇게 평가한다.

자신을 가리켜 '기자를 업으로 삼으면서 한국사에 관계되는 글을 써온 비(非)아카데미 사학자라 했으나 이 나라 사학계에서는 도리어 한국사를 연구하면서 틈틈이 신문에 관계되는 글을 써온 사람'으로 생각할 정도로 그는 중단 없이 연구 활동을 해온 사람이다.
– 신동아(1974년 12월호)에 실린 천관우 저서 '한국사의 재발견'에 대한 서평에서

또한 언론계와 민주화운동의 후배들도 존경으로 후석을 평가한다.

한국일보와 조선일보 논설위원, 조선일보, 민국일보, 동아일보의 편집국장, 서울일일신문과 동아일보 주필을 거치면서 명징(明徵)한 판단력과 문화(文華), 곧 조사(措辭)와 행문(行文) 그리고 운상(運喪)이 현대 신문

---
1 최정호, 거인천관우 일조각, 2011 P98

의 한 틀을 이루었다는 논설과 단평은 신문 문장의 한 전범(典範)으로 일컬어집니다.[2]

- 인걸은 가도 발자취는 뚜렷하다(권도홍 전 동아일보 편집부장)

1970년대 초반, 이 나라 민주화운동의 명맥을 이어온 것이 천관우였다. 그는 혼자서 재야 민주화운동의 기둥을 떠받치고 있었다.[3]

- 되새기는 잊혀진 거목(김정남·전 청와대 교육문화 사회수석)

후석은 언론계에서 어떤 외압에도 굴하지 않았고 금전적 유혹에도 초연했다.

할 말은 했고 써야할 글은 이렇게 거침이 없었다.

'임금의 말 한마디로 생명이 좌우되기도 하는 시대, 그 속에서도 할 말을 해야 하는 것이 언관의 책임이었다. 서거정 같은 이는 이 언관의 기개를 말하여, 항뇌정(抗雷霆) 도부월(蹈斧鉞) 이불사(而不辭)라고 했다. 아주 풀어서 얘기하면 '벼락이 떨어져도 목에 칼이 들어가도 서슴지 않는다'라는 뜻이다.

- 1962년 사상계 1월호

---

2 권도홍, 거인천관우 일조각, 2011 P5
3 김정남, 거인천관우 일조각, 2011 P511

성장기 및 교육

후석 천관우(1925.8.10.~1991.1.15.)선생은 1925년 8월 10일, 음력으로 6월 2일 충청북도 제천군 금성면에서 아버지 천병선(千丙善), 어머니 민수흥(閔壽興)의 2남 3녀 중 막내로 태어났다.

가족은 4년 후인 1929년 제천군 청풍면 읍리로 이사 했는데 두 곳 모두 충주댐공사로 지금은 수몰지구가 됐다.

다섯 살 때부터 할아버지 천인봉(千仁鳳) 슬하에서 한문공부를 했는데 초등학교 재학 시 주변으로부터 천재라는 칭찬을 들었다.

보통학교 3학년 때인 1934년 2월 17일자 동아일보는 천재라는 칭찬 소문을 기사로작성 천관우의 사진과 '송죽(松竹)'이라고 쓴 붓글씨를 사진 찍어 게재했다.

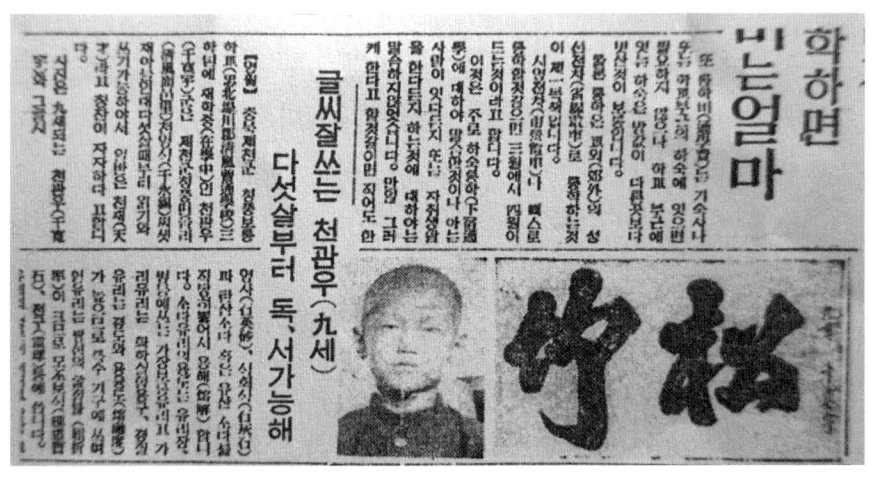

우리 천씨의 조상은 임란 때 귀화한 명나라 천만리(千萬里) 장군이다.

숙부님의 고향은 충북 제천군 청풍읍, 옛 현청 소재지이다. 지금은 수

몰 되었지만 유적들은 청풍문화재 단지에 이전 보관 되어 있다.

1939년 정축년 수해로 심한 흉년까지 겹치자 천인봉은 돈 8천 냥과 곡식 16곡(1곡은 10말)을 풀어 인근 주민들을 구제했다.

주민들은 그 고마움을 표하기 위해 1941년 3월 천인봉 자선비를 세웠다.[4]

- 말년 금면을 거부했던 그 심정(천기흥 : 천선생의 조카·전 대한변협회장)

1931년 청풍공립 보통학교에 입학하고 1937년 청주 공립고등 보통학교에 입학하여 공부로 두각을 나타내어 청주고 삼절(三絶)로 불리기도 했다.

1944년 4월 경성제국대학 예과 문과 을류(인문계)에 입학한다.

"천관우는 일제(日帝)때 경성제국대학 예과에 입학한 수재다. 경성대 예과는 당초 일본인을 위하여 만든 것이지만 소수의 조선인 학생도 받아주었다. 그래서 수재 중의 수재만 들어올 수 있게 했다. 천관우는 그런 관문을 통과하고 입학한 엘리트다. 1945년 경성대학 예과에 재학 중이던 천관우는 광복으로 식민지 굴레에서 벗어나자 그의 시재(詩才)를 발휘, 다음과 같은 학생가(學生歌)를 지어 유포시켰다.

한가람 흘러 흘러 비진 터 기름지니 / 삼천리 맑은 정기 엉킨 곳이 예로다 / 태백에 날이 새어 봄은 바람을 치니 / 아! 온누리 건질 경성대학 예과.

천관우는 진리의 사도를 자부했다. 천재라는 자부심도 대단했다.

---

4 천기홍, 거인천관우 일조각, 2011 P614

"Was ist Leben?(인생이 무엇이냐?) Was ist Wahrheit?(진리가 무엇이냐?)" 우리는 독일어로 발음하기를 좋아했다. 그래야만 실감이 났다."[5]

- 회고록 '구름의 역사'(한운사 : 극작가)

후석이 예과 2학년 때 해방되어 서울대학교로 이름이 바뀌었다. 이 과정에서 서울대학교는 좌우대결의 극한 투쟁처로 변모한다. 후석은 대학재학 시 좌우 어느 편에서도 활동하지 않았으나 우파를 지지했다. 1947년 후석이 고향 청풍에 들렀다가 좌익으로부터 테러를 당한다. 그 뒤 후석은 좌파를 혐오했고 해방정국과 통일문제에 대해 깊은 관심을 갖게 된다.

1946년 7월 경성대학 예과를 수료하고 서울대학교 사학과에 진학했다. 사학과에는 경성대학 예과시절 학우들과 함께. 이병도(李丙燾), 손진태(孫晋泰), 이인영(李仁榮), 유홍열(柳洪烈) 교수 그리고 당대의 석학들로 교수진이 구성되어 있었다.

8.15 해방이 되고 대학 예과부장으로 현상윤(玄相允) 선생이 오셨다.

이분의 본래 전공이 역시 역사학이라는 사실을 모르고 있었는데, 하루는 무슨

경성제대 예과 친구들과 함께(뒷줄 좌측이 후석)

5 한운사, 구름의 역사, 민음사, 2006

일 때문인지 선생을 뵙게 되었다.

"이제 학부(대학 본과)로 올라갈 날도 얼마 남지 않았는데 무얼 전공할 셈인가."
"한국사학(韓國史學)을 해볼까 합니다."
선생은 만족해하시면서 잠시 무엇인가 생각 끝에 뜻밖의 말을 꺼내시는 것이었다.
"집안은 넉넉한가."
"시골서 땅마지기로 그저 먹고 살만 합니다."
"다행이로군."
역사학(歷史學)도 돈벌이 되는 학문이 아니라는 것을 언외(言外)에 다짐하신 것이었을 것이다.[6]

- 육십자서(六十自敍)(천관우)

후석은 졸업논문으로 '반계 유형원연구(磻溪柳馨遠硏究)-실학 발생에서 본 조선사회의 일 단면'을 썼다.

그 무렵의 사학과는 졸업반이 되자마자 곧 졸업논문을 준비하는 것이 보통이었다.
나는 수월하게 조선후기 실학의 '일조(一祖, 첫 개척자)'라고도 하는 반계(磻溪) 유형원(柳馨遠)을 택했다. 해방 직전, 그러니까 대학 예과시절에 우연한 기연(機緣)으로 잠시 가까이 모신 일이 있는 안재홍(安在鴻) 선생

---
6 천관우, 천관우선생 환력기념 사학논총, 정음문화사, 1985

에게서 실학에 대한 단편(斷片)의 귀동냥을 얻어 둔 일이 있었기 때문이다. 그런데 훨씬 뒤에 안 일이지만, 이분은 실학에 대해서도 벌써 1930년대에 정약용(丁若鏞) 「여유당전서」의 거질을 교열하고 이 방면의 귀중한 논술 몇 편을 남기고 계셨던 것이다.[7]

- 육십자서(천관우)

후석의 실학 연구 논문은 이병도 선생이 군계일학(群鷄一鶴)이라고 칭찬한 수작(秀作)으로 조선후기 실학의 최초 체계적인 연구였다.

학부 졸업 논문이 1952년 '역사학보' 제2호와 제3호에 게재 되어 연구 내용이 학계에 큰 충격을 주었고 실학연구에 결정적인 영향력을 제공했다. 대학졸업 논문이 학계에 이같이 큰 영향력을 준 사례는 없었다 해도 과언이 아니다.

대한통신기자로 첫출발

서울대학교를 졸업한 뒤 교수가 되기로 결심하고 조교로 연구실에 남는다.

무급(無給)이었기 때문에 잠시 경기고등학교에서 교편을 잡았다.

제가 후석 천관우 선생을 처음 뵈었을 때는 62년 전(1949년) 서울 경기중학교 5학년 1학기 때였습니다. 천 선생은 그 당시 막 국립 서울대학교 사학과를 졸업하시고 바로 경기중학교 교단에 서게 되었습니다. 선생

---
7 천관우, 천관우선생 환력기념 사학논총, 정음문화사, 1985

님은 어느 날 첫 수업에 들어 오셔서 자기소개를 한 뒤 바로 '고전(古典)'이란 두 글자를 칠판에 쓰시면서 다음과 같이 말씀 하시었음이 어렴풋이 생각납니다. 고전이란 영원한 가치가 있는 책이다. 고전은 모든 시대에 있어서 참된 인간 교양의 근원이요 샘이 되어온 책이다. 기술의 혁신이 눈부시고 산업사회가 이룩되어도 가장 긴요한 문제는 사람의 내적충족(內的充足), 참된 인간교양이 아닐 수 없는 것이다.[8]

- 62년 전의 칠판교육(공대식 : 전 명지대 교수)

6.25전쟁이 발발했다. 6·25전쟁은 후석의 학문에의 길을 막고 언론인으로서의 생애를 바꾸게 한 계기가 됐다.

1951년 1·4 후퇴 때 부산으로 피난가 '당장 세끼 밥을 먹기 위해' 대한통신의 기자로 취직한 것이다. 대한통신은 1950년 8월 6일 부산에서 창간됐는데 사장은 국회 사무총장인 박종만(朴種萬) 이었다.

"그때 나는 부산역전(지금은 헐린, 옛날 본 역) 40계단 밑에 자리 잡고 있던 어느 통신사의 합숙소에서 누구나 겪은 그 피난살이의 설움을 맛보고 있었다. 무엇 하나 마음 먹은대로 되는 것은 없어, 정신도 피로할 대로 피로해 있었고…2층 건물은, 아래층이 통신사 편집실이요, 편집실 구석 층계를 올라선 위층이 합숙소로 되어 있었다. 층계는, 대낮에도 장등(長燈)을 켜놓지 않고는 앞을 분간 못 할 만큼 우중충했다.

이층에는 한가운데 복도의 좌우로 다다미방이 대여섯씩 붙어 있는 여관방 같은 구조였다. 그리고 컴컴한 층계를 올라서서 제일 거리가 먼, 복

---

8 공대식, 거인천관우 일조각, 2011, P300

도 끝의 방에 내가 거처하고 있었다.[9]

- 수필 '유령'(천관우:천관우 산문집)

1952년 4월 후석은 부산에서 역사학회가 창립될 때 발기인으로 참여한다. 이 무렵 미국 미네소타 대학에서 유네스코 기금으로 공부할 수 있는 기회를 얻었다. 1952년 9월부터 1953년 5월 까지였는데 전쟁 중 미국 대학에 연수 받은 첫 번째 언론인 수혜자가 됐다.

그때 후석이 쓴 그랜드캐년은 고등학교 교과서에 실리기도 했다.

"K형, 황막(荒漠)의 미개경(未開境) '애리조나'에 와서 이처럼 조화의 무궁을 소름 끼치도록 느껴보리라고는 미처 생각하지 못했습니다. '그랜드캐년'의 그 웅혼(雄渾) 괴괴한 절승을 그 한 모퉁이나마 전해 드리려고 붓을 들고 보니, 필력이 둔하고 약한 것이 부끄러워집니다.

눈앞에 전개되는 아아 황홀한 광경! 어떤 수식이 아니라 가슴이 울렁거리는 것을 어찌할 수 없습니다.

이 광경을 무엇이라 설명해야 옳을지. 발밑에는 천인(千仞)의 절벽, 확 터진 안개에는 황색, 갈색, 회색, 청색, 주색으로 아롱진 기기괴괴(奇奇怪怪)한 봉우리들이 흘립(屹立) 하고 있고 고개를 들면 유유창천(悠悠蒼天)이 묵직하게 드리우고 있는 것입니다.

- 그랜드캐년(천관우)

서울수복 후 1954년부터 서울대학교를 비롯해 서울의 여러 대학에

---

9 천관우, 천관우산문선, 심설당, 1991

출강하기 시작했다. 후석은 서울대 언론학 강의를 통해 우리나라에서 처음으로 '매스컴'이라는 용어를 사용했다.

한국일보, 조선일보

1954년 6월 9일 한국일보가 창간될 때 후석은 조사부 차장으로 스카우트 된다.

한국일보는 기존 '태양신문'의 제호를 바꾸어 창간됐는데 후석은 나이 29세, 입사 5개월 후 논설위원으로 자리를 옮긴다. 후석은 1955년 3월부터 한국일보의 고정 칼럼 '지평선'을 쓰기 시작했다. 조풍연(趙豊衍)에서 천관우로 집필자가 바뀐 것이다.

뿐만 아니라 대학 강의와 역사논문도 계속 발표했다.

'갑오경장과 근대화'(사상계, 1954,12) '여말선초(麗末鮮初)의 한량(閑良)'(이병도 박사 화갑기념논문) 등으로 학계에서 계속하여 주목을 받았다.

1956년 1월 후석은 조선일보로 자리를 옮긴다. 스카우트 된 것이다.

그해 4월1일 고정 칼럼 '만물상'을 1959년 9월까지 집필했는데 한국일보의 고정 칼럼 '지평선'의 연장선상에 있었다. 1957년 4월 7일 편집인협회가 창립될 때 후석은 발기인의 한 사람으로 참여했다.

이때 후석은 신문윤리강령의 기초 작업을 맡았다.

후석의 신문윤리강령은 언론계의 자율로 발의되고 채택되었다. 이 강령은 1996년 4월 8일 시대에 맞춰 개정되어 오늘에 이르고 있다.

1958년 11월 사장 방일영이 논설위원 천관우를 방으로 불렀다. 편집국장을 맡으라는 것이었다. 33세 입사 2년여 만이었다. 9년간 편집국장에 있었던 성인기(成仁基)의 후임이었다.

유봉영(劉鳳榮)이 편집고문, 유건호(柳建浩), 조동건(趙東健)이 부국장으로 발령됐다.

이때 자유당정권은 언론을 제약하려고 국가보안법을 통과시키려 했다. 천 선생은 이를 강하게 비판했고 한때 수사기관에 연행되기도 했다.

1958년 12월 24일 끝내 국가보안법이 국회에서 변칙 통과 됐다.

이른바 2·4파동이다. 그때 천 선생은 기자들이 써낸 기사들을 한번 훑어보고는 붓을 들고 단숨에 제목을 고쳐 달았다.

예를 들어 '난무하는 적나(赤裸)의 권력' 등. 천 선생은 재임 10개월 후 퇴사한다. 천 선생은 자신의 손으로 직접 뽑은 수습 2기생을 특별히 아꼈다.

수습 2기생들은 천 선생이 퇴사 후에도 불광동 집을 함께 종종 찾았다.[10]

-'조선일보 사람들', 랜덤하우스중앙(2004)

뜻을 일단 세우면 불가능에 도전해야 한다.

기자(記者)는 지자(知者)다. 기자로서 뿐만 아니라 세상 살아가는 요체다.[11]

- 이규태 코너-천관우 조선일보(1991년 1월 17일자)

---
10 조선일보사람들, 랜덤하우스중앙, 2004
11 이규태코너, 천관우, 조선일보, 1991년, 1월 7일자

조선일보 정치부장과 국회의원을 지낸 이종식씨는 1958년 고려대학교 4학년 때 후석의 '한국근대정치사'를 수강했다고 한다.

그는 강의시간이면 강의는 듣지 않고 창밖 청량리 일대의 채소밭과 움직이는 사람들만 봤다고 한다. 그런데 수강모습을 후석은 모두 기억하고 있었다. 그 이듬해인 1959년 3월 조선일보 수습기자로 입사하여 편집국장인 후석을 만났더니 '당신이 이종식인 줄 알았으면 합격을 안 시켰다'고 했다고 한다. 수습 때 시민회관 개축 현장을 취재해 넘겼더니 후석이 '이 기사 누가 쓴 겁니까'하고 사회부 쪽을 향해 묻자 데스크가 수습 이 기자가 섰다고 하자 한참 쳐다보더니 싱긋 웃었다고 한다. 그 뒤 사흘쯤 후석은 이 기자와 데스크를 초대해 소주 파티를 열어 주었다고 한다. 대범한 성격에 열심히 취재한 기자를 격려하기 위해서였다. 후석은 1959년 9월 다시 한국일보로 돌아간다.

각별했던 유봉영 선생과 함께(59년)

이때 한국일보 백상(百想) 장기영(張基榮) 사장은 후석 선생을 다음과 같이 평가했다.

'내가 많은 논설위원을 겪어 봤지만 천관우씨 만큼 내말을 빈틈없이 풀어내는 사설을 못 봤어.

하루는 후석이 회의에 늦게 참석했기에 회의내용을 대강 전해주고 사설을 부탁 했었어. 나중에 사설 교정지를 보고 깜짝 놀랐어. '있잖아 꿈보다 해몽이 더 낫다는 말이 있잖아!'

백상은 1964년 부총리를 맡으면서 후석을 문공장관에 추천했다.

그러나 불발(不發), 이유는 불문가지(不問可知)[12]

- '한국통사' 집필의 집념(손일근 : 전 한국일보 논설위원)

1959년 10월 24일부터 석간(夕刊)에 연재하기 시작한 후석의 「메아리」 칼럼은 그 날카로운 필치와 풍부한 지식, 넘치는 해학, 그리고 올바른 시각으로 독자의 주목을 받았다. 후석이 언론인으로서 진면목을 발휘한 것은 4·19때였다.

4·19혁명의 전초가 된 제2차 마산(馬山)사태가 일어났을 때 후석은 임시취재본부가 차려진 마산으로 내려가 현지에서 마산 발로 「메아리」를 송고했다.

1956년 4월 15일 「메아리」 내용은 담담하면서도 그 속에 담긴 애절한 시민들의 아픔과 민주화를 향한 간절한 그분의 속마음이 잘 나타나 있다.

3·15 마산 제1사건이 있은 지 꼭 한 달째 되는 오늘 상오 마산의 시가는 고요하다. 합포(合浦) 앞바다(눈에 최루탄이 박힌 김주열 군의 시체가 발

---

12 손일근, 거인천관우 일조각, 2011, P295

견된 곳-필자 주)의 파란 물결도 예와 다름없이 잔잔하고 한 달 전 그날 군중들이 밤을 새웠다는 용마산(龍馬山)도 입을 다물고 말이 없다. 마산 시민의 애절한 요구에 정부는 무엇을 보여 주었나….

덧붙이자면 3·15부정 선거후 마산에서 폭동이 일어난뒤 4월 11일 눈에 최루탄이 박힌 김주열 군의 시체가 떠오르자 마산현장에 언론사들이 모두 뛰어드는 등 여론의 중심에 있었다. 후석은 한국일보 취재진과 '백운여관'에 합숙하면서 현지에서 메아리를 집필했던 것이다.

민국일보

1960년 6월 세계일보로 자리를 옮긴다. 세계일보는 자유당시절 여당계 신문이었다. 4·19를 계기로 언론계에서도 변화의 움직임이 크게 일었다.

세계일보는 자유당 국회의원이자 발행인인 김원전씨의 고려제지가 재정적 배경이었다. 후석과 김원전사장은 세계일보의 경영과 편집을 분리하여 후석이 편집권과 편집국 인사권을 독점적으로 행사하고 제호를 민국일보로 바꾸어 발행하기로 전격 합의했다.

이에 따라 후석은 최고의 신문을 만들기 위해 노석찬, 안정모, 김경환, 김성우, 이목우, 조동오, 이어령, 권도홍, 김중배, 계창호 등 각 일간지의 쟁쟁한 기자들을 대거 스카우트해 편집국 진용을 짰다.

1960년 7월 9일 민국일보가 움직이기 시작했다.

민국일보의 운영과 편집진용, 신문체제와 스타일 그리고 보급 확장

민국일보 편집국장 때 함께 일한 동료들
왼쪽부터 당시 문화부장 최일남, 후석, 사회부장 이목우, 경제부장 안정모.

의 속도 등은 그때까지 우리 언론사상 보지 못했던 대기록들을 세웠다. 눈길을 끄는 것은 민국일보가 우리 신문사상 최초로 에디토리얼 페이지를 만들었다는 사실이다.

신문 2면에 배정된 이 페이지에는 가로 머리에 2편의 사설을 싣고 그 아래에 논단과 독자의 편지를 싣는 구도였다. 지금은 보편화되어 있지만 저명인사의 시사논평을 매일 싣는다는 것은 당시로는 대담한 시도였다. 그날 그날의 국내외의 모든 문제에 대해서 그 분야의 전문가와 권위인사의 논평을 싣는다는 것은 그리 쉬운 일이 아니었다. 그만큼 반향도 컸다.

후석의 지휘 아래 대한민국 일등 기자들이 전력투구한 끝에 민국일보는 그야말로 일취월장, 욱일승천의 기세로 사세를 불려나갔다. 갓 나온 민국일보가 발행 석 달만에 4만부를 기록했다. 그때 1위의 동아일보 부수가 20만, 한국일보가 15만, 조선일보가 10만, 경향신문이 6만이던 때이다. 놀라운 고속성장이었다. 1960년 7월 5일에 출발해 1960년 11월 후석이 떠날 때까지의 불과 5개월의 민국일보는 한국 언론에 돌풍을 일으킨 기적의 신문이었다.

후석은 민국일보에서 1년을 채우지 못한체 떠나는데 그 뒤 민국일보는 1962년 7월 13일자로 '휴간'에 들어간 후 복간되지 못했다.

1960년대 후석은 언론계가 추진하는 사업들에 동참하고 열정을 태웠다. 1960년 6월 8일 편집인협회가 언론 정화 특별위원회를 구성했을 때 7인 위원 중 한 분으로 참여했다.

편집인협회는 특위활동의 보고를 토대로 10월 21일 언론자유와 책임에 관한 성명을 발표하고 언론계가 정부로부터 받아왔던 특혜를 자진 반납하기로 결정했다. 따라서 11월 2일자로 교통, 국방장관에게 공문을 보내 각사에 발급된 철도무임승차권과 종군기자 차량을 반환했다.

후석은 민국일보를 떠난 뒤 서울 일일신문 주필로 자리를 옮긴다. 그러나 서울 일일신문도 1962년 1월 1일자 신년호를 내고 문을 닫는다.

후석의 전성기였던 동아일보

후석이 38세 되던 1963년 1월 동아일보 편집국장석에 앉는다.

후석의 언론계 생애에서 가장 빛나던 시절이었고 후석이 만든 동아일보는 다른 신문이 넘볼 수 없는 한국 최고의 신문이 되었다. 동아일보가 1등 신문이 된 것이다. 후석이 앞장서서 정부의 간섭을 따

돌리면서 '있는 그대로의 뉴스'들로 매일 지면을 시원하게 장식하여 독자에게 뉴스 갈증을 해소시켰던 것이다.

1963년 6·3사태가 일어나는 등 정국이 여러 모로 불안정 했다. 그 해 8월 2일 국회는 '언론윤리위원회법'을 통과 시켰다.

후석은 앞장서 이 법의 반대에 나섰다. 8월 10일에는 프레스센터에서 언론계 인사 5백여 명이 이 법의 철폐를 요구하는 성명서를 발표한다. 후석이 이 성명서를 기초했다. 8월 17일 기자들은 기자협회를 결성하기로 했다.

한편, 정부는 윤리위원회 소집을 요구했는데 동아일보, 경향신문, 조선일보, 대구매일신문은 '악법철폐를 위해 끝까지 감투할 것'이라는 공동 성명서를 발표했다. 이에 정부는 신문 구독금지 등 조치를 단행하여 우여곡절을 겪다가 마침내 9월 8일 이 법의 시행보류로 일단락 됐다.

후석이 동아일보 편집국의 조타수가 된 뒤 정부의 심한 간섭과 회유에도 불구하고 동아일보 지면에는 그날의 뉴스들이 있는 그대로 보도되고 해설기사로 뉴스의 뒷면을 알려주면서 독자들에게 폭발적인 인기를 끌게 된다. 이 같은 동아일보의 사실보도는 후석의 담대한 소신과 신문에 대한 철학으로 성취될 수 있었다. 당시 정보부에서는 편집국에 상주하는 요원들을 파견하여 뉴스 채택 여부에 강압적으로 간섭하던 때였다.

후석은 이때 누구의 간섭도 배제했고 부당한 지시를 하지 않았다.

천 국장은 편집부나 나에게 어떤 지시도 내린 적이 없다. 물론 국장이

64년 해외 세미나 참석 후 김포공항에 함께 귀국한 동아일보 편집국장 천관우(중앙). 사장 이희승(오른쪽), 주필 고재욱(왼쪽)

판단할 일이 생기면 언하(言下)에 엄정한 판단이 내려지지만 어떤 기관에서도 국장을 통한 압력은 불가능했다.

사장도 천 국장에게만은 호출하거나 청탁을 지시할 수 없었던 것으로 보였다.[13]

- 관산(關山) 30년(권도홍 : 전 동아일보 편집국장)

후석은 신문제작에 있어 몇 가지 원칙이 있었다.

첫째 공명정대(公明正大) ; 후석이 가장 강조하던 원칙이다.
그리고 공평무사(公平無私), 파사현정(破邪顯正)….
정보부가 신문제작에 간섭하던 시절 요원들이 동아일보 편집국에

---

13 권도홍, 거인천관우 일조각, 2011, P154

나타나면 '외부 사람은 나가시오'라고 고함쳐 쫓아내기도 했다.

당시 동아일보 편집국 출입문에는 '외부인 절대 출입금지'라고 쓴 종이를 붙여 두기도 했다. 뿐만 아니라 정보부에서 후석에게 말이 통하지 않자 가끔 사장실에 압력을 넣어 기사를 빼라는 강요가 내려오는 경우가 있었지만 후석은 일체 거부했다. 그러나 공평무사 원칙을 지키기 위해 반드시 반대편의 주장도 신문에 꼭 실어야 한다는 원칙을 가지고 있었다.

> 어느 해였던가. 내가 사회부장직을 맡고 있을 때인데 60년대 초 3월쯤으로 기억된다. 정보부에서 서울대학의 학생운동단체 안에 이른바 '정보부 프락치'를 심어 학생운동의 동향을 낱낱이 정보부에 알리도록 하려했다.
>
> 바로 'YTP(Youth Thought Party)' 조직을 동아일보에서 톱기사로 폭로하여 사회적으로 큰 파문을 일으킨 적이 있었다. 사회부장인 내가 정보부에 불려가 곤욕을 치르기도 했다.
>
> 그런 일이 있은 후 당시 후석은 "정보부에서 할 말이 있다면 그쪽 주장도 어느 정도 들어 보도록 하는 것이 공정한 보도 자세일 것"이라고 말하였다.[14]
>
> — 천관우 편집국장(이혜복 : 전 동아일보 사회부장)

후석은 정보부의 이야기도 뒤에 붙여 주는 것이 공정성에의 노력이라고 생각 했다. 당시 누구도 상상할 수 없는 형평성과 공정성에 대

---

14 이혜복, 거인천관우 일조각, 2011, P286

한 책임 있는 자세였다.

1963년 10월 중순경 군정이양을 위한 대통령 선거전인 서울, 춘천 박정희, 윤보선의 마지막 유세전이 있었다. 이때 동아일보 편집국에서 마지막 대장을 보던 후석이 큰 소리를 질렀다.

신문 지방판 발송이 급해서 제작을 빨리 끝내야 하는데 후석이 '이렇게 신문 내면 안 돼요' 하면서 당장 사진을 바꾸라는 것이었다. 기사작성에 참여한 정치부, 사진부, 편집부 간부들이 모여 시간이 촉박해서 곤란하다고 난색을 표했다. '글쎄 안 돼요. 안 되는 것은 안 돼요. 이 사진 이렇게 나가면 안 되는 거예요' 하면서 단호하게 거부했다. 그것은 사진촬영이 공정하지 못하다는 이유에서였다.

박정희의 서울고등학교 운동장 유세사진은 세스나 항공기에서 찍었고 윤보선의 춘천공설운동장 사진은 지상에서 찍은 사진이었다.

비행기에서 찍은 사진은 청중이 엉성한 것처럼 보였고 지상에서 찍은 사진은 크고 꽉 찬 것처럼 보였다. 그때 청중 숫자에 온갖 신경을 쓸 때였고 당시 동아일보 편집국은 '박정희 타도'를 합창하던 때였다.

편집국 간부들은 후석을 의심하고 '사쿠라'라고 항변하는 분위기였다. 목에 칼이 들어와도 버릴 것은 꼭 버리고 가야할 길은 반드시 가고 마는 후석의 편집태도에 그날 의심을 가졌던 간부들이 뒷날 존경하게 될 사례의 하나가 됐다. 후석은 분명 대인(大人)이었다.[15]

-'큰사람' 그 청빈의 대의(大義)(이대훈 : 전 동아일보 이사)

---

15 이대훈, 거인천관우 일조각, 2011, P200

둘째, 청렴(淸廉)의 생활화

당시 정부는 이른바 촌지(寸志)라는 형태의 봉투를 언론계에 뿌리고 있었다. 그러나 후석은 단 한 번도 받지 않았다.

청와대에서 리셉션 후 박정희 대통령이 직접 준 봉투도 물리쳤다는 이야기는 유명한 일화이다.

> 김형욱은 회고록에서 '공화당 창당시절 자신이 준 거액의 돈을 유일하게 받지 않은 분이 후석이시고 자신이 진실로 존경하는 분'이라고 밝혔다.
> 이 이야기를 후석에게 드렸더니 펄쩍 뛰셨다. 그 이유는 그가 그렇게 존경한다면서 나를 십 수 년씩이나 연금 상태에 처하게 했느냐는 것이었다.[16]
>
> - 호쾌한 대세적 판단의 역사강의(이재범 : 경기대 사학과 교수)

후석의 청렴은 언론계에서 소문이 나있었다.

후석은 자택인 불광동 문화주택에 관한 이야기를 수필 잡지에 기고했다. 제목을 「서부(西部)」라 달았다. "무악(毋岳)재를 넘어 또 고개를 몇인가 지나 버스에서 내려서도 논가의 길을 7~8분 걸어 들어간다."

"처음 여기에 들어왔을 때는 좀 서글펐다. 그날로 밤에 도배를 하고 부엌에 시멘트를 바르고 전등을 달고 수도꼭지를 끼워놓고 나니까, 그제야 약간은 사람 사는 곳 같아 졌지만 이제부터 손길이 가야 할 데가 얼른 헤아려 보아도 한 두 가지가 아니다."

---

16 이재범, 거인천관우 일조각, 2011, P391

읽어 내려가면 정경이 훤하다. 천 선생은 이 집 한 채가 전부였다. 이사 갈 생각도 하지 않았다. 그러면서 후배 기자들을 만나면 집으로 데려가서 소주잔을 나누었다. 집이 좁거나 어떻다는 것은 생각조차 하지 않았다. 호주머니에 돈이 있으면 참지 못한다. 술을 먹든지 남을 도와주는 일에 탕진해버려야 했다.

우리가 어디서 이런 '무욕의 천사'를 만날 수 있을까. 천관우 선생만이라도 우리들의 가슴속에 소중하게 묻어두어야 하겠다.[17]

- 어디보아도 높은 메(이원홍 전 한국일보 편집국장)

후석이 물욕(物慾)에서 초연했다는 사실은 사후(死後) 부인 최정옥 여사가 살았던 불광동 집이 넘어간 뒤 충주의 한 영세민 임대 아파트에 마지막 둥지를 틀고 정부 보조로 현재 생활하고 있는 것이 이를 증명한다.

셋째, 넘볼 수 없는 신문제작의 혜안(慧眼)과 용기.

언론의 비판 감시기능은 언론인들의 용기 여부로 판가름 난다. 후석은 박학다재(博學多才)해서 숨은 알맹이를 찾아내는 통찰력과 뉴스 이슈들을 미처 생각지도 못한 방향에서 추적 분석, 다른 신문과 전혀 다른 접근으로 독자들로부터 뜨거운 환호와 박수 속에 동아일보를 부동의 1위 자리로 매김 하도록 한 거인이었다.

재직당시 3선 개헌 움직임과 배경, 야당의 폭로 공세에 다른 신문들은 입을 다물었지만 후석은 기자들에게 끝까지 취재에 나서도록

---

17 이원홍, 거인천관우 일조각, 2011, P131

지시해 끈질기게 대서특필한 지면들을 매일같이 내놓아 주목을 계속 받았다.

삼성 '사카린 밀수사건'을 보도해 온 나라를 떠들썩하게 하고 한국비료를 국가에 헌납하게 한 것도 후석이었다.

특히 해외 수출전선과 해외진출 한국인의 실상을 보도한 동아일보의 '코리안의 고동'은 그 당시 한국 신문에서는 상상도 하지 못할 큰 기획물이었다.

또한 법정(法頂) 스님의 '서사여화', 박완서 작가의 발탁, 박경리 작가의 '파시(波市)', 이호철의 '서울은 만원이다', 홍성원의 'D데이의 병영', 이규희의 '속솔이 뜸의 댕이' 등은 후석이 동아일보에 게재한 주옥같은 작품들이었고 동아일보의 성가를 올리는데 크게 기여했다.

뿐만 아니라 신년이 되면 세계 석학들의 글을 동아일보에 실었다. 독자들은 환호했다. 필자 가운데는 역사학자 '아놀드 토인비', 주일대사를 했던 하버드대학의 '에드윈 라이샤워', 세계적인 국제정치학자 '한스 모겐소', 프랑스의 철학자겸 언론인 '레이몽 아론' 등 해외 석학들이었다.

후석은 항상 큰 그림을 그렸고 그 구도는 그때까지 누구도 상상하지 못했던 내용들을 담고 있어서 동아일보 지면은 항상 특이하면서도 세계와 호흡하며 앞서 달려 나갔다. 후석이 동아일보에 재직할 때까지는 우리나라 어느 다른 신문도 감히 넘보지 못하는 확고한 1등 신문이 동아일보였다는데 그 시대를 살았던 언론인 모두가 인정하는 사실이다.

넷째, 능력에 따른 인재발탁과 배치.

이미 민국일보 창간 당시 후석과 함께한 이른바 후석 사단을 소개한 바 있거니와 후석에게는 항상 인재들이 모였고 후석은 그들의 능력에 따라 적재적소에 배치했다. 후석에게는 인재들을 흡인하는 힘이 있었다.

언론계에서 후석과 함께 일한다는 것이 자랑이었다. 최고의 인재들이 최고의 신문을 만들 수 있게 지도하고 뒷받침해 주었다.

이것이 후석 천관우의 리더십이자 후석 스타일이었다.

후석이 동아일보 편집국장 때의 편집국 진용은 당시 대한민국 최고의 필진들이었고 낙양(洛陽)의 지가(紙價)를 올리는 글들을 생산해내고 있었다.

후석은 인재를 아꼈다. 동아일보는 한 번 퇴직한 인사를 절대 다시 받아주지 않는 전통이 있었다. 그 전통을 후석이 꼭 한 번 깨뜨렸다.

당시 신문편집의 권도홍(權度洪)은 최고의 편집자였다. 권도홍 편집부장은 한 때 동아일보 사내 분위기를 극복하지 못하고 동아일보를 떠났었다. 후석은 권도홍부장의 능력을 아깝게 생각해 재입사라는 이변을 동아일보 역사에 쓰게 했다.

다섯째, 기자의 창의력과 자율성 존중.

후석은 편집의 방향이나 기획 같은 큰 물줄기는 직접 다루었으나 기사작성에는 기자들의 창의력을 항상 존중했다.

후석이 동아일보 편집국장으로 부임한 1963년으로 기억된다. '조국(祖

國)'이라는 제자(題字)를 후석이 쓰고 장기 연재된 시리즈가 있다. 가령 64년 1월 1일자「조국-5. 금강산이 보인다」를 비롯해「한반도의 심장 세종로」(같은 해 4월 2일자),「설악산」(같은 해 5월 30일자),「독도와 울릉도」 등은 최경덕 사진부장(작고)이 찍은 큼지막한 사진과 함께 실려 있는데 당시 필자는 군(軍) 출입 기자였기 때문에 함정탑승 등 편익을 받은 게 사실이다.

그 당시 후석은 원고를 일절 고치는 일이 없었고 대장(台帳)에서 붓에 먹물을 듬뿍 묻혀 제목만 손을 보던 기억이 난다. 이듬해 1965년 4월, 동아일보 창간 45주년 특집(15회 연재) 관련 기획기사는 필자에게 취재를 맡기고 기획회의에 참여시켜 이런저런 지침을 주었다.[18]

- 신문지면에 반영된 투철한 역사관(윤양중 : 전 동아일보 논설위원)

후석은 항상 기자들의 편이었다. 후석은 편집국장이라는 바쁜 자리에 있으면서도 전공인 한국사에 대한 공부를 계속했다.

언론계 후배들에게 전공 분야 한 가지는 깊이 있게 계속 공부하라는 당부를 잊지 않았다.

필자가 동아일보에 입사하던 1965년에도 후석은 우리 수습생들을 격려하기 위해 부근 중국집 복취루로 저녁에 불러 만든 자리에서 '자기 전공 분야에 대한 공부를 계속 하라'고 말했다.

뿐만 아니라 공부하려는 기자들의 스승이 되기도 했다.

나는 가끔 젊은 후배기자들에게 이렇게 권고하는 수가 있었다. "흔히

---

18 윤양중, 거인천관우 일조각, 2011, P269

기자는 깊지는 않더라도 우선 넓어야 한다고들 하지만, 기자도 무언가 하나에만은 깊은 것이 좋다"고. 내가 한국사에 그런대로 관심을 지속해 온 것도 그런 생각에서였던 것 같다. 또 하루하루에 승패를 거는 기자생활 속에서 무언가 한 가지 장기적인 것을 붙들고 있지 않고서는 허전해서 못 견딜 것 같은 심정이기도 했다.[19]

- 60자서(천관우)

1966년 경향신문 정치부장이던 나는 신동아 편집장이던 손세일 형과 함께 천 주필을 찾아갔다. 한문공부를 하고 싶다는 우리 얘기를 듣자 그 자리에서 흔쾌히 응낙, 다음 주부터 매주 토요일「신동아」의 옆방에서 1주일에 한 번씩 공부를 하기로 했다,

그때 선택된 교재가「반계수록(磻溪隨錄)」이었다. 조선조 중기의 실학(實學) 개척자인 선비 유형원(柳馨遠)이 남긴 이 책은 문장이 어렵기로 유명한 글인데 너무나 까다로운 글자가 많아 사전과 씨름하느라 쩔쩔맸던 기억이 지금도 생생하다. 그런데 천관우 선생은 그 어려운 책을 처음부터 끝까지 줄줄 외우고 있었다. 그때 함께 공부했던 우리들(남재희, 서동구, 손세일, 김진배, 서행식 등)은 말로만 듣던 천관우 선생의 천재성에 다시 한 번 놀라지 않을 수 없었다.[20]

-'역사를 기록한 행동의 언론인'(최서영 : 전 코리아헤럴드 사장)

후석은 1931년 11월에 창간되어 1930년대 대표적인 종합잡지 월간

---

19 천관우, 천관우선생 환력기념 사학논총, 정음문화사, 1985
20 최서영, 거인천관우 일조각, 2011, P250

'신동아' 복간을 추진했다. 1964년 9월 신동아가 복간됐다. 후석은 복간 창간호에 다음과 같이 편집후기를 썼다.

> 신동아는 그 정신에 있어 동아일보의 연장, 애초의 창간사에도 민족적 경륜을 위한 잡지라 했다. 그리고도 '읽히는 잡지'가 되고자 한다.
> 지고(志高)의 잡지, 친근한 잡지-양립이 쉽지 않을 이 두 목표를 기어코 양립시켜보려는 편집인들의 야심은 오직 독자 제위의 편달에서만 이뤄질 것.

복간 첫 호는 초판이 이틀 만에 매진되고 재판은 3일 만에 또 매진됐다.

후석은 신동아 복간 후 동아일보 편집국장과 신동아 주간을 겸하고 있다가 1965년 5월 주간직을 면했다.

신동아 1968년 12월호에 당시 동아일보 정치부 김진배(金珍培) 기자와 경제부의 박창래(朴昌來) 기자가 공동 집필한 '차관(借款)' 제하의 250매 원고의 기사를 중앙정보부가 문제를 삼았다. 이 사건은 후석의 인생에서 가장 큰 영향을 끼쳤다. 이른바 '신동아 필화사건'이다.

이 필화 사건은 해방 이후 한국 언론사를 그 이전과 이후로 갈라놓은 새로운 이포크였다고 할 수 있다. '동아일보 사사(社史)·3'은 다음과 같이 이 사건을 설명하고 있다.

"1968년 11월 일어난 세칭 신동아 사건은 60년대 한국 언론계가 압도하는 정치권력 앞에 무참히 짓밟힌 비극이었고, 중앙정보부의 폭거에 본보(本報)가 정면으로 대결하여 고군분투하다가 세 불리하여 굴욕을 강요당한 분노의 기록이었다. 그리고 이 사건은 단순히 월간 「신동아」가 68년 12월호에서 정부의 차관 도입의 병리현상을 과감히 해부함으로써 권력과 정면으로 혈투하다가 쓰러진 한낱 고립된 사건이 아니라, 실은 3선 개헌이라는 영구집권에의 길을 닦는 정치세력의 폭주과정에서 그런 정치목적 수행에 장애요인을 하나하나 제거하는 야수적인 정치탄압의 일환으로 나타난 것이다. 그리고 신동아 사건은 언론을 침묵시키는 일대 결전이었고, 이 사건을 고비로 정부의 언론조작은 거칠 것 없는 대담성을 보이게 된 역사의 분수령을 이루었다."

신동아 1968년 12월호는 두 기자의 차관 기사 뒤에 '차관, 나는 이렇게 본다' 제목아래 김영선(金永善), 백두진(白斗鎭) 등 7명의 이름으로 외자도입 정책의 문제점을 들어 비판하는 글도 실었다. 차관기사는 주로 차관의 국내기업 배정과정에서 일부 재벌들에게 특혜성으로 주어지고 집권여당은 차관 배정의 대가로 불법 정치자금을 조성했다는 폭로성 내용을 담고 있었다. 특히 '정치자금을 4인 공동 관리설' '5% 커미션설' 등 당시 공화당 및 집권층의 뇌물, 정치자금 수수의혹 등을 제기하는 고발 내용이 있었다.

필자 박창래 기자는 11월 23일 연행되어 조사를 받았고 필자 김진배 기자는 한국 기자상 부상으로 동남아 순방을 하고 귀국 즉시 김포공항에서 연행됐다.

당시 연행됐던 김진배 기자의 회고는 이렇다.

'김종필 공화당 의장 탈당' 특종으로 '한국기자상'을 타고 그 선심으로 3주일 동안의 동남아 여행을 마치고 귀국하던 나는 김포공항에서 정보부원에 의해 남산에 연행되어 닷새 동안 밤샘 신문을 받았다. 한밤중에 풀려나 회사에 가 있으라고 해서 신문사 내 자리에 앉아있는데 천 주필한테서 전화가 왔다.

"남산에서 잠깐 물어볼 게 있다면서 당신하고 같이 들어오라는데 같이 갑시다."

남산의 내 담당한테서도 같은 뜻의 전화가 왔다. 한겨울의 오후 3시쯤일까. 남산의 중앙정보부 정문 초소에 동아일보 깃발을 펄럭이며 군청색 지프가 들어서자 초소 옆 안내소에 있던 직원이 물었다. "어디 차요? 어디 가시오? 비표 있소?" 퉁명스럽게 물었다. 육중한 체구의 천하의 천관우가 꽥 소리쳤다.

"당신들이 좀 보자고 불러서 오는데 손님을 당신들이 안내해야지, 거무슨 소리를 그렇게 하시오. 연락해 보시오! 어디서 불렀는지."

한참 여기저기 연락하더니 군번표 같은 비표를 지프 앞자리 문을 열며 훌쩍 던졌다. 천 주필은 다시 호통 치며 초소 쪽으로 되던졌다.

"이거 개표요? 국가기관이 어디 그럴 수가 있소!"

죄 지은 놈은 과천부터 긴다지만 정보부 초소부터 호통 치는 천관우, 나는 통쾌했다. '저런 거물도 있구나! 하고. 그 전날 천 주필은 통단짜리 장문의 사설로 '중앙정보부'를 정면으로 규탄하며 본사의 입장을 밝혔다. 제목부터 분명했다.

「상(賞) 줄 일이지 벌(罰)줄 일 아니다」(1969년 11월 29일자 석간 2면)

다른 신문들이 사설은커녕 단 한 줄의 기사도 쓰지 못하던 그 시기에 동아일보는 '중앙정보부' 라는 이름을 똑똑하게 박아 정면으로 치고 나왔다. 천 주필의 결단이 아니면 할 수 없는 일이 아니었을까. 그때 분위기로 보아 누가 썼더라도 썼을 것이다. 그러나 이렇게 명쾌하게 쓸 만한 사람은 누구누구다 하는 쟁쟁한 논설위원들 가운데 천 아무개밖에 없었다고 한다. 이런 일이 생각난다. 한밤중에 남산에서 풀려난 나는 그 이튿날 아침 바로 회사 간부들께 심려를 끼쳐 죄송하다는 인사를 드렸다.

천 주필은 며칠 회사에 나오지 않았다. 나는 죄송하기도 하고 궁금하기도 해서 불광동 집으로 찾아뵈었다. 마침 이사 한 분이 와 계셨다.

그는 책상 위에 놓인 흰 종이에 붓으로 북북 써 내려갔다. 이사(理事) 사임서였다. 여전히 달필이었다. 그 뒤 몇 년 동안 동아일보에서 '천하의 천관우'는 사라졌다.[21]

- 우람한 기상 '천하의 천관우'(김진배 : 전 동아일보기자, 전 국회의원)

이밖에도 중앙정보부는 동아일보 논설위원 겸 신동아 주간인 홍승면, 정치부차장 유혁인을 연행 조사했다.

이날 동아일보 사설은 중앙정보부를 정면 공격했다.

사설은 '신동아 필화' 라는 제목으로 다음과 같은 내용이다.

문제된 기사의 큰 줄거리를 살펴보면, 현재까지의 차관의 실태, 차관의 도입과 병행하여 생성된 재벌의 생태, 그 정치세력과의 관련자 특히 정치문제들에 관하여 구체적인 사례를 들어 정리한 뒤, 그러나 차관이 가져온 경제성장의 성과를 충분히 인정하여 이를 자세히 설명하는 한편으

---
21 김진배, 거인천관우 일조각, 2011, P240

로, 정치에 결부된 차관의 무원칙하고 특혜적인 일면이 여러 심각한 부작용을 가져왔다하면서, 일반 소비자의 부당한 희생을 강요하는 차관업체의 폭리, 차관을 얻고도 주체 못하는 업체를 위한 현금 차관이나 대불(貸拂)같은 또 하나의 특혜, 닥쳐올 원리금 상환에 즈음하여 따라나올 국제수지의 비관적인 전망 등을 역시 구체적으로 지적하고 있는 것이다.

위 사설에서 동아일보 측은 ▲이 사건을 중앙정보부에서 취급하는 것이 부당하고 ▲반공법 위반 사안이 아니며 ▲독자는 알 권리가 있고 신문은 알릴 권리가 있다는 것이 주 논지였다.

논리적이고 강경한 논설이었는데 중앙정보부와 정면대결 논조였다.

중앙정보부는 12월 2일 신동아 10월호에 실린 '북괴와 중소분쟁' 영문원고(필자 조순승, 趙淳昇)를 비롯하여 회의록 등 각종 서류 12점을 압수하는 등 수사를 확대했다.

다음날인 12월 3일 오후 중앙정보부는 발행인 김상만과 주필인 후석을 연행 심문했다. 이어서 5일과 6일에도 주필 후석을 소환 심문하는 등 압박의 강도를 높여갔다.

12월 6일에는 서울지검 공안부가 신동아 10월호에 게재되었던 '북괴와 중소분쟁'과 관련하여 신동아 주간 홍승면과 부장 손세일을 반공법 위반으로 구속해 버린다. 그러자 동아일보는 12월 11일 관련 인사에 대한 개편을 하게 된다.

이 날짜로 이사 주필이었던 천관우, 홍승면(신동아 주간 겸 논설위원), 손세일(신동아 부장) 등 3명을 해임한다.

이에 앞서 홍승면과 손세일은 인사가 있기 전 구속 3일 만에 12월

9일 석방됐다. 동아일보가 정부에 굴복하고만 것이다.

손세일은 동아일보 사사(社史)에서 동아일보가 권력에 무릎을 꿇은 것은 동아일보 계열사인 경방과 삼양사에 대한 세무조사와 동아일보 전 직원에 대한 각종 비리 조사라는 카드를 들고 위협했기 때문이라고 증언했다.

12월 16일과 17일 국회는 본회의를 열고 이호 법무부장관과 홍종철 문화공보부장관을 출석시킨 가운데 '언론 자유침해에 대한 대정부 질의'에 나섰다.

이날 대정부 질의에서 신민당의 장준하, 정상구, 송원영, 박한상 의원 등은 '개인의 생명선과 같은 직장을 빼앗은 것은 보복조치'라고 따졌으나 '천 주필, 홍 주간의 사퇴문제는 전적으로 동아일보 사내의 일로 정부는 간여한 일이 없다'는 대답만 들었다.

결론적으로 '차관' 기사에서 시작된 필화사건은 동아일보 길들이기로 번져 마침내 최종 목표는 천관우 제거로 매듭지어졌다.

동아일보는 12월 1일 다음과 같이 인사발령 했다. 발행인에 고재욱, 편집인에 이동욱씨로 변경 등록했다.

그동안 발행인은 김상만 이었다. 특히 천관우는 동아일보, 소년동아, 신동아, 여성동아의 편집인 직을 모두 사임한다는 내용도 고지했다. 후석은 이때의 일을 '60자서'에서 이렇게 설명하고 있다.

현역기자로서 마지막 종사를 한 것은 동아일보(東亞日報)에서였다. 편집국장 만 3년, 주필 만 3년으로 내 딴에는 꽤 장기근속을 한 셈인데, 이른바 3선 개헌이 발설되기 직전에 미리 신문의 기를 죽이느라고 그랬

던지, 별것도 아닌 일에서 신동아필화(新東亞筆禍) 사건이라는 것이 일어나, 나도 여기에 연루가 되어서 부득이 퇴사를 했다.

동아일보의 무력한 권력에의 굴복이었다. 이 사건은 언론계에 큰 파장을 남겼다. 최석채 편집인협회 회장은 부회장인 천관우 등이 필화사건으로 직장을 떠나게 된 언론현실에 책임을 지고 편협 회장직에서 물러났다.

최석채는 편집인 중심으로 제작되던 지면이 경영주의 영향 아래 놓이게 되어 언론인들의 신분이 보장 받지 못하고 있기 때문에 노조(勞組)가 결성되어 신문사 주식을 사원들과 일반인들에게 분산시켜야 한다고 제안하기도 했다.

그런데 기자들의 노조결성은 몇 년 뒤 동아, 조선 사태와 한국일보의 노조결성 등 언론계에서 미증유의 파동을 일으킨다.

천관우는 동아일보를 떠난 직후인 1969년 1월 10일자 '기자협회보'에 다음과 같은 글을 실었다.

> 돌이켜보면 가스가 스며들기도 하루 이틀 저녁의 일이 아니었던 것 같다. 신문이 자유보다 자율(自律)을 외치고, 신문이 항쟁정신보다 협조정신을 외치면서부터 가스는 스며들기 시작했던 것이다. 우리는 자율이 따르지 않는 자유를 나무랄 줄 아는 동시에 자유가 따르지 않는 자율의 정체가 어떤 것인지를 좀 더 살폈어야 했다. 우리는 협조를 모르고 항쟁만을 아는 신문을 탓할 줄 아는 동시에 항쟁을 모르고 협조만을 아는 신문이 어디로 귀착되는가도 좀 더 머리를 돌렸어야 했던 것이다.

이글은 언론계의 큰 공감을 불러 일으켰다. '언론은 결코 죽지 않으며 죽을 수도 없다'는 후석의 글에 언론계는 큰 자극을 받았다.

신동아 필화사건을 통해 드러난 것은 한국 언론의 취약한 아킬레스건이 경영이라는 사실이다. 동아일보에서 해직된 세 사람은 얼마 되지 않아 복직됐다.

홍승면은 1969년 2월 편집국장에 임명되어 수석논설위원, 출판국장 겸 이사, 이사 겸 논설위원, 주필을 거쳐 1975년 2월에 퇴사했다.

손세일은 1969년 4월 기획부장에 재임명되어 논설위원을 끝으로 1980년 4월 퇴사하여 국회의원을 지냈다.

후석은 세 사람 중 가장 늦게 3선 개헌이 끝난 뒤인 1970년 2월에 복직되어 상근이사로 사사(社史) 편찬을 맡았다.

동아일보사는 복직 이전인 1968년에 후석에게 '3·1운동 50주년 기념논집' 편찬을 위촉했는데 우리나라에서 3·1운동 최초의 연구논집이었다. 이 논집은 1969년 3월 출간됐는데 76편의 방대한 논문이 수록돼 있었다. 한편 후석은 동아일보사 재직 중이던 1971년 4월 19일 민주수호 국민협의회 창립 공동대표의 한 사람으로 피선됐다.

후석은 그 후 민주화운동의 선두에 서서 유신독재의 영구화 시도에 맞서 목숨을 건 투쟁에 나선다.

당시 박정희 대통령은 3선 개헌으로 물고를 튼 뒤 영구집권을 위한 유신체제를 가동한다. 이때 후석은 우리나라에서 독재체제를 종식시키고 민주화를 성취하기 위해서는 대통령의 임기제한이 필수적인 요소라고 판단했다.

다시 말해 대통령의 임기 무제한이 독재를 불러 올 수 있는 함정

다시 말해 민주화의 최대 걸림돌로 보았다. 따라서 향후 민주화의 1차 목표가 헌법 개정을 통한 대통령의 임기제한이었다. 후석은 이를 위한 투쟁을 피나게 이어 나갔다. 후석의 이 신념은 생애 동안 금과옥조와 같이 가슴에 새겨져 있었다.

민주화운동 선봉에 서다

1969년 7월 25일 대통령의 3선을 허용하는 개헌안이 대통령 담화로 발표되고 8월 7일 국회에 제출되어 9월 14일 통과됐다. 이어 10월 17일 국민투표에 붙여 확정 시켰다.

3선 개헌안이 국회에 제출되기 전인 7월 17일 제헌절에 '3선 개헌 반대 범국민 투쟁위원회'가 결성되었다. 1971년 4월 27일 3선 개헌으로 마련된 헌법에 따른 대통령 선거일이 다가오자 후석과 이병린 변호사는 '민주수호 국민협의회' 결성에 나서 4월 8일 YMCA에서 준비모임을 가졌다. 이날 이 자리에서 4월 27일 대통령 선거와 5월 25일 국회의원 선거가 민주적이고 공정하게 치러질 수 있도록 하기 위한 범 국민운동에 나서자는 발의가 있었다.

4월 19일 발족된 민주수호 국민협의회에서 김재준, 이병린, 후석 천관우 선생을 3인 대표위원으로 선임했다. 이때를 시작으로 하여 민주화 투쟁의 중심에 후석 선생이 자리 잡게 된 것이다.

이때부터 후석은 '민수협'의 크고 작은 문건을 직접 작성하거나 감수했다.

대통령 선거결과 박정희 후보가 53.2% 득표율로 당선됐다.

'민수협'은 4월 30일 성명을 내고 이번 대통령 선거가 부정선거라고 비판했다. 한편 박정희 정권은 그해 10월 5일 서울 일원에 위수령을, 12월 6일에는 국가비상사태를 선포했다.

그리고 12월 7일 국회에서 국가보위법을 통과시켰다. 1972년 4월 19일 '민수협'은 정기총회에서 3명의 공동대표에 함석헌을 추가로 합류시키고 운영위원 11명을 선출한 뒤 '비상사태 철폐'를 촉구하는 성명을 발표했다.

정부는 10월 17일 국회해산과 더불어 비상계엄을 선포했다. 그 후 '민수협'의 활동은 철저히 탄압 봉쇄되었다.

1973년 11월 5일 후석과 이병린 등 재야인사 15인은 YMCA에서 유신철폐를 주장하는 성명을 발표했다.

성명은 연명으로 됐었지만 '민수협'이 그 중심에 있었다. '민수협'의 활동은 후석이 대부분 주도했다. 3인, 4인 대표시절에도 그 중심은 언제나 후석이었다.

후석의 집에 쌀이 떨어질 정도로 탄압이 가중 되었다. 그러나 후석은 등사판 원지를 직접 긁어 성명 유인물을 만들기도 했다.

1974년 8월 20일 후석은 민주회복을 목 놓아 부르는 성명을 '민수협' 이름으로 발표했다. 이것이 '민수협'의 마지막이다.

1970년대 초반 이 나라 재야 민주화운동의 중심에는 언제나 후석이 버티고 있었다. 민주수호협의회는 1974년 말에서 1975년 초 출현한 민주회복 국민회의에도 자연스럽게 연결 되었다.

1968년 말 동아일보사에서 강제퇴직 당했던 천 선생은 1970년 2월

복직했다.

상근이사로 사사(社史)를 편찬하는 임무를 맡았다.

1971년 4월 민수협 공동대표를 맡으신 후 당시 동아일보 편집부에 근무하던 저를 가끔 불렀다. 천 선생은 양면 괘지에 특유의 필체로 유려하게 쓴 시국관련 성명서 초안을 함석헌, 김재준, 장준하, 이병린, 유진오 등 재야인사들에게 회람토록해서 서명을 받아오라는 부탁을 하시곤 했다.

유성별장에서 요양하고 계시던 유진오 선생의 서명을 받기위해 정보과 형사의 눈을 피해 새벽에 찾아간 적도 있었다.[22]

- 자유언론의길 '우리대장 천관우'(이부영 : 전 동아일보기자, 전 국회의원)

1974년 우리나라 언론계는 보도·편집의 자유 등 기자들의 권리쟁취 운동이 봇물처럼 터져 나온 격동의 시기였다.

1974년 3월 동아일보 기자들이 보도 편집의 자유뿐 아니라 인사의 공정성 등을 주창하며 노조 결성을 시도하여 경영진과의 갈등이 증폭되고 있었다.

이를 계기로 전국 각지에서 일선기자들의 언론자유 수호라는 기치가 잇달아 내걸리며 10월부터는 일선 기자들이 언론 자유수호 결의문을 채택하는 등 확산 일로를 걷고 있었다. 1974년 12월 정부는 동아일보-동아방송에 광고탄압을 시작했다. 후석은 광고탄압 되기 약1개월 전인 11월 8일 발행된 기자협회보 창간10주년 기념호에 '언론자유의 새 아침에'라는 제목의 글을 기고했다.

---

22 이부영, 거인천관우 일조각, 2011, P533

과연 언론은 궐기했다. 그것은 국내외에 그 소신을 떳떳이 밝힘으로서 이제는 후퇴가 없다는 것을 다짐하면서 일어섰다.

이 몇 해만의 통쾌함인가. 고양이 목에 누가 방울을 다느냐고만 하더니 고양이 목에 방울을 달기가 불가능한 일이 아님을 보여주었다.

1974년 12월 27일 후석은 '민수협'의 송년회 강연회에서 동아일보에 대한 정부의 광고탄압을 중지하라고 일갈했다. 1천여 명의 청중이 모인 을지로 1가 대성빌딩에서 열린 강연에서 후석은 동아일보 광고탄압에 대한 국민적 지원을 호소했다.

후석은 다음해인 1975년 1월 6일자 동아일보에 '동아광고 비정상상태에 대하여' 라는 의견 광고를 실었다.

후석의 광고 이전에도 1974년 12월 30일 원로언론인 홍종인이 '언론자유와 기업의 자유'라는 4단 전단 크기의 광고를 실으면서 어려움에 처한 동아일보를 돕기 위한 시민과 지식인들의 참여의 물꼬가 트이기 시작했다.

이때부터 동아일보의 광고란에는 기업광고는 사라진 대신 시민들의 격려광고로 대신 채워지기 시작했다.

「동아」 광고 비정상상태에 대하여

1. 우리 언론은 작년 10월 24일 이후의 일련의 선언과 그에 따른 실천을 통하여 한동안의 동면에서 깨어나기 시작했다. 현재의 이 자유언론의 선언은 민주국민이 누려야 할 최저선이다. 이 선

에서의 후퇴는 우리 민주주의의 소생이 어려워지고, 나라의 장래가 암담해지는 것을 의미하게 될 것이다.

2. 해를 넘기면서도 여전히 광고 비정상상태를 면치 못하고 있는 동아일보와 동아방송은 이 부당한 고통이 결코 오래지 않을 것임을 확신하고 사필귀정의 그날까지 더욱 분투해 주기를 바란다. 민중의 지지는 항상 대의의 편에 있다.

언론이 진실로 두려워해야 할 일은 권력의 압제가 아니라 민중의 외면이다.

3. 집권세력은 하루 바삐 민주주의의 정도로 돌아가야 한다. 이것만이 국면의 안정을 되찾고 국민의 자발적 참여를 고조시켜 나라의 안정과 번영, 그리고 승공통일을 가져오는 출발점이 될 것이다. 명분은 꺾이는 것이 아니요, 명분 없는 일은 강변(强辯)으로 언제까지나 호도되는 것이 아니다.

1975년 1월 6일

천 관 우(전 동아일보 주필)

동아일보 광고탄압은 1974년 12월 16일부터 약 7개월간 계속됐다.

처음에는 신문 광고란이 백지상태로 발행됐으나 1975년 들어서면서 지식인과 시민들의 자발적인 의견 광고 등에 힘입어 굽힘없이 신문은 계속 발행됐다.

특히 이 기간 동안 동아일보 경영진은 사원들의 봉급을 단 한 푼도 줄이지 않았고 3개월마다 지급해왔던 보너스도 광고수입이 없는 데도 하루도 미루지 않고 지급했다는 사실이 눈길을 끈다.

한편 1974년 3월 동아일보 기자들의 언론자유 수호운동은 급기야 사내 농성으로 이어져 회사와의 갈등으로 번지고 있었다.

사측은 집단농성에 나서고 있던 150여명을 강제 해산에 나섰다.

1975년 3월 17일 새벽 세 시 반을 넘어서였다. 이른 봄 새벽바람은 차가웠고 바깥은 아직 어두웠다. 천관우 선생은 광화문 동아일보 사옥 현관 앞에서 차고 쪽으로 내달리며 고래고래 고함을 질렀다. 농성 중인 동아일보 사원들을 끌어내기 위해 2백여 명의 폭도들이 수송부 차고 쪽에서 2층 공무국으로 몰려가고 있었다.

"이놈들아, 내가 다 보고 있다! 세상에 이럴 수가…"

천 선생의 거구에서 터져 나오는 분노의 고함소리가 통금으로 고요한 새벽 거리를 쩌렁쩌렁 울렸다. 동아일보를 떠난 우리들이 기댈 언론계 선배라고는 천관우 선생과 동아 사태의 책임을 통감하고 사표를 던진 송건호 선생뿐이었다.

우리들은 설날이면 송건호 선생 댁에 모여 점심으로 떡국을 먹고 여럿이서 천 선생 댁으로 몰려갔다. 설이나 추석에는 천 선생 댁은 재야의 방문객들로 인산인해를 이루었지만 설날 점심 때는 방문객이 뜸해 우리들 차지가 되었다. 우리들은 으레 대주가인 천 선생이 따라 주는 술잔을 받아 마시다 대취하여 천 선생 댁을 나서기 일쑤였다. 심지어 동아투위 동료들이 무더기로 구속 되었을 때 천관우 선생 댁에서 농성을 벌이기도 했다. 동아투위가 자유언론을 목청껏 외칠 수 있는 곳은 대한민국 천지에 천 선생의 불광동 좁디좁은 방밖에 없었던 것이다.[23]

---

23 권근술, 거인천관우 일조각, 2011, P524

- 내가 다 보고 있다 이놈들아(권근술 : 전 동아일보 기자, 전 한겨레신문 사장)

동아투위 인사들은 동아일보사에서 해직되면서 간난과 고통의 시기를 맞았지만 굴하지 않고 언론자유라는 목표를 향해 줄기차게 전진했다.

그 중심에는 언제나 후석이 있었다.

1978년 10월 동아투위는 제도언론에 보도되지 않은 사건사고를 '10·24 민주·인권 일지'로 묶어 재야인사들과 종교계 그리고 외신 등에 배포했다.

그동안 자유언론 깃발을 들었던 안종필 동아투위 위원장 등 10명이 구속되는 아픔을 겪었다.

동아투위 사무실이 폐쇄되어 모일 곳이 없었다. 동아투위 사람들은 무작정 천선생 집에 모여들어 농성을 시작했다.

20여명의 젊은 해직기자들이 닷새 동안 농성을 하기도 했다. 아무 수입도 없이 칩거하고 계신 천 선생 댁에 천지분간 못하던 젊은이들이 장기농성을 벌이고 있었으니 천 선생과 사모님의 난감함이 오죽 하셨을까? 지난 세월을 생각하니 송구스러워 얼굴을 들 수 없다.[24]
- 자유언론의 길'우리대장 천관우'(이부영 : 전 동아일보 기자, 전 국회의원)

동아투위 멤버들은 동아일보 재직 시 후석의 아랫사람들이었다. 그들에게 후석은 선생님 같고 형님 같은 선배였다.

---

24 이부영, 거인천관우 일조각, 2011, P533

그들의 농성장소가 후석의 불광동 집이었고 식사를 하던 곳도 동아일보에서 해고된 같은 처지의 후석의 집이었다.

후석과 부인 최정옥 여사는 식료품과 주류를 외상으로 퍼 날라 이들을 대접하면서 한마디의 불평도 하지 않았다.

민주화 투쟁과정에서 보인 후석에 대해 이런 평도 있었다.

다 안다면 얼마나 아는가. 거종(巨鐘)도 크게 울리면 크게 울고 작게 울리면 작게 운다. 충무공이라는 큰 종을 몸 전체로 부딪쳐 본다 해도 얼마만한 소리로 울어 줄는지'라고 하시면서 감히 충무공을 우러러 볼 뿐이라고 하셨다.

이 말씀은 천 선생의 마음가짐의 기본 기둥이셨다.

천 선생은 박 정권의 독재에 맞서 투쟁하시면서도 한 번도 고통에 대해 내색하신 적이 없이 깊은 물길처럼 조용하게 우리들을 격려했다.[25]

-깊은 물길 같았던 내 마음의 의지처

(김영준 : 전 민주화운동 기념사업회 상임이사)

고대사 연구

후석이 동아일보에서 떠난 뒤 전공인 한국사연구에 본격적으로 나선다.

한국사 가운데서도 고대사에 집중한다. 후석이 고대사에 천착하게 된 것은 '신동아'의 연재 부탁이 계기가 된다.

---

25 김영준, 거인천관우 일조각, 2011, P540

'토론 : 한국사의 쟁점'제하의 이 연재물은 5회에 걸쳐 신동아에 게재된다. 다시 신동아 측은 '한국통사'를 주문 한다. 후석은 '한국사의 조류(潮流)'라는 제목으로 12회 연재한다.

그로부터 6,7년간 '인물로 본 한국고대사'란 제목으로 우리나라 고대사를 새롭게 조명하는 글을 신동아에 계속 싣는다. 사학계에서는 후석의 한국사 연구의 업적을 세 가지로 보고 있다.

첫째 실학연구를 개척하고 조선시대 토지군사제도를 구명한 선구적 노력이다.

후석의 노력으로 일제사학을 극복하는 새로운 길을 열었다.

둘째 한국 고대사의 새로운 체계 구축을 시도했다. 상고시기 한국사의 개막과 변천을 재해석하고 고대의 정치적 발전에 대해 성읍(城邑) 국가에서 영역(領域) 국가의 발전단계를 설정하는 기여를 했다.

셋째 한국사의 대중화에 기여를 했다. 후석은 사론(史論) 위주의 민간사학의 전통을 주시하고 사회적 요구에 부응하는 한국사를 강조했다.

그리고 그 성과를 널리 파급하기 위해 노력했다. 후석은 고대사연구에 대해 직접 이렇게 밝혔다.

(1) 조선(朝鮮)·진번(眞番)·한(韓) – 삼한(三韓)

나는 한국상고사의 주인공을 韓(한)·濊(예)·貊(맥)으로 보는 설을 따르고 그것을 다시 한계(韓系 : 조선·진번·삼한)와 예(濊)·맥계(貊系 : 부여·고구려·동예)로 대별하는 편인데, 이중 에서 한계(韓系)를 살펴보느라 한 셈이다.

-단군신화는, 선주어렵민(先住漁獵民)인 고(古)아시아인과 후래(後來)

농경민인 북(北)몽골인(알타이족)의 동화 교체를 반영한 것이라는 것이 나의 잠정적인 견해이다(아직 논문으로 발표할 정도의 준비는 없다).

−이른바 '은인(殷人)' 기자(箕子)의 설화는, 기(箕 : 산서성 태곡 山西省 太谷)를 근거로 했던 동이계(東夷係)의 기자족(箕子族)이 은말주초(殷末周初 : 전(前) 12세기 후반)에 동방으로 이동을 개시한 사실을 반영하고 있다.

−전국말(戰國末 : 전(前) 4세기 후반)에 기자의 후손임을 칭하는 '조선후(朝鮮候)'가 칭왕(稱王)을 하고 연(燕)과 호각의 세를 이루었는데, 이 무렵을 한국사상(史上) 고대의 개막으로 본다.

−「사기」에 보이는 '조선(朝鮮)·진번(眞番)' 가운데 '조선'은 대동강하류를 중심으로 하여 마한족(馬韓族)이 지배하였다. '진번(북진번, 北眞番)'은 요하(遼河) 하류를 중심으로 분포되었던 진(辰)·변한족(弁韓族)의 합칭이다. 이 '조선·진번'이 북삼한(北三韓)이다.

−북진한(北辰韓·北弁韓)은 진(秦 : 전(前) 3세기 후반)의 요동 방면 장성(長城) 수축(修築)을 계기로 남하하여 '남진번(南眞番)'이 되고(황해도 방면), 북마한(北馬韓)은 한초(韓初 : 전 前2세기 초) 위만(衛滿)의 공격으로 남하하여 '마한국(馬韓國)'이 되었다.(전북 방면 아니면 충남 방면).

−적어도 전국말(戰國末) 이후의 '조선'의 위치는 대동강하류이었다. 그것이 발해안(渤海岸)에 있었다는 설은, 4세기 이후 낙랑군(樂浪郡)이 발해안 방면으로 축출되면서 남긴 흔적 등이 바탕으로 되어 있는 것 같다.

−'연인(燕人)'이라 일컬어 온 위만은, 당시의 연영(燕領)인 요하 하류에 있던 조선(북진번)인이었다는 설을 따른다.

(2) 진국(辰國)과 진왕(辰王)

- '진국(辰國)'이란, 삼한(三韓), 혹은 마한(馬韓) 총 연명체가 아니다. 황해도 방면(남진 번)에도 정착하지 않은 북진한(北辰韓)·북변한계(北弁韓系)의 일부가 더 남하하여 한무제(漢武帝) 때 전후 한동안 한강하류방면에 자리 잡았던 상태가 바로 「사기」가 말하는 「진번방진국(眞番旁辰國)」의 진국인 것이다. 이 진·변한계는 그 뒤에 부여계(夫餘系)인 백제(百濟)에게 밀려 다시 남하를 계속, 마침내 각각 사로(斯盧)·구사(拘邪)의 중심 세력이 된다.

- '진왕(辰王)'은, 진국과는 아무 상관이 없다. 진왕의 실체는, 3세기 후반인 「삼국지」 당시 한반도 남부에서 가장 두각을 나타내고 있던 백제국왕(伯濟國王)과 사로 국왕(斯盧國王)을 각칭하는 동명이체(同名異體)이다.

- 진왕의 근거지이었다는 '목지국(目支國)'은 미추홀(彌鄒忽 : 인천)이며, 초기 백제 한동안은 서울 강동의 '백제국(伯濟國)'과 인천의 '목지국'이 병립하여 왕계(王系)의 계승에까지 큰 영향을 주었다. 또 다른 진왕의 근거지가 경주인 것은 물론이다.

(3) 남방 백제(百濟)·신라(新羅)·가야(伽倻)의 국가형성

- 부족국가-부족연맹-고대국가라는 발전 단계 대신, 그보다는 한국사에서 사료상(史料上) 좀 더 실체를 분명하게 파악할 수 있는 성읍(城邑)국가-영역(領域)국가라는 발전단계로 고대사를 설명해 본다.

- 고조선이나 려(麗)·제(濟)·라(羅) 3국의 국가 형성기도, 정복활동의 시작이라는 관점에 서, 종래의 통설보다 각각 여러 세기 앞서는

것으로 파악한다. 조선은 전(前) 4세기, 려(麗)·제(濟)는 전(前) 1~후(後)1세기, 라(羅)는 후(後) 1~2세기가 그에 해당한다.

(4)가야사(伽耶史)의 복원

-「일본서기」에 빈번하게 나오는 '임나(任那)' 관계 사료가 가야사(伽耶史)의 복원을 가능케 한다.

-「일본서기」가 기록한 '왜(倭)의 임나(가야)에 대한 200년 지배'의 정체는, '백제의 가야(임나)에 대한 200년 지배'이다. 따라서 「일본서기」의 이른바 '임나일본부(任那日本府)'의 정체는 가야 방면에 파견되었던 백제군의 총사령부 같은 것이다.

-가야제국(諸國)은 4세기 후반 이래 한동안은 백제의 세력권 내에 들어 있다가, 신라의 국력이 충실해진 6세기 전반부터 신라에게 차례로 정복을 당한 것이다.

이밖에 북방 고구려사 관계로는, 광개토왕릉비를 다루어 본 일이 있다. 이 문제 역시 임나일본부설의 근거로 제시됨으로써 눈을 끈 일이 많지만, 믿기 어려우며, 도리어 광개토왕의 일생에서 가장 빛나는 업적인 요하(遼河) 선(線) 확보, 즉 대(對)후연(後燕) 작전이 이 능비에서 규명되어야 한다는 것이 나의 생각이다.[26]

후석의 애제자인 고려대 민현구 교수는 이렇게 평한다.[27]

---

26 천관우, 천관우선생 환력기념 사학논총, 정음문화사, 1985
27 민현구, 거인천관우 일조각, 2011, P340

재학식(才學識)을 고루 갖춘 한국사학자로서 천 선생은 민족주의 사학의 전통을 포용해 20세기 후반 한국사학의 내용을 풍성하게 하면서 그 성장과 발전에 큰 몫을 담당한 거목이었다. - 한국사학자로서 천관우

　직장을 잃고 있던 그즈음 후석은 생활이 곤궁했다. 부인은 집주변 가게에서 외상으로 식료품을 구입해야 할 정도로 어려웠다. 일상생활은 물론 사회생활을 제대로 할 수 없을 정도였다.

　필자가 한국사 연구회에 관여하고 있을 때 한번은 편지를 보내와 현재의 심경을 언급하며 학회에 회비를 낼 수 없다는 처지를 농담처럼 하시면서 먼 훗날 빚을 다 갚겠다고 했다.
　핍박을 받던 시기 천 선생을 생각하면 항상 마음이 아프고 안쓰러웠다.
　헝클어진 머리카락이 바람에 휘날리는 모습, 추울 때면 빛바랜 베레모를 쓰시던 모습이 지금도 눈에 선하다.[28]
　　　　　- 시대의 아픔을 학문성과로 승화(김정배 : 전 고려대 총장)

　후석은 10권의 저서를 남겼다.
　언론계에서 활동할 때 '만물상', '지평선', '메아리' 등에 게재했던 글 등을 모아 ①썰물 밀물(어문각,1965) ② 언관사관(言官史官, 배영사,1969)을 펴내 크게 주목을 받았다.

---

28 김정배, 거인천관우 일조각, 2011, P412

후석이 건필을 휘두르던 1955년부터 1960년 4·19때까지의 그의 칼럼들이 단평사에 길이 빛날 유산이요, 오늘날 쓰이는 단평은 후석이 이룩한 높은 경지를 뛰어 넘지 못한다. 후석의 학식은 만물잡학이 아니라 그의 전공인 국사학은 물론 인문학 전반에 걸친 높은 학식이라는 것을 강조하고 싶다.

썰물 밀물에서 털끝만큼의 현학(衒學)의 티를 찾을 수 없고 그 속에 즐비한 동서의 시문(詩文)이며 고사(故事)의 인용을 아무런 역겨움 없이 읽어내려 갈 수 있는 이유가 그것이다.

중앙일보 1966년 3월 19일자
- 신문단평의 이정표(김진만 전 고려대 교수)

천관우씨의 단평은 대해(大海)에서 떠내는 한 그릇 물과 같다.

그 밑바닥을 이루는 풍요한 지식에서 그렇고, 보는 눈에서도 그렇고, 가름하고 간 여운에 있어서 그렇다.

그의 동서고금에 관한 넓고 깊은 지식과 연찬을 들어 그 연유를 말하는 수가 있지만 천관우씨처럼 알고 노력한다고 누구나 그렇게 되는 것은 아니다.

직관력과 종합력과 조화력 - 이것이 그의 재능의 핵심이 아닌가 생각한다.

조선일보 1965년 12월 30일자
- 대해에서 떠낸 물 같은 단평(선우휘 전 조선일보 주필)

위의 두 저서를 제외하고는 한국사 분야의 저서들이다.

실학을 포함하여 조선시대를 다룬 ④「근세조선사연구」(일조각,1979),

고대사 분야의 ⑤「인물로 본 한국고대사」(정음문화사, 1982), ⑥「고조선사·삼한사연구」(일조각,1989),

⑦「가야사연구」(일조각,1991),

근현대사 쪽의 ⑧「한국근대사 산책」(정음문화사,1986),

⑨「자료로 본 대한민국 건국사」(지식산업사,2007),

그리고 사론집(史論集)인 ⑩「한국사의 재발견」(일조각,1974)이 그것들이데, 그 가운데 ③,⑦,⑨는 후석이 별세한 뒤 후학들, 즉 최영식(崔永植) 위원, 이기동(李基東) 교수, 한영국(韓榮國) 교수가 각각 그 유고(遺稿)를 책임 정리해서 펴낸 것들이다. 1985년 후석이 회갑을 맞이하자, 한국사학계의 후학들은 「천관우 선생 회갑기념 한국사학논총」을 편찬해 봉정하였다. 이기백(李基白) 선생의 「하서(賀書)」와 중진 중견학자 42명의 논문이 수록된 1,098면의 이 책은 그동안 수많은 난관을 뚫고 한국사학의 길을 계속 걸으며, 그 발전에 크게 기여한 후석에 대한 후학들의 존경과 신뢰의 뜻을 담은 것이었다. 후학을 대표해서 이장희(李章熙) 교수로부터 논문집을 받은 선생은 깊은 감회에 젖어, "썰물 밀물에 비견되는 언론계와는 달리, 한국사학계가 한결같은 관심과 정의(情誼)"로 기념논문집을 마련해 준데 대해 고맙다는 인사를 하였다.

언론계에서의 마지막 봉사

1979년 10월 26일 박정희 대통령 시해사건이 일어났다. 이른바

10·26 사건이다. 박대통령 시해사건으로 정치상황이 급변하면서 긴장의 순간이 계속되고 있었다. 그런데 언론계에는 마침내 봄바람이 불어온 것이다.

언론출판보도는 검열되고 있었지만 그동안 금기되던 보도들이 풀리기 시작한 것이다. 12월 8일에는 대통령 긴급조치 9호가 해제됐다. 긴급조치 9호(1975.5.13.공표)는 유신헌법을 개정 또는 비판하는 행위를 금지하는 위협적인 내용을 담고 있었다. 4년 7개월 만에 긴급조치 9호가 해제되면서 투옥됐던 동아투위 소속 언론인들이 석방됐다. 드디어 후석이 긴급조치 9호 해제로 다시 글을 쓰게 된다.

후석은 1979년 12월 7일 한국일보에 '새 정부에 바란다'라는 제하의 글을 싣는다. 외신들은 후석의 투고 사실을 뉴스로 보도했다.

일본 아사히(朝日)신문은 외신면 톱기사로 한국신문이 달라지고 있다고 보도하면서 후석의 글을 예로 들었다. 그러나 이른바 '서울의 봄'은 짧게 막을 내리고 만다.

신군부가 등장하면서 언론인 대량 해직과 언론 통폐합이라는 전대미문(前代未聞)의 조치들이 언론계를 강타한다. 후석은 1981년 3월 한국일보 상임고문으로 언론계에 복귀한다. 이때 나이 57세.

후석은 '세대교체가 심한 편인 우리 신문계로서는 벌써 한물간 나이가 되어 있었다'고 그때의 심경을 피력한 바 있다. 후석은 1983년 6월부터 한국일보에 '담배한대 물고' 칼럼을 격주로 썼다. '6·25는 사변인가 내전인가', '한국인의 자긍(自矜)과 자괴(自愧)', '오군서(伍軍書)를 읽어야 한다는데' '일본어 세대는 정녕 가고 있다', '호기의 역설 침통의 역설', '광개토대왕비 문제의 재연', '충무공, 한 위인을 기리며', '실사구시(實事求是)와 영토문제', '일본교과서는 이대로 끝나는가', '조선인과 왜인의 제자리', '국사에 대한 자신과 반성', '갑신정변 100주년'에 등 독자들에게 큰 감명을 준 칼럼들을 실었다.

1984년 한국일보사는 후석과 김동길 교수 두 분의 칼럼을 교대로 연재하다가 그 다음해 봄에 후석은 중단했다. 이때 김 교수가 쓴 '3김씨 낚시론'(원 제목은 '나에게도 할 말은 있다')은 큰 파장을 일으킨다.

1989년 6월20일 한국일보 상임고문에서 사직했으나 장강재 회장은 계속 모시겠다면서 사빈(社賓)으로 발령했다. 그러나 후석은 한국일보에 더 이상 폐를 끼치지 않겠다면서 사빈마저 사퇴했다.

> 천관우 선생은 한국일보에 나오지 않았다.
> 장강재 회장이 나더러 '신문사에 계시는 것만으로도 큰 울타리가 되니 찾아가 사빈으로 계속 나와 달라'는 간청을 전하라고 했다.
> 문화촌의 좁은 집은 그대로인 채 한빈한 집채만 더 낡아가고 있었다.
> 천 선생은 단호했다.
> 한국일보에 그동안 고마웠노라고, 그러면서 더 이상의 폐를 강요하지 말라고 꾸짖듯이 사양했다. 나는 무안한 얼굴로 돌아왔다.
> 소의(小義)가 어찌 대절(大節)을 알겠는가[29]
>
> — 마지막 본 후석(김성우 : 전 한국일보 편집국장)

천관우 선생에게는 처음부터 사(私)와 부(富) 영달(榮達)이나 명리(名利)라는 속세의 가치는 없었다. 참으로 죄송스런 표현이지만 만에 하나

---
29 김성우, 거인천관우 일조각, 2011, P115

자리나 돈을 탐하셨다면 진작 재상(宰相)이 되고 거부(巨富)가 되시지 않았겠는가.

선생은 이 나라의 큰 언론인, 큰 사학자, 큰 선배, 큰 지성인, 큰 국민의 스승이었다.[30]

- 마지막 불꽃 사르던 말년의 외로움(이성춘 : 전 한국일보 논설위원)

참여와 오해

후석은 해방 후 경성 제대가 서울대학교로 변경되는 과정에서 좌우파의 대결을 보면서 남·북 문제, 특히 통일 문제에 깊은 관심을 가졌다.

서울대학을 졸업하기 전인 1947년 봄 고향 청풍에 들렀다가 좌익의 테러를 당하여 크게 분개한 적도 있었다. 후석은 젊은 시절 때부터 한반도의 통일 문제에 대해 깊이 사색을 해왔다.

그리하여 후석에게 통일문제는 생전에 꼭 다뤄야 할 과제로 항상 머리에 남아있었다. 한편 동아일보 신동아 사건과 관련, 해직되어 '민수협' 지도자로 민주주의를 수호하고 독재타도에 앞장서면서 한국적 현실에서 독재의 기본 뿌리는 어디에서 배태되는가에 대해 깊게 생각하게 된다.

후석은 한국적 독재의 뿌리는 '1인 장기집권'이라고 판단했다.

이승만 정권의 독재 그리고 박정희 정권의 독재가 1인 장기 집권의 구조에서 비롯된 것이었기 때문이었다.

---

30 이성춘, 거인천관우 일조각, 2011, P321

한국의 독재를 그 역사적 굴레에서 벗어나게 하기 위해서는 무엇보다 장기집권을 배제시키는 시스템을 헌법에 명시하고 그 약속을 지킬 집권자의 의지가 민주화의 지름길이라고 확신한 것이다.

후석이 민수협을 통해 투쟁한 민주주의 수호의 대의명분도 영구집권을 전제한 유신체제의 종결이었다.

그런데 10·26사태로 새로운 질서가 준비되고 있었다. 그때 후석에게 전화가 왔다. 정권을 잡은 전두환 대통령이었다. 두 사람이 만난 자리에서 전두환 대통령은 후석에게 협조를 구했다. 후석은 전두환 대통령이 먼저 단임 하겠다는 약속부터 하라고 요구했다. 전 대통령은 한참을 생각하더니 그러겠다고 약속하면서 다시 협조를 구한다고 했다.

후석은 이때 전 대통령이 단임을 약속했고 이 약속을 받아낸 것이 곧 한국의 민주화 과정의 첫 단추를 끼운 것이라고 확신했다.

단임은 민주화를 위해 함께 투쟁해온 동지들의 꿈이었고 그 단임의 실현을 후석 스스로가 성취해 낸 자부심마저 있었다.

후석의 부인 최정옥(崔貞玉) 여사는 그때 남편으로부터 들은 이야기를 이렇게 말한다.

전두환씨가 정권을 잡고 난 뒤 천 선생을 만나자고 전화가 왔대요.
만났더니 북한이 서울을 불바다로 만들겠다는 등 적화야욕을 드러내고 있으니 민간 차원의 통일운동을 하시면 어떻겠냐고 했대요. 천 선생은 그 조건으로 대통령 단임을 제시하고 요구했어요. 그랬더니 전두환씨가 자기는 대통령직을 단임만 하고 평화적으로 정권을 이양하겠다고 약속을 했대요. 그래서 민간 NGO(비정부조직) 형태로 통일사업을 하는 민족통일중앙협의회에 참여한 겁니다.

천 선생은 민주화 투쟁 과정에서 민주질서를 왜곡하는 가장 중요한 원인을 1인 장기집권으로 보았어요. 한꺼번에 모든 게 민주화되는 게 좋겠지만 당시의 정세를 감안하면 일단 평화적으로 정권을 교체하고 단계적으로 왜곡됐던 각 부문의 질서가 바로잡히는 것이 다소 불충분하다 하더라도 실현 가능한 민주화 방법이라고 확신하셨어요. 같이 식사를 하면서 몇 번이나 말씀하셨어요. 천 선생은 전두환 정권이 7년 단임으로 끝나고 다른 정권이 등장하는 걸 민주화의 관건으로 본 거지요. 지금 보면 당연하다는 생각들 하겠지만 당시 상황은 그렇지 않았잖아요.

천 선생과 전두환 씨와의 약속이 우리나라 민주화에 큰 계기가 아니었습니까.[31]

최 여사의 증언은 후석이 고심 끝에 내린 결론에 대해 있는 그대로의 증언이 아닌가 생각된다. 후석의 이런 심경을 민주화 투쟁 동지들은 이해하리라 부부가 믿었던 것 같았다.

후석은 문학사상 1984년 3월호에 '역사의식'이란 글에서 이렇게 적고 있다.

"역사의식이란,
- 역사를 통해 파악하는 문제의식으로 우리사회의 현재 위치를 정확히 파악하려는 욕구이고,

---

31 이병대, 거인천관우 일조각, 2011, P584

- 역사의식은 역사형성에의 책임의식으로 나를 포함해 같은 시대를 사는 모든 사람들이 역사 창조에 한몫을 하고 있다는 점을 분명히 의식하는 것이며,
- 역사의식은 참여의식으로 '문제'에 '책임'을 느끼면 '참여'가 당연하다. 이 참여를 '여'니 '야'니 지나치게 저 차원적으로 생각하지 말자. 이미 정해진 방향으로 밀고 나갈 수도 있고 새 차원의 역사를 모색할 수도 있다. 가라는 법도 없지만 가지 말란 법도 없다. 역사를 향해 뉘우침 없다는 신실(信實)한 생각에서 참여해야 한다."

후석은 전 대통령의 단임 약속을 받고 난 뒤 마음이 가벼워졌다. 우리나라의 고질적인 역사적 잔재인 독재를 단임으로 청산할 수 있다는 강렬한 목표를 달성할 수 있었기 때문이다. 통일에 대한 논의는 1977년 통일연구소에서 이수한 사람들이 주축이 되어 통일관련 일들을 보다가 1979년 1월. 전국통일일꾼대회를 연 뒤 그해 3월. 남북당국자 간 대화를 촉구하는 1천만 국민서명 운동에 나선다.

순수 민간주도의 이 운동은 1981년 2월 민족통일중앙협의회를 조직하기로 하고 발기총회를 가진 뒤 5월 14일 후석을 초대의장으로 선출한다.

이 조직은 2대 의장에 건국대 총장을 지낸 조일문씨, 3대 의장은 성균관대 총장을 지낸 현승종씨를 뽑았고 현재도 이 조직은 NGO기구로 활동 중이다.

후석은 의장에 선출된 지 나흘 후인 5월 18일자 동아일보와의 '5분 인터뷰'에서 다음과 같이 밝힌다.

저를 아는 사람 중 나이 든 층에서는 '잘해 보라'고 격려하고 젊은 층에서 '안 하던 일을 어떻게 하려느냐' 며 회의적인 시각도 있습니다. 그것은 장기집권체제를 비판한 입장과 통일운동에 앞장서려는 현재의 입장이 모순된 것이라는 시각인데 그렇지 않습니다. 모두가 한국을 수호, 발전시키자는 생각에서 출발한 것입니다. 통일 운동은 여·야를 초월해야 하는 것은 물론 정권 안보적 차원을 뛰어 넘어야 합니다.

후석은 이 보다 앞서 '창조(발행인 김수환)' 1972년 9월호에 '민족통일에 대한 나의 생각'이란 제하의 글을 투고한다.
즉 1972년 남북한 간의 7·4공동성명 이후 활발한 논의가 있었던 통일론의 하나인데 후석의 '복합국가론' 요지는 이렇다.

남북통일은 빠른 시일 안에 성취되어야 한다. 통일이 성취되지 않으면 이 민족은 북은 북대로 남은 남대로 시들어 버리는 것이 아닌가 하는 생각을 잠재울 수 없다.
복합국가란 두 개 이상의 정권이 있는 그대로 결합해서 한 국가를 형성하는 것을 말한다. 역사적 선례도 여러 가지 형태가 있다. 미국 초기의 13주 연합이나 19세기 독일 연방 같은 국가연합(Confederation)의 경우 어느 범위 안에서는 한나라로서 움직이기도 하고 부분적으로 제각기 한 나라로서 움직이기도 하였다.
우리도 '남북 총선거'의 선행 단계로서 남·북간 체제를 유지하면서 한 민족이 한덩어리로 얽히는 국가의 형태를 취해 볼 수 있지 않을까 하는 것이다.

복합국가는 처음에는 결합력이 약할 수밖에 없을 것이다.

이 복합국가 방안이 최선의 방안이 아님은 물론이다.

민족통일중앙협의회 의장을 맡게 되자 후석의 참뜻을 이해하지 못하는 과거의 동지들로부터 오해를 받게 된다.

급기야 발길마저 끊는 경우도 있었다. 후석은 그때의 상황을 '60자서'에서 이렇게 표현한다.

민족통일중앙협의회(民族統一中央協議會, 민통) 라는 사단법인 단체의 의장으로 선임 되었다. 통일 문제에 관심을 많이 쏟아온 민간인들의 전국조직이었다.

정부로부터 재정 일부를 지원받는 단체라 해서 그러했던지, 여기에 관계한 이후로 구설수가 잦은 것을 나도 짐작은 하고 있다.

후석의 청주고 9년 후배이고 가깝게 지냈던 남재희는 그의 문주(文酒) 40년 천관우편에서 이렇게 회고한다.

강직한 선비 천 선생이 전두환 대통령의 간곡한 설득에 그만 넘어가 버렸다. 통일 문제는 여야가 없는 민족적 과업이라는 명분에 넘어가 민족통일중앙협의회 의장 자리를 맡은 것이다. 그런데 현실사회에 있어서 통일 문제에도 여·야는 있는 것이다.

대통령 단임제 약속으로 평화적 정권 교체의 길을 열어 독재 타도와 민주화를 위해 결정적 역할을 했다고 자부했건만 민주화 동지들은 오해로 빚어진 의심의 눈길을 보내고 있었다.

후석이 참여한 민통에 대해서도 비판이 계속됐다. 민주화의 방법론과 현실참여 문제에서 시각차가 더욱 분명해 졌다.

한때 후석이 소유한 땅의 형질변경을 정부로부터 특혜를 받고 변절했다는 소문까지 있었으나 일부 인사들의 악의에 찬 얘기였다는 사실들이 당시의 등기부등본들을 통해 드러나고 있는 것이다.

(거인 천관우 592페이지 참조)

후석은 돈에 굴복하는 성격의 소유자가 아니었다. 그는 언론계에서 촌지를 받지 않은 것으로 유명했다. 점심은 거의 매일 동아일보 옆 중국집 짜장면을 배달시켜 식사했다. 그때만 해도 신용카드가 없던 시절이라 술을 마신다 해도 외상이 되는 중국집이 단골이었고 가끔 시장속의 허름한 가게에서 한잔 하는 것이 고작이었다.

주머니 사정이 넉넉하지 못했기 때문에 거의 대부분 대작 상대와 집으로 함께 가는 것이 일상화 되어 있었다.

특히 민주화운동을 할 때는 불광동 후석의 집이 동지들의 주막이요, 여인숙이었다. 그런데 후석의 단임제 실행을 위한 노력은 이해하지 않은채 동지들은 그동안 해보고 싶었던 통일문제에의 접근에 비판을 계속 쏟아내고 있었다.

그러나 이해하는 분위기도 있었다.

천 선생은 80년대 전두환 정권 때 만들어진 '민족통일협의회의장'을 맡으셨다.

미루어 짐작하여 비난하는 분위기였으나 81년 5월 위 협의회가 발족될 때 하신 천 선생의 말씀을 믿고 이해하고 싶다.

'장기집권의 폐단을 지적하고 민주화를 요구한 체제비판이라는 입장과 통일운동에 앞장서려는 현재의 입장에 모순을 느끼지 않습니다.

모두 한국을 수호 발전시키자는 생각에서 출발한 것입니다.'[32]

- 깊은 물길 같았던 내마음의 의지처

(김영준 : 전 민주화운동기념사업회 상임이사)

후석의 신념과 인간성, 그리고 말년

후석은 척사위정(斥邪衛正)의 신념을 생활화한 뛰어난 언론인이자 사학자 그리고 민주화운동가였다.

집 벽에는 '선비는 도량이 넓고 뜻이 강해야한다'는 좌우명을 직접 써 걸어두고 있었다.

논어(論語) 태백편(泰伯篇)의 '사불가이불홍의(士不可以不弘毅) 임중도원(任重道遠, 선비는 도량이 넓고 의지가 견고해야하며 그 임무는 무겁고 가야할 길은 멀다).

언론계 편집책임자로서 후석은 '있는 그대로의 사실'을 알리는데 주변 압력에 굴하지 않았고 앞서가는 신문제작으로 독자들의 신뢰를 한 몸으로 받았다. 이 같은 사실은 후석이 몸담았던 한국일보와 조선일보 그리고 창간 후 부수팽창의 기록을 낸 민국일보, 특히 동아일보가 이를 증명했고 동아일보의 성과는 후석의 재임 동안 한국의 최

---

32 김성준, 거인천관우 일조각, 2011, P540

고 신문이었다. 이는 한국 매스컴 종사자들 모두가 인정하는 사실이고 그 시대를 살아왔던 독자들의 증언이기도 하다.

후석은 청(淸)대 사상가 고염무(顧炎武)의 염치(廉恥)를 좋아했다.

'송백후조어세한(松栢後凋於歲寒) 계명하이어풍우(鷄鳴下已於風雨)(소나무와 잣나무는 추위가 와도 끝까지 시들지 않고 닭은 비바람이 와도 울때는 운다)'

보스로서 후석은 후배들에게 바른길을 제시하고 합리적인 동기부여로 능력을 극대화 할 수 있도록 도왔다.

신상필벌(信賞必罰)의 원칙을 지켰으나 정(情)으로 인간관계를 도탑게 했다.

때로는 중국집 청요리가 안주가 되기도 했고 김치를 안주삼아 집에서 소주잔을

나누기도 했다. 항상 주변 사람들에게 베푸는 입장이었다. 술에 얽힌 얘기는 예거할 수 없을 정도로 언론계에 전설로 남아있다.

남재희의 회고록 문주(文酒) 40년 천관우 편에서 한 가지만 인용해 본다.

공교롭게 천관우 선생이 나의 고교 9년 선배여서 나는 자주 그와 술을 했다. 낮에는 설렁탕에 소주 2병쯤, 저녁에는 허름한 대중음식점에서

소주 4,5병, 대중 음식점이면 되었지 어느 곳이냐는 까다롭지 않다. 소주도 마시는 게 아니라 입안에 한 번에 털어 넣는다.

너무나 조숙하게 35세쯤부터 성주(城主)가 된 것 같다. 성주가 되었다는 이야기는 집에 버티고 있으면 사람들이 많이 찾아온다는 것이다. 명절 때는 인산인해를 이룬다. 명절 때 천 선생 댁에 가는 것이 언론계의 풍속도였다.

한번은 설날 선우휘씨와 언론계 세배를 돌다가 헤어지려 하니 다음은 어디에 갈 것이냐고 물었다. 천 선생 집이라고 했더니 그도 동행 하겠다 한다. 정중하게 맞 세배를 하고 이런저런 이야기를 하다, 나이 이야기가 나오니 선우 선생이 몇 살 위인 것이 밝혀졌다. 선우 선생의 그 쑥스러워함이여. 천 선생은 성주, 선우 선생은 낭인 같았다. 그런 강직함이 주석에서는 가끔 호통으로 나타났다. 한번은 이름있는 칼럼니스트 수탑(須塔) 심연섭(수탑은 영어의 스톱을 한자화 한 것이다)씨가 어느 자리에서 "천방지축마골피라는데 천관우씨도 양반이 아닐 것이다"고 말했다는 이야기를 전해들은 천 선생은 심씨를 술집으로 유인한 끝에 자기 집으로 데려 갔다. 그리고는 벼슬을 한 조상들이 적지 않은 족보를 보여 주었다. 그 다음 "이놈, 네가 나를 능멸했겠다" 하고 한 방 날렸다. 그렇게 호통 친 이야기는 엄청나게 많다. 언론계에서 대개 알고 있는 일이다.

후석은 술과 함께 담배를 즐겼다. 파이프 담배를 언제나 애용했다. 필자가 동아일보 재직 시 편집국장인 후석이 움직이면 기자들이 금세 알아차릴 수 있었다. 후석의 파이프 담뱃대에서 풍기는 향그런 냄새가 동선을 알려주기 때문이다. 당시 미군부대에서 나오는 '79'라는 토바코 냄새가 매우 향그러웠다.

그러나 후석은 인생 중반 어렵고 힘들었던 그 시기에 술과 담배로 건강을 해치고 만 것이다.

1980년대 중반 서울대학교 병원에서 폐암수술을 받았다. 그리고 1991년 1월 15일 오후 3시 55분 자택에서 별세한다.

운명하던 날 아침 부인 최 여사는 후석을 병원에서 집으로 모셔온다. 이날 오후 2시경 동네이발소에서 이발을 한 뒤 돌아와 소파에 앉는 순간 쓰러지면서 숨을 거뒀다. 유해는 곧 서울대학교 병원으로 옮겨졌다. 후석의 상의 안주머니에서 당신의 장례와 관련된 글이 준비되어 있었다.

후석의 치밀함이 이와 같았다.

보도자료

'한국일보 사빈(社賓)인 언론인이며 한국사학자인 천관우(千寬宇)씨가 숙환으로 별세했다. 한국, 조선, 민국, 동아 등 각 일간지의 논설위원, 편집국장을 거쳐 동아일보 주필로 재직 중 신동아 필화사건 등으로 신문계를 물러났다. 10여년 만인 1981년에 한국일보 상임고문으로 신문계에 복귀하였다. 특히 실학사(實學史)에 개척자적인 업적을 이룩한 고인은 「한국사의 재발견」, 「근세조선사연구」, 「조선사·삼한사 연구」 등 기타 다수 저술을 남겼다.

·발인:

장지 : 천안공원묘지.

장지를 재확인해 볼 것. 장지는 수년 전 천안 조금 남쪽에 있다. '천안

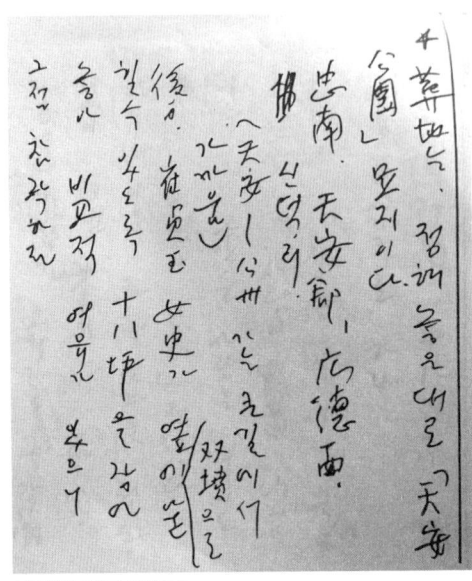
장례식 메모 유언장

공원'에 구해둔 것이 있다. 관계 문서는 최정옥씨가 가지고 있다(18평).

전화 562-2779~2780, 554-5326 강남구 역삼동 648-23 대흥빌딩 1003호

(대표자)김정숙(金貞淑)

· 묘지석은 다음과 같이 만들라.

"언론인(言論人)이며 역사학자(歷史學者)이었던 천관우(千寬宇, 1925~) 여기에 잠들다."[33]

언론계와 사학계 그리고 민주화운동으로 한 시대를 주름 잡았던 후석의 비범했던 역할이 막을 내렸다.

유가족인 부인 최정옥 여사(93세)는 서울대사대 영문학과를 졸업한 뒤 부산여고와 미국 구호단체에서 일하다가 1956년 후석과 결혼했다. 항상 후석을 그림자처럼 뒤에서 조용히 내조했다.

자신도 사회생활을 통해 성취를 이룰 수 있었음에도 불구하고 언제나 뒤에 서 있었고 후석으로 부터 인생의 의미를 찾았다.

후석처럼 돈도 몰랐고 자신의 계발 등 모든 것을 뒷전에 두었다.

---
33 이병대, 거인천관우 일조각, 2011, P584

그런데 후석이 별세했다.

불광동의 집 한 채가 전 재산이었던 후석의 부인은 생계가 어려워 충주에서 어려운 노후를 보내고 있다.

전두환 정권으로부터 돈을 받아 치부(致富)를 했다면 부인 최 여사의 형편이 지금과 같겠는가.

이제는 감정과 사시(斜視)에 찬 편견이 아닌 객관적인 시각으로 그때의 일들을 제대로 평가해야한다.

한 시대를 포효한 후석에 대한 평가가 이처럼 갈리는 것도 그만큼 그의 스펙트럼이 컸다는 증거이지만.

후석은 큰 인물이었다.

후석 부인 최정옥 여사

필자약력

이병대

1941년생
65년 동아일보 입사
KBS 보도제작 국장
제주 KBS 총국장
(현)대한언론인회 회장

언론계 거목들

2019.11.20. 초판발행
저자 대한언론인회 편저
발행인 신동설
발행처 청미디어
전화 02-496-0155
팩스 02-496-0156 이메일 sds1557@hanmail.net
신고번호 제313-2010-190호
정가 15,000원

잘못된 책은 교환하여 드립니다. 본 도서를 이용한 드라마, 영화, E-book 등 상업에 관련된 행위는 출판사의 허락을 받으시기 바랍니다.

이 도서의 국립중앙도서관 출판예정도서목록(CIP)은 서지정보유통지원시스템 홈페이지 (http://seoji.nl.go.kr)와 국가자료종합목록 구축시스템(http://kolis-net.nl.go.kr)에서 이용하실 수 있습니다. (CIP제어번호 : CIP2019046845)